U0359878

二十一世纪普通高等院校实用规划教材 经济管理系列

技术经济学

蒋太才 卢 宇 龚辉锋 胡金玉 编著

清华大学出版社

北 京

内 容 简 介

技术经济学是一门研究技术领域的经济活动规律、经济领域的技术活动规律和技术发展的内在规律，以寻找技术与经济的最佳结合的应用性科学。它已广泛应用于社会经济生活的各个领域，成为政府和企业乃至个人进行投资决策分析的工具。本书内容共分为八章，包括绪论、资金等值计算、确定性评价方法、不确定性评价方法、投资项目的财务评价、投资项目的国民经济评价、投资项目的可行性研究和技术创新。

本书可作为高等院校经济类、管理类专业学生的专业基础课教材，也可作为工科专业学生的经济管理基础课教材，同时又可作为投资咨询人员、政府和企业的经济管理人员、工程技术人员的培训教材和参考用书。

图书在版编目(CIP)数据

技术经济学/蒋太才等编著. —北京：清华大学出版社，2021.1
二十一世纪普通高等院校实用规划教材. 经济管理系列
ISBN 978-7-302-57176-6

Ⅰ. ①技… Ⅱ. ①蒋… Ⅲ. ①技术经济学—高等学校—教材 Ⅳ. ①F062.4

中国版本图书馆 CIP 数据核字(2021)第 000115 号

责任编辑：陈冬梅
封面设计：刘孝琼
责任校对：吴春华
责任印制：丛怀宇

出版发行：清华大学出版社
　　　　　网　　　址：http://www.tup.com.cn, http://www.wqbook.com
　　　　　地　　　址：北京清华大学学研大厦 A 座　　　邮　　编：100084
　　　　　社 总 机：010-62770175　　　　　邮　　购：010-62786544
　　　　　投稿与读者服务：010-62776969, c-service@tup.tsinghua.edu.cn
　　　　　质量反馈：010-62772015, zhiliang@tup.tsinghua.edu.cn
　　　　　课件下载：http://www.tup.com.cn, 010-62791865

印 装 者：三河市龙大印装有限公司
经　　销：全国新华书店
开　　本：185mm×260mm　　　印　张：15.75　　　字　数：380 千字
版　　次：2021 年 3 月第 1 版　　　　　　印　次：2021 年 3 月第 1 次印刷
定　　价：48.00 元

产品编号：079889-01

前　言

技术经济学是一门由技术科学与经济科学相互渗透而形成的交叉学科和边缘学科，是应用经济学的一个分支，是一门应用性很强的学科。它是一门由我国学者创立的新兴学科，是我国经济学家和广大技术经济工作者在广泛借鉴、吸收国内外经济理论、科技成果和相关学科有益成分的基础上，在密切联系与总结我国经济建设实践经验的基础上逐渐形成的学科，诞生于 20 世纪 60 年代。自诞生以来，技术经济学得到了迅速的发展和日益广泛的应用，它已成为政府和企业投资决策分析的重要工具，是经济管理人员和工程技术人员知识结构的重要组成部分，是高等院校经济类、管理类和工科类专业的一门重要基础课程。

本书是在吸取众多相关著作和教材精华的基础上，结合作者多年的技术经济学教学和科研实践编写而成。它有以下五个方面的特色：第一，汲取了本学科的最新研究成果。比如技术经济学的研究对象，本书采用了最新和最有权威的观点。第二，采用了最新的项目经济评价方法和参数。本书介绍的项目经济评价方法、经济评价参数和经济评价报表的格式都与最新版的《建设项目经济评价方法与参数》(第三版)的内容保持一致。第三，体现了最新财税法规的相关内容。在现金流量的构成上，凡涉及财务与税法的内容，都依据最新法规编写而成。第四，突出投资项目的经济评价。本书从投资估算到财务评价报表的编制和财务评价指标的计算，再到国民经济评价影子价格的确定、国民经济评价报表的编制和国民经济评价指标的计算，都进行了详细的介绍，并附有某项目完整的财务评价和国民经济评价案例，使读者能全面地掌握投资项目经济评价的方法，并可以独立地开展投资项目的经济评价工作。第五，本书在各章开头有"本章教学目标"，用于提示学习的内容和重点；在结尾有"本章小结"，便于读者复习，并将知识在头脑中进行系统化。

本书的第一章至第六章由蒋太才编写，第七章由卢宇和龚辉锋编写，第八章由蒋太才和胡金玉编写。

在本书的编写过程中，参阅和引用了许多专家、学者的文献资料，在此对有关作者一并表示感谢。由于技术经济学还是一门很年轻的学科，随着我国经济和社会的发展，它的理论、方法和指标体系等内容有待进一步完善。加之作者的水平和所掌握的资料有限，书中错误和不足之处在所难免，恳请广大读者批评指正。

编　者

前　言

目 录

第一章 绪 论

本章教学目标

通过本章的教学，使学生在了解技术与经济关系的基础上，认识技术经济学产生的必然性和必要性。同时，了解我国技术经济学的产生和曲折的发展过程。使学生深刻理解技术经济学的概念，了解该学科的特点。使学生了解技术经济学的研究对象和可比性原理，从而充分认识该学科应用的广泛性和广阔的发展前景。

第一节 技术与经济的关系

一、技术的含义

技术的英文单词是 technology。据《大不列颠百科全书》的解释，technology 一词最早由希腊词 techne(艺术、手工艺器)和 logos(词，言语)组成，意味着既是好的又是可用的。technology 一词最早出现在英文中是在 17 世纪，当时仅被用来讨论艺术应用问题。随着科技革命的深入发展，科学、技术、生产之间的相互联系日益加强，技术已广泛存在于自然和社会各领域之中，因此，技术的含义也得到不断的扩展。但由于人们对它的理解不尽相同，因而对它的定义也存在着一定的差异。

最早给"技术"下定义的是 18 世纪法国的启蒙主义思想家、科学家、唯物主义者德尼·狄德罗(Denis Diderot)。他认为，"技术是为某一目的共同协作组成的各种工具与规则的体系"。国际工业产权组织(AIPO)对技术的定义为：技术是指制造一种产品或提供一项服务的系统的知识，这种知识可能是一项产品或工艺发明，一项外形设计，一种实用形式，也可能是一种设计管理等的专门技能；美国国家科学基金会(NSF)在 1983 年的技术创新文集评论中引用斯科恩(Schon)的定义，认为技术是指扩展人类能力的任何工具或技能，包括有形的装备或无形的工作方法。

由此，可将技术定义为：技术是人类在认识自然、改造自然和解决社会问题过程中所运用的劳动手段与知识的总和，可分为硬技术和软技术两大类。所谓硬技术即物质形态的技术，或称物化的科学技术，泛指人类在劳动过程中用以改变或影响劳动对象的一切物质资料，其基础与核心是劳动工具。而软技术即非物质形态的技术，是指知识形态的技术，主要包括自然技术、科学技术、生产技术、管理技术、经济技术和社会技术在内的应用技术，具体指工艺、方法、配方、程序、信息、经验、技能、技巧以及管理领域中的决策方法、计划方法、组织方法、沟通方法等。没有先进的软技术，硬技术就不可能发挥应有的作用，而如果没有硬技术，软技术同样不可能发挥作用。因此，软技术与硬技术是不可分割的，只有两者融为一体，相辅相成地协调发展，才能有力地推动经济的发展和社会的进步。

二、经济的含义

在古汉语中，"经济"一词中的"经"是"经国""经邦"的意思，"济"是"济世""济民"的意思。所以，经济具有"经邦济世""经国济民"的含义，是指治理国家，拯救庶民的意思。如"皆有经济之道而位不逢"(隋王通《文中子中说》卷六)，是指国家如何理财，如何管理各种经济活动，如何处理政治、法律、军事、教育等方面的问题。19世纪后半叶，日本学者在翻译西方著作时将"economy"一词翻译为汉字"经济"。在西方国家，经济(economy)的原意是家庭管理，希腊哲学家亚里士多德将"经济"定义为谋生手段。可见，"经济"一词在中西方国家的含义基本相似。

现在通用的"经济"一词的含义与古代有所不同，它是个多义词，大体有五个方面的含义。

(1) 指社会再生产过程中的生产、交换、分配、消费等活动。

(2) 指国家或企业、个人等的收支状况，如国民经济、企业经济和家庭经济等。

(3) 指一个国家国民经济的组成，包括工业经济、农业经济、商业经济等。

(4) 指财力、财富。

(5) 指节约或节省，或者指在耗费一定的条件下收益尽可能多。技术经济学中的"经济"通常取这种含义。

由于经济是一个多义词，从不同的角度进行考察，有不同的理解，所以技术与经济的关系表现在多个层次、不同侧面。

三、技术与经济的关系

技术和经济是在人类社会的物质生产活动中始终并存的两个方面，存在着相互促进又相互制约的密切关系，主要表现在以下四个方面。

(一)技术进步是经济发展的重要条件和手段

人类社会的发展历史证明：经济的发展必须依靠一定的技术手段，技术的进步永远是推动经济发展的强大动力。无论是早期的手工技术，以及后来的机械化技术、自动化技术，还是现代的信息化技术、生物工程技术，都极大地推动着社会经济的发展。比如，18世纪末，从英国开始的以蒸汽机的广泛应用为标志的第一次工业革命，使生产效率提高到手工劳动的4倍。到19世纪中叶，科学技术的进步使生产效率提高到手工劳动的108倍。20世纪40年代以来，科学技术迅猛发展导致的社会生产力的巨大进步更是有目共睹的。据统计分析，当今世界，劳动生产率的提高主要依靠技术进步，其比重占60%~80%。

(二)经济发展是技术进步的物质基础

1. 新技术的产生都需要得到经济的支持

因为任何新技术的开发都需要投入一定的人力、财力和物力，特别是对现代高新技术来说尤其如此。只有投入了足够的经费，才有可能开发成功。否则，它将是一时的、没有后劲的，甚至是不可能的。比如，于1964年10月16日爆炸的中国第一枚原子弹，一共花费了 28 亿元人民币，这对当时的中国来说是一笔巨大的投入。美国的"阿波罗"登月计划于 1969 年 7 月 21 日将阿姆斯特朗送上了月球，实现了人类登上月球的梦想，这项计划共耗资 250 亿美元。

发达国家在技术上投入了大量资金，比如美国、日本、德国、英国、法国等国家的研究与开发费用在 20 世纪 80 年代就已占国民生产总值的 2.3%～2.8%，而大部分发展中国家由于经济的制约，研究与开发经费只能维持在 1%以下。又据瑞士国际管理发展学院(IMD)2000 年《世界竞争力年鉴》统计，1998 年日本研究与开发的经费占国内生产总值的 2.913%，平均每人每年 969.9 美元，是世界上最多的；美国为 2.679%，人均 842.5 美元，居世界第二；而许多其他发展中国家每年用于研究与开发的经费在国民生产总值中所占的比例不到发达国家的 1/10，费用绝对值则相对更小。巨大的科技投入差距无疑会导致发展中国家与发达国家之间在科技水平上的巨大差别。这说明，只有以强大的经济作后盾并投入大量的研发费用，才有可能促进技术的进步和发展。

2. 任何新技术的应用也需要得到经济的支持

在经济发展水平低的时代，由于社会支付能力相应比较低，一项技术发明从刚发明到广泛应用所花的时间相当长(见表 1-1)，从而导致技术进步速度相对较为缓慢；而在经济发展水平高的时代，一项技术发明从刚发明到广泛应用所花的时间却相对较短，因而技术进步的速度相对较快。

表 1-1 一项发明从刚发明到广泛应用所花的时间

发明的项目	从发明到应用所花的时间(年)
滚动轴承	410
蒸汽机	80
电话	56
无线电收音机	35
汽车	27
飞机	14
电视机	12
原子弹	6
激光器	<1

(三)经济发展的需要是推动技术进步的动力

纵观经济发展的历史，不难发现经济发展的需要能够对技术进步产生极大的推动作用。这是因为，经济的发展必然对劳动手段、劳动工具的装备、劳动对象的供给、劳动者能力与素质的提高、资源配置、产业组织等方面提出更高的要求，从而引发新一轮的技术革新和革命，推动技术的进步。一般来说，只有经济发展对某种技术有了需求，才有可能产生某种技术，否则，该种技术就不太可能产生，或者很快就会夭折。国内外的经济发展史都证明，任何技术的产生和发展都取决于经济建设的需要，经济是技术发展的起因和归宿。比如蒸汽机的发明、电子信息技术的发展、航空航天技术的发展等就是很好的例证。据美、

英等国的统计，技术创新的动力主要来源于经济发展与社会需求，如表 1-2 所示[①]。

表 1-2　技术创新的动力来源

动力来源	美　国	英　国
科学技术	22%	27%
市场需求	47%	48%
生产需求	31%	25%

(四)经济效益的好坏是技术存在和发展的重要前提

由于技术是经济发展的手段，因此技术就必须以经济效益最大化为主要发展目标。一项技术即使再先进，但如果不能产生好的经济效益，也无法得到应用和发展，如超音速民用飞机技术的命运就是如此。因此，一项生产应用技术能否产生、存在和发展，关键要看它是否能带来好的经济效益。而在可替代的多项技术中能否脱颖而出，也要看它是否能比其他技术产生更好的经济效益。当然，对于非生产应用型技术，经济效益可能不是主要目标，但也必须以尽量少的投入，获得尽量多的产出。

可见，技术与经济的关系是一种既相互促进又相互制约的紧密关系，这种关系使任何技术的发展和应用问题变得不仅是一个单纯的技术问题，同时也是一个经济问题，因此，有必要把技术与经济结合起来进行研究。

第二节　技术经济学的产生与发展

技术经济学是新中国成立后建立的一门新兴学科，是我国广大技术经济工作者在总结我国的经济建设实践经验，并在广泛吸收国外科学技术以及相近学科有益成分的基础上形成的。国外很少使用这个术语，但相近学科较多，如日本的经济工程学，欧美各国流行的工程经济学、可行性研究、费用效益分析，以及价值工程等，同时还有信息论、控制论、对策论在经济中的应用。这些内容和研究方法与我国的技术经济学比较接近或者有所交叉，有的已经被吸收到我国的技术经济学中。归纳起来，我国的技术经济学学科建立与发展经历了下述四个阶段。

一、萌芽阶段

这一阶段大约是从 1952—1961 年。

我国技术经济学的建立可以追溯到 20 世纪 50 年代。50 年代初期，我国在引进苏联科学技术的同时，引进了技术经济分析和论证方法。国家经济决策部门曾在第一个五年计划期间提出"各个重点建设项目上马时都要进行技术经济论证"，在计划工作、基本建设工作和企业管理中引进了技术经济分析和论证方法，特别是在规划、设计 156 项重点建设项目时，都进行了不同程度的技术经济分析、论证，在建设项目的设计方案中都有"技术经济

---

① 杨青，胡艳，喻金田. 技术经济学[M]. 武汉：武汉理工大学出版社，2003.

分析"一章。由于这一时期对项目决策比较慎重,对项目前期管理比较重视,使得这些基本建设投资项目都产生了较好的经济效益。现在看来,这些技术经济分析的论证方法是比较粗糙和简单的,但在当时对于实现投资目标和"一五"计划的顺利完成,对于新中国工业基础的建立,起到了非常重要的作用。由于历史和内外部条件的限制,当时还没有也不可能形成具有系统理论和方法的技术经济学科,但其重要性已为当时的高层决策者、工程技术人员和管理人员所重视。但是,1958 年"大跃进"开始后,在"左"倾思想的影响下,生产建设"只算政治账,不算经济账",基本建设程序被践踏,技术经济工作全部被取消,刚刚萌芽的技术经济学科受到严重摧残。

二、初创阶段

这一阶段大约是 1962—1965 年,即 20 世纪 60 年代前期。

为了扭转"大跃进"所造成的项目决策工作中的混乱局面,恢复被"大跃进"破除了的基本建设管理制度,1962 年 5 月,国务院先后颁布了关于加强基本建设计划设计管理等内容的三项决定。12 月 10 日,中共中央、国务院发出《关于严格执行基本建设程序,严格执行经济合同的通知》。1962 年制定的我国第二部科技发展规划《1963—1972 年科学技术发展规划》中提出了"技术经济"的概念,并把技术经济视为与其他五大科学技术学科地位相当的学科,而且专门论述了它的发展方向和任务。同时还明确指出,任何科技工作必须既具有技术上的优越性,又有经济上的合理性,并要求在科学技术工作中结合各项技术的具体内容对技术的经济效果进行计算和分析比较。从此,技术经济学作为一门独立的学科在我国正式产生了。

技术经济学的产生不仅是党中央英明决策的结果,更是许多经济理论工作者辛勤劳动的结果。20 世纪 60 年代初,在党中央提出"调整、整顿、充实、提高"方针以后,随着国民经济调整工作的进行,在经济理论界开展了对社会主义经济效果问题的广泛讨论,截止到"文化大革命",各种报刊上发表了近百篇文章,对经济效果的一般概念、实质、范围、评价标准、指标体系以及具体的计量方法等问题进行了认真的探讨。其中为技术经济学的创建做出重要贡献的主要人物是我国著名的两位经济学家——于光远和孙冶方。于光远同志是中国技术经济研究会名誉理事长,他在五六十年代著书立说,为我国技术经济学的创建做了大量的理论准备和组织准备,而且"技术经济学"学科名称就是他倡议的。著名经济学家孙冶方同志也十分关心学科的发展。在 60 年代初,他就明确指出:"什么是经济呢?就是以最小的耗费,取得最大的效果。"他还说:"不仅要研究政治经济学,而且要提倡研究技术经济学。""过去,我们对具体经济学、对部门经济学和技术经济学研究不够,尤其对于技术经济学,过去我们否定的多。"正是在于光远、孙冶方等老一辈经济学泰斗的倡导和积极努力下,技术经济学的基本框架和内容初步形成,而且其有关内容被正式列入了我国的《1963—1972 年科学技术发展规划》中,对技术经济学被确定为一门独立的学科产生了重要的影响,为建设有中国特色的技术经济学奠定了基础。

这一时期,有的研究单位根据本部门的技术特点,开始研究具有针对性的技术经济分析方法,使技术经济分析方法在工程建设和许多技术领域中得到了广泛应用,显示了它的实用价值,并成为工程建设方案优选和决策中不可缺少的一环。通过实践,逐渐明确了它

的研究对象，总结了系统的分析方法和方法论基础。尽管如此，但它仍然只是一门方法学，还缺乏坚实的理论基础。由于它着重于研究技术的经济效果，故称它为技术经济效果学。

三、停滞阶段

这一阶段是 1966—1976 年，即"文革"时期。

1966 年，史无前例的"文化大革命"开始。在这一时期，由于"左"倾错误路线的影响，刚刚得以恢复的技术经济工作又遭到严重破坏，技术经济学受到批判，技术经济研究机构全部撤销，技术经济队伍被拆散，研究人员下放，技术经济工作被迫全部停顿。因此，这一时期是技术经济研究工作被摧残的阶段。

四、恢复和发展阶段

这一阶段是从 1977 年至今。

1976 年粉碎"四人帮"，特别是党的十一届三中全会以后，党的工作重点转移到以经济建设为中心的轨道上来，迎来了"科学的春天"，从而为技术经济学的形成和发展创造了极为有利的条件。在国家制定的《1978—1985 年科学技术发展规划》中，将"技术经济和管理现代化理论和方法的研究"列为 108 项重大研究课题之一。为了落实这项重点研究任务，经过广大技术经济工作者近一年的筹备，于 1978 年 11 月召开了全国技术经济和管理现代化科学规划工作会议，制定了《技术经济和管理现代化理论方法的研究规划(1978—1985)》(草案)，成立了中国科协直属的中国技术经济研究会。1980 年，中国社会科学院建立了技术经济研究所，1981 年，国务院成立了技术经济研究中心。随着经济建设的发展，许多省、市、自治区、中央主管部门和一些中等城市、大中型企业，也相继建立了技术经济研究机构(中心、所、室)和技术经济研究会，国家教委设立了技术经济教学指导组，高等学校编写了技术经济学教材并开设了技术经济学课程。随后建立了技术经济本科专业、技术经济及管理硕士专业和博士专业，培养了一大批从事技术经济分析的专门人才。这些工作都对技术经济学的发展起到了重要的促进作用。

在学科建设方面，呈现出百家争鸣、生机勃勃的景象，我国学者采用自主研究与国外引进相结合的方法，对技术经济学学科的体系、理论与方法进行了系统而深入的研究，建立了较完善的学科体系、学科理论和评价方法，并广泛开展了技术经济理论方法的应用研究，从而建立起中国人自己的技术经济学。到目前为止，技术经济学还是一门年轻的学科，进入 21 世纪后，政治多元化、经济全球化和科学技术的飞速发展给技术经济学带来新的发展机遇，有许多新的领域等待着我们去研究，从而将进一步充实和完善技术经济学。

第三节　技术经济学的概念与研究对象

一、技术经济学的概念和特点

(一)技术经济学的概念

技术经济学是一门由技术科学与经济科学相互渗透而形成的交叉学科(亦称边缘学科)，

是一门研究在人类社会实践活动中如何实现技术与经济的最佳结合问题的学科。

技术经济学作为一门学科，根据《中华人民共和国国家标准学科分类与代码》(2009 年11 月 1 日实施)对学科的划分标准，它属于经济学学科，是经济学学科下的一个二级学科，其下设许多三级学科，如工业技术经济学、农业技术经济学等。

(二)技术经济学的特点

技术经济学是一门应用性学科，又是一门决策性学科，具有以下特点。

1. 综合性

技术经济学是一门介于自然科学和社会科学之间的边缘学科。它是自然科学和社会科学不断发展的产物，本身具有综合性的特点。其理论基础与研究方法综合了政治学、哲学、法学、社会学、文化学、管理学、会计学、经济学、数学和工程技术学等多种学科的基本理论与方法。它所研究的问题往往是多目标、多因素的，既要分析包括技术、经济、社会、环境等多个方面的因素，同时还要达成多个目标。因此，在研究和处理技术经济问题时，需要用多学科的知识进行分析与评价，综合考虑诸多目标、因素，这就反映了技术经济学的综合性特点。

2. 系统性

任何一个技术问题(一般称之为项目)都是由若干个相互联系、相互影响的单元组成的整体，且都是在一定的客观环境中进行的，受到社会、政治、经济等客观条件和自然环境条件的限制。因此，必须用系统工程的理论和方法进行全面、系统的分析和论证，将影响其效果的全部因素纳入一个系统中进行综合考虑。而在分析其效果时，不仅要分析项目本身的直接效果，对一些特殊的项目还要分析与其相关的项目的间接效果；不仅要研究它给企业带来的经济效益，还要研究项目对国家和社会带来的国民经济效益和社会效益。

3. 预测性

技术经济学所研究的技术活动一般是尚未发生，因此，要研究如何判别一项尚未付诸实施的技术活动是否值得投资。为此，需要对投资者所需投入的人力、财力、物力，以及市场供求状况、原材料供应状况、投入和产出物的价格等进行预测，也要预测投资活动所能带来的各种效益特别是经济效益，更要预测投资活动所面临的风险。由此可见，技术经济学具有明显的预测性。当然，由于未来存在着不确定性，很多变化难以预料，因而对未来的预测只是一个近似的估计，分析结果也就带有一定的风险性。

4. 实践性

技术经济学是一门应用性学科，从它的产生到其飞速发展，无不与社会实践紧密相连。它的产生是技术实践活动需要的结果(为了解决技术活动的经济问题)，研究的客体往往是从实践中产生的实际工程项目和各种技术方案，提出的理论和方法都是为了解决实际问题，研究所采用的数据都是经过实际调查和科学试验所得到的数据，研究成果(规划、计划、方案、报告、建议书等)都将被直接应用到实践中去，并接受实践的检验。因此，技术经济学是一门实践性很强的学科。

二、技术经济学的研究对象

技术经济学不同于一般的技术科学，也不同于纯经济科学，而是从技术与经济的辩证统一关系出发，研究技术与经济的交集——技术经济问题，从而成为一门独立的科学。作为技术经济学研究对象的技术经济问题到底应该包括哪些内容，目前尚无统一的观点。一种带有综合性的观点把技术经济学的研究对象概括为三个领域、四个层次和三个方面[①]，具体内容如下所述。

(一)研究对象的三个领域

1. 技术领域的经济活动规律

在这个研究领域中，最重要的研究对象是技术活动的经济效果。

因为任何技术活动不仅需要可以用货币衡量的各种资源的投入，而且最终会产生可以用货币衡量的成果，而其中大部分成果直接表现为经济收入，因此，技术问题同时又是一个经济问题。而由于资源的有限性，特别是一些自然资源的不可再生性，要求人类在利用这些资源生产物质产品和精神产品的过程中必须尽可能地节约各种资源，即必须讲求经济效果。因此，技术经济学必须高度重视技术实践经济效果的研究。事实上，技术经济学的诞生就是从研究技术活动的经济效果开始的。我国第一本《技术经济学》专著的作者徐寿波教授认为，"技术经济研究的对象是技术经济问题""由于各种技术经济问题是以各种技术政策、技术措施和技术方案的经济效果形式出现，所以各种技术政策、技术措施和技术方案的经济效果也就构成了技术经济学的研究对象。""具体地说，就是研究技术的经济效果问题，或者说是技术的可行性和经济的合理性问题。"[②]从这个意义上讲，技术经济学亦可称为技术的经济效果学，西方国家相应的学科有工程经济学，在日本则称为经济工程学。

这里所谓的经济效果是指技术经济活动中的投入量与产出量之比较，所反映的是生产过程中劳动耗费转化为劳动成果的程度。投入量是指为生产产品或提供劳务而消耗的资源(如劳动力、资金、技术等)价值量，而产出量则是指可以用货币表示的相应产品和劳务的价值量。经济效果有差额表示法、比值表示法和差额—比值表示法三种表达方式。

技术经济学研究技术的经济效果，往往是在技术活动实施之前，通过对各种策划方案进行分析、比较、完善，选择出最佳的策划技术方案，保证决策建立在科学分析的基础之上，以取得理想的经济效益和减少失误。这是关系到有限资源最佳利用的大事，关系到国家和企业竞争力强弱的重大问题。这方面我们有过许多经验和教训。

在第一个五年计划期间，我国引入了苏联的技术经济分析方法，要求各个重点项目都要进行技术经济论证。由于重视经济效果分析，基本建设取得了较好的经济效果，"一五"期间固定资产交付使用率达到83.7%。而在"二五""四五"期间，由于采取了"大跃进"等所谓群众运动的方法来搞工业建设，事前不做经济分析、事中不做投资控制、事后不做审计分析，致使固定资产交付使用率大大下降，"二五"期间仅为59.5%，"四五"期间为

---

① 傅家骥，雷家骕，程源. 技术经济学前沿问题[M]. 北京：经济科学出版社，2003.

② 徐寿波. 技术经济学[M]. 南京：江苏人民出版社，1986.

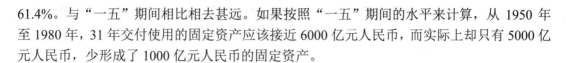

61.4%。与"一五"期间相比相去甚远。如果按照"一五"期间的水平来计算，从 1950 年至 1980 年，31 年交付使用的固定资产应该接近 6000 亿元人民币，而实际上却只有 5000 亿元人民币，少形成了 1000 亿元人民币的固定资产。

2. 经济领域的技术活动规律

经济领域的技术活动规律主要包括技术进步规律、技术评价规律、技术选择规律和技术转移规律等内容。

1）技术进步规律

在技术与经济这一对矛盾统一体中，技术是第一位的，只有技术发展了，经济才能得到更好的发展。所以，作为一个国家或企业应高度重视技术进步，技术经济学也应该将技术进步作为其重要的研究对象。

而技术创新是技术进步中最活跃的因素，是经济增长的根本动力，是转变经济增长方式的唯一途径。纵观国内外近 230 年的经济发展史、企业发展史，无数的事实无不证实着这一结论。比如，18 世纪末至 19 世纪末，蒸汽机的发明和应用、新兴纺织业和钢铁业的兴起使英国成为经济发展最快的国家。从 19 世纪下半叶开始，德国、美国技术创新非常活跃，新发明、新创造、新技术、新产品层出不穷，从而促进两国的经济蓬勃发展，到 19 世纪末至 20 世纪初，两国的经济相继超过英国，美国还成为世界头号经济强国。"二战"之后 20 年，日本以其惊人的经济腾飞速度和社会财富积累速度从废墟中迅速崛起，大举迈向世界经济强国的行列，并在某些领域有赶超美国的趋势。在随后人们所总结的众多的日本经济腾飞的因素中，有一项决定性的因素得到了企业界的认同，这就是技术创新。技术创新为日本的国家经济和日本企业的发展与振兴提供了强大的原动力。世界各国的发展史都为我们生动而真实地展示了技术创新对于一个国家经济的繁荣富强、企业竞争和发展的重要性。《中共中央、国务院关于加速科学技术进步的决定》(中发〔1995〕8 号)中也指出："技术创新是企业科技进步的源泉，是现代企业发展的动力。"技术创新的这种特殊地位，决定了它是技术经济学的重要研究对象。

我们研究技术创新，主要是要研究如何推进技术创新活动的开展，包括技术创新的动力机制、技术创新战略的选择、企业技术创新的组织形式、企业技术创新的管理、技术创新的服务体系、技术创新的产权配置问题等。

2）技术评价规律

技术评价也称技术评估，是指对技术的内在特性和外在特性所做的全面分析和评估。内在特性方面比如先进性、经济性、安全性等就是一些非常重要的特性。此外，技术对外部的影响，如汽车对环境的污染问题已引起社会各界的高度重视，诸如这些外部特性都应是技术评价的重要内容。因此，技术评价指标体系及相关机制的建立和完善应成为技术经济学的重要研究对象。

3）技术选择规律

任何组织在开发或使用技术之前，必须进行技术选择。而技术选择正确与否，既直接影响到其经济效益，又影响到技术自身的发展，因此，技术选择是实现技术与经济协调发展的关键，而良好的技术选择机制是实现技术与经济协调发展的前提和保证。

从纵向来看，技术选择可分为战略性选择和战术性选择。所谓战略性选择是指为了促进经济的长远发展而对未来技术的选择，即确定未来应该发展什么技术，实际上也就是对技术所做的长远规划。而战术性选择则是为了开展某种经济活动或为了实现一定的经济目标而进行现有技术的选择，比如现有工艺方法的选择、技术来源的选择等。

从横向来看，技术选择可分为四个层次，即宏观技术选择、中观技术选择、微观技术选择和项目技术选择。①宏观技术选择是指涉及面广的战略性技术选择，其影响面涉及特定的企业、一个行业以至整个国家。研究宏观技术的选择问题要研究在一定的发展阶段内整个国家的技术政策、技术路线，要明确鼓励什么、限制什么、淘汰什么。②中观技术选择是指一个行业的技术选择。每个行业应根据国家经济对本行业的要求、国家的技术政策、本行业技术发展的趋势及各种客观条件制定出本行业的技术政策，用以指导本行业的技术选择和技术发展规划。③微观技术选择是指一个企业范围内的技术选择。企业生产什么样的产品、选择什么样的产品结构、用什么工艺生产、选用什么样的设备、采用什么样的管理手段和方法、采用什么样的"三废"处理技术等，都是影响企业市场竞争能力和经济效益的关键问题。每个企业都应根据自己的发展目标、资源条件和外部环境制定出企业的技术政策，从而在这种技术政策的指导下，进行具体的技术选择。④项目技术选择是指项目所采用的生产工艺流程、产品制造方法及相关硬件的选择。

无论是哪个层次的技术选择，都必须建立在了解世界技术发展的大趋势和经济环境条件的基础之上，并兼顾技术的先进性和适用性，同时还要考虑所选择技术的经济效果等多种因素，才能达到技术与经济协调发展的目的。

4) 技术转移规律

技术转移指某种技术(包括成熟技术和处于发明状态的技术)由其起源地点或实践领域转而应用于其他地点或领域的过程，其实质就是技术的商业化应用过程，包括科技成果转化和技术扩散两种形式。科技成果转化指一项技术从技术生成部门(研究机构)向使用部门(企业等机构)的转移，实现技术的应用并产生价值的过程，它是技术转移的首要环节。据中国新闻网 2013 年 12 月 21 日报道，我国的科技成果转化率仅为 10%左右，远低于发达国家的 40%，可见，如何完善我国的科技成果转化机制仍是需要深入研究的课题。而技术扩散是指一项技术从首次得到商业化应用的单位，逐步推广到其他单位并加以充分应用的过程。一项好的技术，只有通过转移才能实现其价值，才能促进经济的发展。

技术经济学研究技术转移，不仅要研究技术转移的模式和方式，更要研究技术转移的有关机制，通过机制的建立和完善，提高技术转移的局部效益和全局效益。

3. 技术发展的内在规律

技术发展的内在规律是指技术在其历史发展过程中多次出现的、具有表象相似性或本质共同性的历史现象及其内部和外部的本质联系。研究技术发展的内在规律实际上是对技术发展历史现象及联系的主观抽象和归纳，是我们认识和把握"技术领域的经济活动规律"和"经济领域的技术活动规律"的基础。因此，技术发展的内在规律也应是技术经济学的研究对象。

(二)研究对象的四个层次

在上述三个领域中，技术经济学要研究以下四个层次的技术经济问题。

1. 国家层面的技术经济问题

从国家角度来看，技术经济问题涉及国民经济发展的速度、比例，国家投资的规模、结构、方向，生产力的合理布局，产业结构的调整，国家技术创新体制，国家的科技战略、科技发展规划、科技政策，知识产权制度，能源的开发利用，技术引进的方式，引进技术的选择，外资的利用和偿还等多方面的内容。

2. 产业层面的技术经济问题

产业层面的技术经济问题包括产业的发展规模与速度、产业的技术发展规划、产业的技术创新、产业的技术扩散与转移、产业的规模经济、产业的合理集聚度、产业的市场机制等。

3. 企业层面的技术经济问题

企业层面的技术经济问题包括企业发展战略、新产品开发规划、新产品开发方案、技术战略、技术选择、技术创新、技术开发、技术改造、技术整合、信息化建设、组织创新、流程再造、知识管理、人力资源开发与管理、资本结构、融资、企业并购、环境保护、虚拟制造(OEM/ODM)等。

4. 项目层面的技术经济问题

项目层面的技术经济问题是指工程项目、科学研究项目、技术开发项目、高技术项目等一切可称为项目的技术经济问题。以工程项目为例，其技术经济问题包括产品方案、合理规模、原材料选择、能源选择、厂址选择、技术选择、设备选型、协作配套条件、资金筹措、环保方案选择等。

上述四个层次的技术经济问题的划分不是绝对的，比如在产业层面的技术经济问题中，有些又属于国家宏观技术经济问题，许多的企业技术经济问题实际上属于项目技术经济问题。同时，这四个层次的技术经济问题又是相互渗透、相互影响的。高层次的技术经济问题往往包含了低层次的技术经济问题，对低层次技术经济问题的解决起着决定性的作用。而低层次的技术经济问题的解决又是搞好高层次技术经济问题研究的基础。

(三)研究对象的三个方面

技术经济学的研究对象包括技术经济学科的基础理论、技术经济的学科方法、技术经济学科基础理论和基本方法在现实技术经济活动中的应用这三个方面。

1. 技术经济学科的基础理论

技术经济学科的基础理论主要包括经济效益理论、技术评价理论、技术进步理论、技术进步与经济增长相互关系理论、技术创新理论、技术选择理论、技术转移理论、时间价值理论、技术经济比较理论、技术经济评价理论、技术经济决策理论、生产率理论等。

2. 技术经济的学科方法

技术经济的学科方法可以分为以下两个方面。

(1) 技术经济学的一般方法，主要是比较分析法、因素分析法、综合集成法和其他分

析方法。

(2) 技术经济学的应用方法,主要指一些具体应用方法,包括性能价格比分析计算方法,投入产出分析计算方法,多目标、多因素分析计算方法,价值工程分析计算方法,业效分析计算方法和可行性研究分析计算方法等。

3. 技术经济学科基础理论和基本方法在现实技术经济活动中的应用

该应用包括各种技术政策和产业政策的论证与评价、投资建设项目的论证与评价(项目的可行性研究)、生产力布局与转移的论证与评价、经济规模的论证与评价、资源利用开发的论证与评价、技术改造的论证与评价、技术引进的论证与评价、新技术开发和新产品开发的论证与评价、发展战略的论证与评价等。

上述三个领域、四个层次和三个方面的研究对象之间的关系如图 1-1 所示。

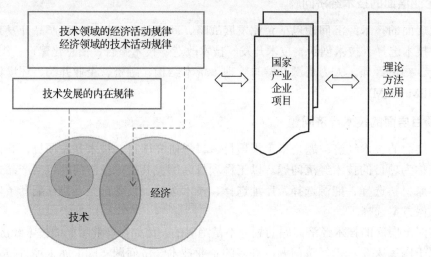

图 1-1　三个领域、四个层次、三个方面之间的关系

第四节　技术经济学的基本原理

一、经济效果原理

任何技术经济活动都要消耗资源,但由于资源是有限的,我们必须厉行节约,力求以尽量少的资源消耗取得尽量多的劳动成果,即取得最佳的经济效果。因此,技术经济学不仅要研究技术的经济效果,而且要把技术的经济效果作为评价技术经济活动是否可行以及进行技术经济活动方案选择的重要依据,即以经济效果的大小作为决策的依据。同时,要求管理者在进行技术经济活动方案的设计和实施过程中,努力降低投入物的费用,并争取以最优的产品(劳务)价格获取回报,从而确保活动取得最佳的经济效果。

需要说明的是,技术经济学中所讲的劳动成果是指有效的劳动成果,而有效劳动成果与劳动耗费之比又称为经济效益,因而经济效果原理又可称为经济效益原理。

二、科学预测原理

技术经济学是一门应用性很强的学科，将它应用于实践就是运用其方法对技术经济活动进行全面分析，以评价该项活动的可行性和有效性。这种分析的对象往往是未来的技术经济活动，这就需要对专项技术经济活动在未来的投入和产出进行预测，以便进行综合评价。由于任何技术经济活动都是受多种环境因素影响的，其投入和产出存在一定的不确定性，因此，在进行分析预测时，必须采用科学的方法，才能较为准确地把握未来，并进行较为真实和合理的评价，从而确保决策的有效性。

以三峡工程为例，在投资建设该工程之前，必须预测工程所需的投资、工程竣工后可能产生的防洪收入、发电收入和航运收入等经济收入，以及其他方面的效果，才能对该工程做出科学的评价和决策。事实上，三峡工程的建设正是建立在科学预测基础之上的，因而取得了较好的经济效益和其他多种效益。

三、资金时间价值原理

众所周知，资金存入银行会获得利息，而投入生产过程则会获得利润，也就是说，如果将资金用于投资，则由于净收益的产生而使投资者获得比原投资额更多的资金。这说明资金会随着时间的推移而增值。从表象来看，就是资金具有增值的"能力"，即资金具有时间价值。因此，一切营利性组织都应该将所拥有的闲置资金进行投资，让它增值，以更好地实现其营利目的。因而在分析技术经济活动的收益和费用时，一定要指明它们所发生的时间。此外，在计算技术经济活动的收益和费用时，必须计算其时间价值，既不能将不同时间点的资金额直接相加，也不能直接进行比较。

四、机会成本原理

由于资源是有限(或稀缺)的，当组织或个人把所拥有的某种资源用于某种用途时，就不能同时用于其他用途。对于经济资源也是一样，当一定量的某种经济资源被用于某种经济用途时，就不能同时用于其他经济用途，从而不能从其他经济用途获得经济收益。也就是说，一个组织把所拥有的某种经济资源用于某种经济用途而获得收益，是以放弃将这一经济资源用于其他经济用途所能获得的收益作为代价的，由此，便产生了机会成本的概念。

在经济学中，机会成本是指一种具有多种用途的有限(或稀缺)经济资源被用于某一种用途时所放弃的最大收益。

作为经济学学科分支之一的技术经济学，也是研究资源最优配置的学科，它在研究技术经济活动的经济效果和其他效果时必须考虑所用资源的机会成本，比如资金的机会成本等，并把机会成本作为决策的重要依据。只有充分考虑机会成本，才能使技术经济活动决策更具科学性。

五、可比性原理

对技术经济活动进行评价时，除了要对单个方案的经济效果进行评价外，还要对多个

方案进行比较和选优。在对多个方案进行比较时,应遵循以下四个方面的可比性原理(原则)。

(一)满足需要的可比

任何技术经济活动方案的直接目的都是满足一定的需要,而进行比较的方案必须能满足相同的需要,否则不可比。

满足相同的需要,需要从下述四个方面予以保证。

1. 功能可比

即相互比较的方案所生产的产品(服务)具有相同的使用功能,如两个方案都是生产手机,或都是生产导电线,则它们的产品使用功能相同。而生产涤纶树脂的方案不能与食品加工方案相比较,因为两者提供的使用功能不同。

2. 数量可比

在使用功能种类相同的条件下,相互比较的方案所生产的产品(服务)应能满足相同数量的社会需要,它们才具有可比性。如两个方案都是生产相同数量的钢材,则这两个方案可比;又如两个输电方案,它们所输送的电量应相同,才具有可比性。

有时也将这一可比性称为产量可比,这时应注意将产量理解为向社会提供的净产量,如发电厂项目中,由于发电厂内部要消耗电量,因此在进行方案比较时不能看它们的发电量是否相同,而应看它们实际向外输出电量是否相同。

3. 质量可比

不同方案若产品质量不同,则同样数量的产品(服务)满足社会需要的程度就不同,因而它们不具有可比性。比如,生产矿山用硬质合金钎头有两个方案,如果它们生产的钎头质量相同,若每个钎头平均进尺 60m,则这两个方案可比。相反,若甲方案生产的钎头平均进尺 60m,乙方案生产的钎头平均进尺只有 20m,如果两个方案仅仅是产量相同,则它们不具有可比性,因为它们的质量不相同,导致满足社会需要的程度不同。

若要对质量不同的多个方案进行比较,可通过质量等同化的处理,使各方案具有质量可比性,在此基础上再进行比较。质量等同化处理的步骤如下所述。

第一步,根据质量差异程度,计算不同质量产品的使用效果比较系数,进行质量可比的修正计算。其公式为:

$$\mu = E_1 / E_2$$

式中:μ——使用效果比较系数;

E_1、E_2——方案1、方案2的产品使用效果(可用产品的使用寿命、可靠性等表示)。

第二步,利用比较系数μ对消耗费用指标进行修正,当以方案2为基准时,方案1的费用指标应调整为:

$$I_1' = I_1 / \mu$$

$$C_1' = C_1 / \mu$$

式中:I_1'、C_1'——调整后方案1的投资和经营成本;

I_1、C_1——方案1实际发生的投资和经营成本。

4. 品种可比

有些项目生产的产品品种可能有多个，特别是石油化工项目、冶金工程项目等往往有多个附属产品。当互比方案的产品(服务)品种相同时，它们具有可比性，因为它们在品种上满足了相同的需要。比如甲方案生产 A、B、C 三个品种的产品，乙方案也是生产 A、B、C 三个品种的产品，则这两个方案可比。如果乙方案只生产 A、B 两个品种的产品，则甲方案与乙方案不可比。若要比较这两个方案，必须将乙方案扩建成能生产 C 产品的方案，或再设计一个生产 C 产品的丙方案，然后将甲方案与乙、丙两个方案之和进行比较。

(二)消耗费用的可比

消耗费用的可比，是指满足相同需要的不同技术方案进行经济分析时，必须计算相同范围的费用。比如，在满足需要可比性的两个方案中，甲方案自建污水处理设施，而乙方案不建污水处理设施，那么在比较这两个方案时，在是否计算污水处理费用上要遵循统一的规定。此外，消耗费用的计算方法必须一致，即在计算费用时要对不同的方案采用统一的计算方法，比如计算费用的基准、公式及有关参数等都应保持一致，这样，消耗费用才可比。

(三)价格的可比

所有技术方案的投入物和产出物必须采用以下价格来计算其价值或费用，才能使方案具有可比性。

1. 采用同一标准的价格[①]

(1) 采用相同生成来源的价格：市场价格或计算价格。计算价格是一种从国民经济角度出发，考虑工程技术方案的社会全部消耗费用的方法。

(2) 采用同一区域的价格：国内市场价格或国际市场价格。国际市场价格主要适用于与外贸进出口产品有关的经济项目和一些利用外资、技术引进项目。

(3) 采用相同币种的价格：人民币或美元等。

2. 采用比价合理的价格

不同方案的投入物和产出物应采用能较好地反映其价值的价格，这样，不同方案的价格对比较为合理，在这种前提下的方案才具有可比性。在过去，我国的物价曾出现过不合理的现象，即比价不合理，比如煤的价格过低。若用煤的这种价格进行火电站与水电站的方案比较，会得出火电站优于水电站的错误结论。

(四)时间的可比

各种技术经济活动方案在时间上的可比性体现在下述两个方面。

1. 方案的计算期相同

对于不同的技术方案，必须采用相同计算期进行有关评价指标的计算，方可根据这些计算结果进行方案的优劣比较。

[①] 武春友，张米尔. 技术经济学[M]. 大连：大连理工大学出版社，1998.

2. 价值指标的时间点相同

由于资金具有时间价值，早发生的资金活动比晚发生的资金活动能产生更多的增值。所以，不同时间点上的指标值不能直接进行比较，必须把它们换算成相同时间点的值才能进行比较。

六、和谐发展原理

世界上万事万物都是既相互联系又相互制约的，技术经济活动也是一样，与周围的人和事物存在千丝万缕的联系。它不仅依赖于供应商、自然环境和社会环境，而且对自然环境、社会环境、利益相关者和广大社会公众产生多方面影响。因此，在进行技术经济分析时，一定要充分考虑并协调好以下关系：局部利益与全局利益的关系、当前利益与长远利益的关系、产业之间的关系、社会分配关系、经济效益与技术效益的关系、经济效益与社会效益和环境效益的关系、技术效益与社会效益和环境效益的关系等，这样才能使整个社会得以和谐发展。只有如此，我们所开展的技术经济活动才能顺利进行并取得预期的效果，否则会一损俱损。

本 章 小 结

(1) 在人类社会的发展过程中，技术与经济之间始终存在着密切的关系，两者之间既相互促进又相互制约。因此，在制定技术方案、技术政策和技术措施时，一定要把技术和经济联系起来，从而使技术和经济相互促进、协调发展。

(2) 技术经济学是一门由技术科学与经济科学相互交叉渗透而形成的交叉学科(亦称边缘学科)，是一门研究在人类社会实践活动中如何实现技术与经济的最佳结合问题的学科，是应用经济学的一个分支学科。

(3) 技术经济学是由我国著名的经济学家于光远和孙冶方等老一辈经济理论工作者倡议和创立的一门独立学科，是一门年轻的应用性学科，还处在发展过程之中。

(4) 技术经济学的研究对象包括技术领域的经济活动规律、经济领域的技术活动规律、技术发展的内在规律三个方面。

(5) 技术经济学的理论与应用研究要遵循以下六个方面的基本原理，即经济效果原理、科学预测原理、资金时间价值原理、机会成本原理、可比性原理和和谐发展原理。

(6) 技术经济学的研究范围，从横向方面来看，包括国民经济的各个行业和部门的所有技术经济问题；从纵向方面来看，包括国家、产业、企业和项目四个层次的技术经济问题。因而，技术经济学的应用范围很广。

习 题 一

1. 什么是技术？什么是经济？两者有何关系？
2. 技术经济学的研究对象是什么？
3. 技术经济学的基本原理有哪些？应如何理解？

4. 请简述学习技术经济学的意义。

5. 案例分析

协和式超音速飞机退市之谜

从 20 世纪 50 年代开始，随着亚音速喷气式客机的普及，以及第一种实用化的超音速军用飞机——F100 "超佩刀" 战斗机的出现，超音速客机在当时被普遍视为未来的发展方向，一些发达国家相继计划研发超音速客机，英国、法国便是走在前面的国家。

一、英国、法国自主研发超音速客机

1956 年，英国政府成立了超音速运输飞机委员会，联合英国皇家飞机研究院和布里斯托尔飞机公司进行研究，开始探讨开发世界上第一种超音速客机的可行性。到了 1959 年，委员会得出了初步结论，认为超音速客机在技术上是可行的。经进一步研究，布里斯托尔飞机公司确定了采用三角翼、装备 4 具发动机、巡航速度为 2 马赫、可载客约 100 人并能够进行跨大西洋飞行的超音速客机设计方案。

与此同时，法国也有类似的计划，而且进度与英国相若。法国南方飞机公司和达索公司联合进行研究，提出了超级卡拉维尔的设计方案，这也是一种采用三角翼、巡航速度为 2.2 马赫、可载客约 70 人的设计方案。

二、英国与法国达成合作开发协议

至 20 世纪 60 年代初，英国的设计已经初步进入建造原型机的阶段，但由于投资巨大，英国政府遂要求英国飞机公司在国际上寻找合作伙伴。经过与数个国家(包括德国和美国)商讨，最后只有有类似的研制计划而且进度与英国相若的法国对合作计划有兴趣。于是，英法政府以国际条约的方式就合作进行商议并达成共识，最后在法国总统戴高乐和英国首相麦克米伦的提议下，于 1962 年 11 月 28 日正式签署了政府合作协议。在这个协议上提出了 SST 计划(Supersonic Transport Program)，即超音速运输计划。1963 年 1 月，当时的法国总统戴高乐亲自将这一研制计划命名为 "协和" (Concorde)，协和式超音速客机就是 SST 计划的产物。

起初，英法双方有意建造一种长程(6000km)和一种短程(4400km)的超音速客机，但与潜在客户推销两种机型后，发现航空公司对短程的超音速客机兴趣不大，于是决定取消短程型号。长程型号取得超过 100 架的意向性订单，起始客户包括泛美航空公司、英国海外航空公司和法国航空公司，分别订购 6 架协和式飞机。按照当时最保守的估计，订单数字将在 1975 年上升到 225 架。

在获得众多航空公司的支持后，英法合作的超音速客机研制计划立即实施。按照协议，飞机机体研制将由英国飞机公司和法国宇航公司共同进行，工程分配比例为 40% 和 60%；而飞机的发动机由英国劳斯莱斯公司和法国斯纳克玛公司共同研制，工程分配比例分别为 60% 和 40%，飞机总体组装地分别设在英国菲尔顿和法国图卢兹。最初的计划是试制两架原型机(生产编号为 001 和 002)，研制费用为 1.5 亿英镑，计划每架售价为 1500 万至 1700 万英镑。原型机计划在 1966 年年底首飞，并预计在 1969 年取得适航证。至 1966 年，英法双方决定扩大研制规模，增加生产两架预生产机(生产编号为 101 和 102)与两架供静力试验和金属疲劳试验用的量产机(生产编号为 201 和 202)，研制费用增加至 5 亿英镑。

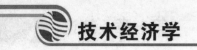

三、协和式客机成功问世

经过英法两国的共同努力,协和式超音速飞机开发成功并转入制造阶段:协和式原型机 001 号机由法国宇航公司在图卢兹于 1965 年 2 月开始制造,于 1967 年 12 月 11 日出厂,1969 年 3 月 2 日在图卢兹首飞。同年 10 月 1 日进行的第 45 次试飞时突破了音障,超音速飞行并持续了 9 分钟,最高速度达到了 1.5 马赫。1970 年 11 月,飞行速度成功达到了 2.0 马赫。而 002 号机则由英国飞机公司在布里斯托尔的菲尔顿建造,并于 1969 年 4 月 9 日首飞。

之后,预产机和量产机相继被制造出来。1974 年后,英航和法航开始利用协和式飞机进行各种示范和飞行测试,原型机、预产机和首架量产机共试飞了 5335 小时,其中 2000 小时是超音速飞行,试飞总时间远远超过同期同等大小的亚音速民航客机 4 倍之多。

到 1975 年年底,协和式飞机取得了两国型号合格证,1976 年 1 月 21 日投入商业飞行。至此,英法两国政府在超音速客机计划上的投资已经超过 8 亿英镑,超过最初预算近 6 倍。

四、协和式飞机深受商务旅客欢迎

协和式飞机主要用于执行从伦敦希思罗机场(英国航空)和巴黎夏尔·戴高乐国际机场(法国航空)往返于纽约肯尼迪国际机场的跨大西洋定期航线飞行任务。飞机能够在 15 000m 的高空以 2.02 倍音速巡航,最大飞行速度可达 2.04 马赫,从巴黎飞到纽约只需约 3 小时 20 分钟,比普通民航客机节省超过一半时间,因此,虽然票价昂贵但仍然深受商务旅客等高端客户的欢迎。1996 年 2 月 7 日,协和式飞机从伦敦飞抵纽约仅耗时 2 小时 52 分钟 59 秒,创下了航班飞行的最快纪录。

五、协和式飞机销售艰难

在协和式飞机出厂以前,英法两国就对这种新型的客机进行了多种方式的推销,其中包括在各种航空展会上积极宣传,甚至在大阪世博会上都大力推荐这种跨时代的飞机,雄心勃勃地想要卖出 300 架。在 1970 年大阪世博会上,英法两国联合将一部协和飞机的宣传片带到了展览现场,向世界展示了这种完全不同于当时世界上各种民航客机的全新机型,并进行大力推广。这些巡回展示为协和飞机带来超过 70 架的新订单。

但是,现实似乎要故意捉弄英法两国政府,随后一连串意料之外的不利因素导致大量早期签订的意向性订单被取消,这些因素包括 1973 年石油危机(协和飞机的耗油量比其他亚音速客机高)、部分订购协和飞机的航空公司出现财政问题、图波列夫图-144 于 1973 年 6 月 3 日在巴黎航空展表演时坠毁,以及音爆、起飞噪音、污染环境等问题。到 1976 年仅余下四个国家仍然有购买意向,包括英国、法国、中国及伊朗。后来,各航空公司纷纷终止了签订的订货合同,最终只能将协和式飞机销售给自家国营航空公司(1977 年时的价格为 2300 万英镑,远高于之前的预计价格)。

六、协和式飞机退出历史舞台

协和式超音速客机是世界上为数不多的投入航线上运营的超音速商用客机之一,虽然它带给了人们非常快捷的旅行体验,但是除了英法两国的国营航空公司自己购买外,再也无人问津。因此,从 1969 年第一架协和式飞机诞生开始,英法总共只生产了 20 架超音速飞机(英法两国各生产了 10 架),其中包括 2 架原型机、2 架预生产型机和 16 架生产型机(2

架用于试验,英国航空公司和法国航空公司各有 7 架用于商业飞行),并于 1979 年停止了生产。到 2003 年,尚有 12 架协和式飞机进行商业飞行。2003 年 10 月 24 日,协和式飞机执行了最后一次飞行任务后全部退役。

(资料来源:百度百科

https://baike.baidu.com/item/%E5%8D%8F%E5%92%8C%E5%BC%8F%E9%A3%9E%E6%9C%BA/5040149?

fr=aladdin)

思考题:

(1) 英法两国联合研制超音速客机的经济效益如何,并做简要分析。

(2) 导致协和式超音速客机研制项目经济效益差的内部原因是什么?

(3) 该案例给我们带来什么启示?

第二章 资金等值计算

本章教学目标

通过本章的教学，使学生掌握资金时间价值的概念，了解资金时间价值产生的条件。掌握现金流量的概念、现金流量图的画法、利息的两种计算方法、名义利率与实际利率的概念及两种利率之间的互算公式。掌握资金等值的概念及影响资金等值的因素，重点掌握资金等值计算的 9 个公式，并能灵活运用这些公式。

第一节 资金时间价值

一、资金时间价值的概念

资金时间价值是指资金随着时间的推移而产生的增值，或者说是不同时间发生的等额资金在价值上的差别。

广义的资金是指社会再生产过程中具有或代表一定价值的价值，包括货币资金和非货币资金。所谓货币资金是指在生产经营过程中处于货币形态的那部分资金，是狭义的资金。非货币资金是指处于物资形态的那部分资金，也称为物资资金。技术经济学中通常采用广义的定义。

资金的时间价值可以从下述两个方面来理解。

首先，从投资者的角度来看，资金投入社会生产过程，通过劳动者的劳动而产生剩余价值，从而实现资金的增值。因此，资金时间价值的本质是劳动者在生产过程中所创造的剩余价值。西方的经济学家认为，资金的时间价值是资本的本能增值，即所谓钱可以生钱，掩盖了对劳动者进行剩余价值剥削的实质。

其次，从消费者的角度来看，资金一旦用于投资，就不能用于现期消费，牺牲现期消费是为了能在将来得到更多的消费，因此，资金的时间价值体现为对放弃现期消费的损失所应给予的必要补偿。

资金时间价值的概念告诉我们，今天用来投资的一笔资金，即使不考虑通货膨胀因素，也比将来可获得的同样数额的资金更有价值。因此，掌握资金时间价值的基本原理，对于促进对资金的充分利用、提高资金的使用效果，具有非常重要的意义。同时，这一概念还告诉我们，一定数额的资金，在不同的时点上具有不同的价值。因此，在进行资金的价值比较时，必须将资金与时间相结合，才能表示出资金时间价值的真正意义，才使比较更具有科学性。可见，资金时间价值的概念在技术经济分析研究中非常重要，因而是技术经济学中的一个重要概念。

二、资金时间价值的衡量尺度

(一)衡量资金时间价值的绝对尺度

这里的绝对尺度是用资金的绝对值来表示其时间价值，通常有利润、利息和红利等形式。

由上述可知，如果资金投入生产过程则会获得利润，利润是资金投入生产过程而产生的增值，因而利润是资金时间价值的一种表现形式。而利息是资金所有者转让资金使用权所得到的报酬，或是资金的使用者因占有他人资金所付出的代价，其来源都是生产过程中产生的剩余价值，是利润的一部分。因而利息也是资金随着时间的推移而产生的增值，也是资金时间价值的一种表现形式。

(二)衡量资金时间价值的相对尺度

这里的相对尺度是用资金的相对值来表示其时间价值，通常有利息率和投资收益率等形式。

利息率是指单位时间内获得或支付的利息金额与最初的存款或贷款总额(均称为本金)的比值，简称利率；投资收益率是指单位时间内获得的收益与所投入资金额的比值，包括总投资收益率和资本金净利润率等。投资收益率反映了资金随时间变化而增值的速度快慢，也反映了单位资金的盈利能力，是衡量资金时间价值的重要尺度。

三、资金时间价值产生的条件

要使资金产生时间价值，必须具备下述两个必要条件。

(一)经历一定的时间

任何一笔资金要想产生价值增值，必须经历一定的时间，这是产生资金时间价值的基本条件。如果没有"时间"这个因素(条件)，也就不能称其为时间价值。资金时间价值量的大小与时间成正比。

(二)参加生产过程的周转

因为只有社会再生产过程才能创造新价值，因此，无论是哪一种形态的资金，也无论是具体用于何种用途的资金，最终都必须投入社会再生产过程中，参与生产过程的周转，才有可能保值并产生价值增值，这是产生资金时间价值的必要条件。

四、现金流量与现金流量图

(一)现金流量

1. 什么是现金流量

在许多系统中，经常有大量的资金流入和资金流出现象发生，我们把系统中所产生的

现金流出量和现金流入量统称为现金流量，常用 CF 表示。

在技术经济分析中，由于所研究的系统通常为项目，因此，在无特别说明的情况下所说的现金流量特指项目的现金流量。

2. 什么是现金流出量

现金流出量是指流出系统的资金量，常用 CO 表示。

投资项目的现金流出主要有投资、经营成本、借款本金偿还、借款利息支付、营业税金及附加、企业所得税等。

3. 什么是现金流入量

现金流入量是指流入系统的资金量，常用 CI 表示。

投资项目的现金流入主要有营业收入、回收固定资产余值、回收流动资金和补贴收入等。

4. 什么是净现金流量

净现金流量是指现金流入量与现金流出量的差额，常用 NCF 表示。

对于投资项目来说，要对其进行经济评价，首先要分析和计算项目在整个计算期内各时期发生的现金流入和现金流出及其大小，求出其净现金流量，然后计算出项目的经济评价指标值，最后才能对项目的优劣做出判断。因此，现金流量分析是项目经济评价的基础，对项目的投资决策具有决定性的作用。

(二)现金流量图

在技术经济分析中，为便于反映系统发生的现金流量大小和相应的时间，以便进行经济评价指标的计算，可以采用现金流量图来反映系统经济活动的全过程。所谓现金流量图就是一个表示系统的现金流量大小及其相应发生时间的平面坐标图，其一般形式如图 2-1 所示。

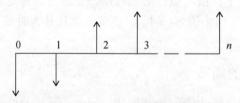

图 2-1　一般形式的现金流量图

对现金流量图的几点说明如下所述。

(1) 横轴表示时间。轴线等分成 n 段，每一段代表一个时间单位或一个计息周期(年、季、月、日等)，n 等于活动或项目所持续的时间长度。时间轴上的点称为时点，某时点既表示该期的期末，又表示下一期的期初。0 点表示活动或项目的开始。

(2) 箭头表示现金流量。箭头的长短表示现金流量的大小，箭头的方向表示资金流动的方向：箭头向下表示现金流出或负的净现金流量，箭头向上表示现金流入或正的净现金流量。箭头顶端一般应标注现金流量的数额。

(3) 现金流量应标注在期初或期末。若无特别说明，一般约定：投资发生在期初，经营成本、营业收入等现金流入和流出均发生在各期期末，回收固定资产余值与回收流动资金则发生在寿命周期终了时刻或计算期期末。

(4) 现金流量图与分析计算的立足点有关。对于同一方案的同一笔资金，如果对某一方来说是现金流入，则对相关的另一方来说就是现金流出，因而分析计算时首先要确定立足点。

五、利息的计算方法

计算利息时，是按一定的时间单位进行的，这里把计算利息的时间单位称为计息周期。计息周期通常有年、半年、季、月、周、日等，相应的利率有年利率、半年利率、季利率、月利率、周利率、日利率等。在技术经济分析中常以年为计息周期，因而相应的利率为年利率。

(一)单利法

单利法是指只对原始本金计算利息，已取得的利息不再计息的一种计息方法。其计算公式为：

$$I=P \cdot n \cdot i \tag{2-1}$$

式中：I——总利息；

P——本金额；

i——每个计息周期的单利利率；

n——计息周期数。

则 n 个计息周期的本利和 F 为：

$$F= P+ P \cdot n \cdot i =P(1+ n \cdot i) \tag{2-2}$$

其推导过程如表 2-1 所示。

表 2-1　单利法计算公式的推导过程表

计息期次	期初本金	本期利息	期末累计本利和
1	P	Pi	$P(1+i)$
2	$P(1+i)$	Pi	$P(1+2i)$
3	$P(1+2i)$	Pi	$P(1+3i)$
...	...	...	...
n	$P[1+(n-1)i]$	Pi	$P(1+ni)$

例 2-1　某人向银行存款 1000 元，存期 3 年，用单利法计息，年利率为 6%，求存款到期时可从银行取得的利息与本利和。

解：根据公式(2-1)可得 3 年后的利息为：

$I=1000 \times 3 \times 6\%$

$=180(元)$

根据公式(2-2)可得 3 年后的本利和为：

$F=1000×(1+3×6\%)$

　　$=1180(元)$

(二)复利法

复利法是指不仅对原始本金计算利息，而且对以前的利息也要计算利息的一种计息方法，亦称为"利滚利"。又可分为普通复利法和连续复利法两种计算方法。

1. 普通复利法

普通复利法亦称间断复利法，即把资金的增值过程看作是间断性的(或跳跃式的)，如图 2-2 所示。

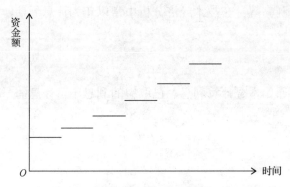

图 2-2　普通复利法的资金增值过程图

n 个计息周期后的本利和计算公式为：

$$F = P(1+i)^n \qquad (2-3)$$

总利息的计算公式为：

$$I = F - P = P(1+i)^n - P \qquad (2-4)$$

公式的推导过程如表 2-2 所示。

表 2-2　普通复利法计算公式的推导过程表

计息期次	期初本金	本期利息	期末累计本利和
1	P	Pi	$P(1+i)$
2	$P(1+i)$	$P(1+i)i$	$P(1+i)^2$
3	$P(1+i)^2$	$P(1+i)^2 i$	$P(1+i)^3$
…	…	…	…
n	$P(1+i)^{n-1}$	$P(1+i)^{n-1}i$	$P(1+i)^n$

　　例 2-2　某人向银行存款 1000 元，存期 3 年，用普通复利法计息，年复利利率为 6%，求存款到期时可从银行取得的本利和与利息。

　　解：根据公式(2-3)可得 3 年后的本利和为：

$F=1000×(1+6\%)^3$

$=1191.02(元)$

根据公式(2-4)可得 3 年后的利息为：

$I=1000\times(1+6\%)^3-1000$

$=191.02(元)$

可见，用普通复利法求得的利息与本利和要大于用单利法求得的利息与本利和。

2. 连续复利法

该方法认为，资金的增值每时每刻都在发生，即把资金的增值过程看作是连续性的，因而其轨迹是一条光滑的曲线，如图 2-3 所示。

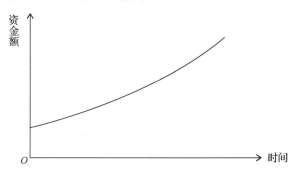

图 2-3　连续复利法的资金增值过程图

在大多数商业贸易和经济研究中采用普通复利法，而不采用连续复利法，因此，这里不再介绍连续复利法的利息计算公式。

六、名义利率与实际利率

(一)名义利率

在一般情况下，所给定的利率都是年利率，但计息周期可能是比年还短的时间单位，即一年之内可能计息多次。这时，可把给定的这种年利率称为名义利率，即挂名的利率。

在这里，名义利率是指在计息周期小于利率周期情况下的国家明文规定的利率。由于我国的计息周期为一年，所以我国的名义利率又称为年名义利率。

(二)实际利率

1. 什么是实际利率

实际利率是指实际发生的利率、有效的利率。

实际利率有年利率、半年利率、季利率、月利率、周利率、日利率等，不过一般讨论的都是年实际利率。

2. 年实际利率与年名义利率的关系

在年利率成为名义利率的情况下，年实际利率是多少呢？要弄清两者之间的关系，需先介绍几个名词。

计息周期，是指前后两次计息所间隔的时间，如 1 个月等。

计息周期数，一般是指一年中计息的次数，用 m 表示。

计息周期利率，指每个计息周期实际发生的利率。比如，如果计息周期为 1 个月，则

计息周期利率为月利率。

设年名义利率为 r，一年计息 m 次，则计息周期利率 i_z 为：

$$i_z = \frac{r}{m} \tag{2-5}$$

假设存(贷)款额为 P，存(贷)款期为一年，则一年后的本利和 F 为：

$$F = P\left(1 + \frac{r}{m}\right)^m$$

则年实际利率 i_n 为：

$$i_n = \frac{-年的利息}{年初本金} = \frac{P\left(1 + \frac{r}{m}\right)^m - P}{P}$$

$$i_n = \left(1 + \frac{r}{m}\right)^m - 1 \tag{2-6}$$

例 2-3　设年利率为 6%，1 年内计息 2 次，求年实际利率。

解：根据公式(2-6)可得：

$$年实际利率 = \left(1 + \frac{6\%}{2}\right)^2 - 1$$

$$= 6.09\%$$

下面给出年名义利率为 6%，计息周期为年、半年、季、月、周、日情况下的年实际利率(见表 2-3)。

表 2-3　年名义利率为 6%在不同计息周期时的年实际利率

计息周期	年复利次数	计息周期利率(%)	年实际利率(%)
年	1	6.0000	6.0000
半年	2	3.0000	6.0900
季	4	1.5000	6.1364
月	12	0.5000	6.1678
周	52	0.1154	6.1797
日	365	0.0164	6.1799

从表 2-3 可以看出，随着计息周期的缩短(或一年内计息次数的增加)，年实际利率逐渐增大，但增长速率逐渐下降。

第二节　资金等值计算

一、资金等值计算的概念

(一)资金等值的概念

根据资金时间价值的概念，如果等额资金所处的时点不同，则其价值一般不同。但是，在不同时点的不等额资金，则可能具有相同的价值。在技术经济学中，所谓资金等值是指在考虑资金时间价值因素后，不同时点上数额不等的资金在一定利率条件下具有相等的价值。例如，今天的 100 元与一年后的 106 元，其数额并不相等，但在年利率为 6%的条件下，它们是等值的，因为今天的 100 元在一年后的本利和是 106 元。同样，一年后的 106 元在利率为 6%的情况下等值于现在的 100 元。

根据资金等值的概念，不同时点上数额不等的资金如果等值，则它们在任何相同时点上的数额必然相等。如在年利率为 6%的条件下，今天的 100 元与一年后的 106 元，在第二年年末的数额相等，都是 112.36 元。

影响资金等值的因素有三个，即资金额的大小、利率的大小、资金发生的时间。三个因素中任何一个因素发生变化都将导致等值的变化，如现在的 100 元与一年后的 106 元，只有在利率为 6%的前提下才等值，而利率是一个关键因素，等值计算中是以同一利率为依据的。

(二)资金等值计算的概念

资金等值计算是指将一个时点或多个时点发生的资金金额按一定利率换算成另一时点或多个时点的等值金额的过程。比如，在利率为 6%的前提下，将今天的 100 元换算为一年后的 106 元，或将一年后的 106 元换算为今天的 100 元的过程就是资金等值计算。

需要注意的是，在技术经济学中进行资金等值计算，是采用普通复利法。

(三)资金等值计算中的现金流量种类

资金的等值计算实际上就是现金流量的等值计算。而一个系统的现金流量根据其所处的时间可以分为现值、未来值、终值和年值，根据其数量关系可分为等额年金、等差数列、等比数列及其他。其中最典型或与上述现金流量有关的是以下四种现金流量。

1. 现值

现值是"现在值"的简称，指发生在"现在"时刻的资金值，或指资金在"现在"时刻的价值，用 P 表示。现值是一个相对概念，一笔资金被称为现值是相对于将来某个时刻而言的，如果这笔资金相对于过去某个时刻来说就不能称为现值了。

2. 终值

终值又称为未来值、将来值，是指站在现在时刻来看，发生在未来某时刻的资金值，用 F 表示。不过，严格地说，终值与未来值、将来值是有区别的，但一般都被混用。

3. 年值

年值又称为等额年金、年金、等年值，是指每期等额发生的资金值，用 A 表示。由于在技术经济评价中，资金发生的时间间隔通常为一年，因而在习惯上称之为年值。如果资金发生的时间间隔不是一年，每期发生的资金额也可称为年值。

4. 等差额

等差额亦称为等差值、梯度、定差，是指一个现金流量序列中每一期比前一期等额增

加或等额减少的资金值，用 G 表示。如在一个现金流量序列 100、105、110、115 中，等差额 G 等于 5。

二、等值计算公式

由于资金等值计算是采用普通复利法进行的，因此，等值计算公式又称为普通复利公式。在技术经济分析中，常用的等值计算公式有 9 个，如图 2-4 所示。

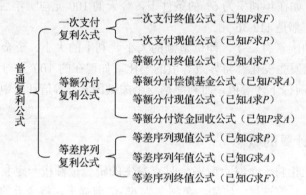

图 2-4　普通复利公式分类图

(一)一次支付复利公式

1. 一次支付终值公式

即已知 P 求 F，现金流量如图 2-5 所示。

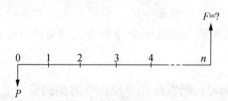

图 2-5　一次支付终值公式现金流量图

已知 P 求 F 的公式实际上就是上节介绍的本利和公式(2-3)，因此，一次支付终值公式为：

$$F = P(1+i)^n = P(F/P,i,n) \tag{2-7}$$

式中，$(1+i)^n$ 称为一次支付终值系数，可用符号 $(F/P,i,n)$ 表示，其值可以在附录 1(见书末二维码)中查得。

例 2-4　某企业因技术改造需向银行贷款 10 万元，贷款期限两年，若银行贷款的年复利利率为 5%，该企业在贷款到期时应一次性偿还多少元？

解：画出现金流量图，如图 2-6 所示。

根据公式(2-7)可求得贷款到期时应一次性偿还的资金总额为：

$F=P(F/P,i,n)=10(F/P,5\%,2)$

$=10×1.1025$

$=11.025(万元)$

图 2-6　例 2-4 现金流量图

其中系数$(F/P,5\%,2)$可通过查附录 1(见书末二维码)得到。

2. 一次支付现值公式

即已知 F 求 P，现金流量如图 2-7 所示。

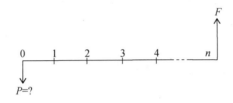

图 2-7　一次支付现值公式现金流量图

由一次支付终值公式可得：

$$P = F \times \frac{1}{(1+i)^n} = F(P/F,i,n) \tag{2-8}$$

式中，系数 $\dfrac{1}{(1+i)^n}$ 称为一次支付现值系数，可用 $(P/F,i,n)$ 表示。

在技术经济学中，常把将未来值换算成现值的过程叫作贴现。因此，一次支付现值公式也被称为贴现公式。因而公式中的 i 被称为贴现率、折现率，一次支付现值系数也被称为贴现系数。

例 2-5　某企业计划在第 2 年年末扩大再生产，估计需要资金 1000 万元。假定银行存款的年复利利率为 5%，该企业现在需要一次性向银行存入多少万元？

解：画出现金流量图，如图 2-8 所示。

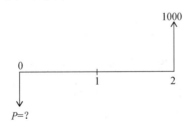

图 2-8　例 2-5 现金流量图

根据公式(2-8)可求得该企业现在需要一次性向银行存入的资金额为：

$P=1000(P/F,5\%,2)$

$\quad=1000 \times 0.9070$

$\quad=907$(万元)

(二)等额分付复利公式

1. 等额分付终值公式

即已知 A 求 F，现金流量如图 2-9 所示。

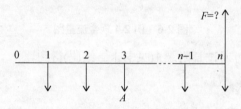

图 2-9　等额分付终值公式现金流量图

该现金流量图有下述两个特征。

(1) 第一个年金 A 发生在第一年年末。

(2) 最后一个年金 A 与终值 F 同时发生。

根据一次支付终值公式可得：

$$F = A(1+i)^{n-1} + A(1+i)^{n-2} + \cdots + A(1+i) + A$$

$$= A \cdot \left[\frac{(1+i)^n - 1}{i} \right]$$

$$= A(F/A,i,n) \tag{2-9}$$

式中，系数 $\left[\dfrac{(1+i)^n - 1}{i} \right]$ 称为等额分付终值系数或年金终值系数，可用 $(F/A,i,n)$ 表示。

例 2-6　某人计划从当年开始，在今后的 4 年中于每年年末向银行存入资金 10000 元，设银行存款的年复利利率为 5%，那么，在第 4 年年末此人在银行的本利和共有多少？

解：画出现金流量图，如图 2-10 所示。

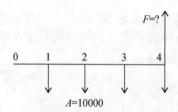

图 2-10　例 2-6 现金流量图

根据公式(2-9)可求得在第 4 年年末的本利和为：

$F=10000(F/A,5\%,4)$

　$=10000×4.3101$

　$=43101(元)$

2. 等额分付偿债基金公式

即已知 F 求 A，现金流量如图 2-11 所示。

由等额分付终值公式变换即得：

$$A = F \cdot \left[\frac{i}{(1+i)^n - 1} \right] = F(A/F, i, n) \tag{2-10}$$

式中，系数 $\dfrac{i}{(1+i)^n - 1}$ 称为等额分付偿债基金系数，可用 $(A/F, i, n)$ 表示。

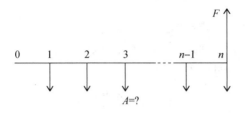

图 2-11　等额分付偿债基金公式现金流量图

例 2-7　某人欲用 5 年的时间使自己在银行的存款本金与利息之和达到 100 万元，计划从当年开始于每年年末向银行存入等额资金，若银行的年利率为 5%，采用复利法计息，此人在 5 年中每年年末应向银行存入多少元？

解： 画出现金流量图，如图 2-12 所示。

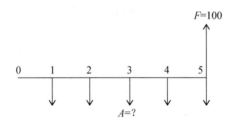

图 2-12　例 2-7 现金流量图

根据公式(2-10)可求得 5 年中每年年末应向银行存入的资金额为：

$A = 100(A/F, 5\%, 5)$

$= 100 \times 0.1810$

$= 18.1$(万元)

3. 等额分付现值公式

已知 A 求 P，现金流量如图 2-13 所示。

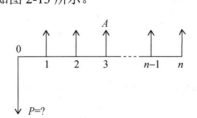

图 2-13　等额分付现值公式现金流量图

应用一次支付现值公式可得：

$$P = \frac{A}{1+i} + \frac{A}{(1+i)^2} + \cdots + \frac{A}{(1+i)^n}$$

$$= A \times \frac{(1+i)^n - 1}{i(1+i)^n}$$

$$= A(P/A,i,n) \tag{2-11}$$

式中，系数 $\dfrac{(1+i)^n - 1}{i(1+i)^n}$ 称为等额分付现值系数，可用 $(P/A,i,n)$ 表示。

例 2-8 某企业计划从当年开始的 5 年中于每年年末拿出 100 万元用于奖励有突出贡献的员工，若银行年存款利率为 5%，采用复利法计息，该企业现在应向银行存入多少万元？

解： 画出现金流量图，如图 2-14 所示。

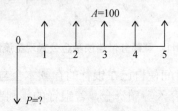

图 2-14　例 2-8 现金流量图

根据公式(2-11)可求得现在应向银行存入的资金额为：

$P=100(P/A,5\%,5)$

$=100×4.3295$

$=432.95(万元)$

4. 等额分付资金回收公式

已知 P 求 A，现金流量如图 2-15 所示。

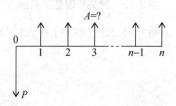

图 2-15　等额分付资金回收公式现金流量图

将等额分付现值公式进行变换即得：

$$A = P \frac{i(1+i)^n}{(1+i)^n - 1}$$

$$= P(A/P,i,n) \tag{2-12}$$

式中，系数 $\dfrac{i(1+i)^n}{(1+i)^n - 1}$ 称为等额分付资金回收系数，可用 $(A/P,i,n)$ 表示。

例 2-9 某企业向银行贷款 100 万元，银行要求该企业在随后的 5 年中每年等额偿还本利和。若银行年贷款利率为 8%，采用复利法计息，企业每年应偿还银行多少万元？

解： 画出现金流量图，如图 2-16 所示。

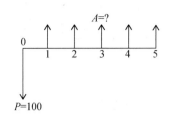

图 2-16　例 2-9 现金流量图

根据公式(2-12)可求得每年应向银行偿还的资金额为：

$A=100(A/P,8\%,5)$

$=100×0.2505$

$=25.05(万元)$

(三)等差序列复利公式

在经济生活中，现金流量的发生有时不是等额的，而是逐年增加或逐年减少的，人们把一个逐年等额增加或等额减少的现金流量序列称为等差现金流量序列，简称为等差序列。特别地，假设一个等差序列的现金流量从第二年年末开始发生，其值等于该序列的等差额 G，以后各年年末的现金流量以等差额 G 逐年递增，如图 2-17 所示，这里称之为标准的等差现金流量序列。等差序列复利公式就是基于这一现金流量序列而求现值、年值和终值的公式。

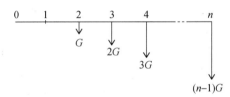

图 2-17　标准等差序列现金流量图

1. 等差序列现值公式

已知 G 求 P，现金流量如图 2-18 所示。

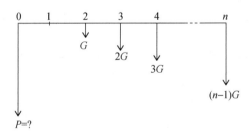

图 2-18　等差序列现值公式现金流量图

运用一次支付现值公式逐渐推导，将每期的现金流量都分别贴现为 0 时刻的值即可得现值：

$$P = \frac{G}{(1+i)^2} + \frac{2G}{(1+i)^3} + \cdots + \frac{(n-1)G}{(1+i)^n}$$

$$= G \cdot \frac{1}{i} \left[\frac{(1+i)^n - 1}{i(1+i)^n} - \frac{n}{(1+i)^n} \right]$$

$$= G(P/G,i,n) \tag{2-13}$$

式中，系数 $\frac{1}{i} \left[\frac{(1+i)^n - 1}{i(1+i)^n} - \frac{n}{(1+i)^n} \right]$ 称为等差序列现值系数，可用 $(P/G,i,n)$ 表示。

例 2-10 某人向银行存入的资金如图 2-19 所示。若银行的年存款利率为 5%，用复利法计息，求与这些存款额等值的总现值。

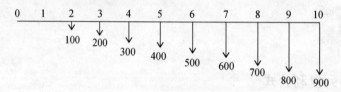

图 2-19 例 2-10 现金流量图

解： 设存款的总现值为 P，根据公式 (2-13) 可得：

$P=100(P/G,5\%,10)$

$=100 \times 31.6520$

$=3165.20(元)$

2. 等差序列年值公式

已知 G 求 A，把如图 2-17 所示的等差序列现金流量换算成与之等值的等额年金。

运用等额分付资金回收公式逐渐推导，可得年值公式为：

$$A = P(A/P,i,n) = G(P/G,i,n)(A/P,i,n)$$

$$= G \left[\frac{1}{i} - \frac{n}{(1+i)^n - 1} \right]$$

$$= G(A/G,i,n) \tag{2-14}$$

式中，系数 $\left[\frac{1}{i} - \frac{n}{(1+i)^n - 1} \right]$ 称为等差序列年值系数，可用 $(A/G,i,n)$ 表示。

例 2-11 数据同例 2-10，求与存款额等值的等额年金。

解： 设与存款额等值的等额年金为 A，根据公式 (2-14) 可得：

$A=100(A/G,5\%,10)$

$=100 \times 4.0991$

$=409.91(元)$

3. 等差序列终值公式

已知 G 求 F，现金流量如图 2-20 所示。

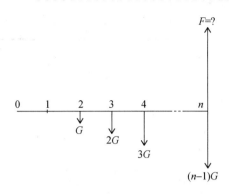

图 2-20　等差序列终值公式现金流量图

运用一次支付终值公式逐渐推导可得：

$$F = P(F/P,i,n) = G(P/G,i,n)(F/P,i,n)$$

$$= G \cdot \frac{1}{i}\left[\frac{(1+i)^n - 1}{i} - n\right]$$

$$= G(F/G,i,n) \tag{2-15}$$

式中，系数 $\dfrac{1}{i}\left[\dfrac{(1+i)^n - 1}{i} - n\right]$ 称为等差序列终值系数，可用 $(F/G,i,n)$ 表示。

例 2-12　数据同例 2-10，求与存款额等值的在第 10 年年末的终值。

解：设第 10 年年末的终值为 F，根据公式(2-15)可得：

$F=100(F/G,5\%,10)$

$=100×51.5579$

$=5155.79(元)$

这里将前面介绍的普通复利公式进行汇总，如表 2-4 所示。

表 2-4　普通复利公式汇总表

类 别		已知	求	公　式	系　数	系数符号
一次支付	终值	P	F	$F = P(1+i)^n$	$(1+i)^n$	$(F/P,i,n)$
	现值	F	P	$P = F \times \dfrac{1}{(1+i)^n}$	$\dfrac{1}{(1+i)^n}$	$(P/F,i,n)$
等额分付	终值	A	F	$F = A \cdot \dfrac{(1+i)^n - 1}{i}$	$\dfrac{(1+i)^n - 1}{i}$	$(F/A,i,n)$
	偿债基金	F	A	$A = F \cdot \dfrac{i}{(1+i)^n - 1}$	$\dfrac{i}{(1+i)^n - 1}$	$(A/F,i,n)$
	现值	A	P	$P = A \times \dfrac{(1+i)^n - 1}{i(1+i)^n}$	$\dfrac{(1+i)^n - 1}{i(1+i)^n}$	$(P/A,i,n)$
	资金回收	P	A	$A = P\dfrac{i(1+i)^n}{(1+i)^n - 1}$	$\dfrac{i(1+i)^n}{(1+i)^n - 1}$	$(A/P,i,n)$

续表

类别	已知	求	公式	系数	系数符号
等差分付	现值 G	P	$P = G \cdot \dfrac{1}{i}\left[\dfrac{(1+i)^n-1}{i(1+i)^n} - \dfrac{n}{(1+i)^n}\right]$	$\dfrac{1}{i}\left[\dfrac{(1+i)^n-1}{i(1+i)^n} - \dfrac{n}{(1+i)^n}\right]$	$(P/G,i,n)$
	年值 G	A	$A = G\left[\dfrac{1}{i} - \dfrac{n}{(1+i)^n-1}\right]$	$\dfrac{1}{i} - \dfrac{n}{(1+i)^n-1}$	$(A/G,i,n)$
	终值 G	F	$F = G \cdot \dfrac{1}{i}\left[\dfrac{(1+i)^n-1}{i} - n\right]$	$\dfrac{1}{i}\left[\dfrac{(1+i)^n-1}{i} - n\right]$	$(F/G,i,n)$

三、公式应用举例

例 2-13 某人计划从当年开始于每年年初向银行存入资金 1000 元，存期 10 年，若银行的年利息率为 4%，采用复利法计息，求到第 10 年年末的本利和为多少？

解： 画出现金流量图，如图 2-21 所示。

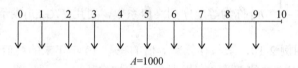

图 2-21　例 2-13 现金流量图

方法一：

$F = 1000(F/P,4\%,10) + 1000(F/A,4\%,9)\,(F/P,4\%,1)$

　$= 1000 \times 1.4802 + 1000 \times 10.5828 \times 1.04$

　$= 12486.31(元)$

方法二：

$F = 1000(F/A,4\%,10)\,(F/P,4\%,1)$

　$= 1000 \times 12.0061 \times 1.04$

　$= 12486.34(元)$

方法三：

$F = 1000(F/A,4\%,11) - 1000$

　$= 1000 \times 13.4864 - 1000$

　$= 12486.40(元)$

例 2-14 有一现金流量序列如图 2-22 所示，设年复利利率为 6%，求与之等值的 0 时刻现值、等额年金和第 7 年年末的终值。

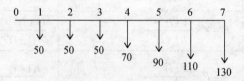

图 2-22　例 2-14 现金流量图

解：将图 2-22 分解为等效的两部分，如图 2-23 所示。

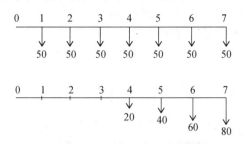

图 2-23　图 2-22 的等效现金流量图

(1) 求 0 时刻现值。

设图 2-22 中 0 时刻的现值为 P，它等于图 2-23 中两个现金流量序列的现值之和，计算过程如下：

$P=50(P/A,6\%,7)+20(P/G,6\%,5)(P/F,6\%,2)$

　$=50×5.5824+20×7.9345×0.8900$

　$=420.35$(元)

(2) 求等额年金。

设等额年金为 A，它等于图 2-23 中两个现金流量图的年金之和，计算过程如下：

$A=50+20(F/G,6\%,5) (A/F,6\%,7)$

　$=50+20×10.6182×0.1191$

　$=75.29$(元)

(3) 求终值。

$F=50(F/A,6\%,7) +20(F/G,6\%,5)$

　$=50×8.3938+20×10.6182$

　$=632.05$(元)

例 2-15　某企业获得银行贷款 100 万元，偿还期为 5 年，年复利利率为 5%，还款方式有以下四种：①到期时一次性偿还本利和；②每年均匀偿还本金和利息，即等额还本付息；③每年支付利息，到期时偿还本金；④每年年末均匀偿还本金，再加当年利息。求每种还款方式每年年末应偿还的资金额，并说明四种不同的还款方式所偿还的资金是否有差别。

解：方式①中，前 4 年每年年末偿还的资金额为 0，第 5 年年末一次性偿还本利和 F 为：

$F=100(F/P,5\%,5) =100×1.2763 =127.63$(万元)

方式②中，每年年末偿还的本金与利息之和 A 为：

$A=100(A/P,5\%,5) =100×0.2310 =23.10$(万元)

方式③中，每年年末偿还的资金为该年的利息 I，其值为：

$I=100×5\% =5$(万元)

最后一年年末还要偿还本金 100 万元，所以该年年末总共偿还：100+5=105(万元)。

方式④中，每年年末偿还的本金为：100÷5=20(万元)。每年年末支付的利息各不相同：

第 1 年年末应偿还的利息为：100×5%=5(万元)

第 2 年年末应偿还的利息为：(100−20)×5%=4(万元)

第 3 年年末应偿还的利息为：(100−40)×5%=3(万元)

第 4 年年末应偿还的利息为：(100−60)×5%=2(万元)

第 5 年年末应偿还的利息为：(100−80)×5%=1(万元)

由此可得第 1 年至第 5 年每年年末偿还的本金与利息之和分别为：25、24、23、22 和 21 万元。

四种还款方式每年年末应偿还的资金额如表 2-5 所示。

表 2-5 四种还款方式的年偿还资金额表

年　份	借 款 额	四种还款方式的年偿还资金额(万元)			
		一次性偿还	每年等额偿还	每年支付利息	每年均匀还本
1	100	0	23.1	5	25
2		0	23.1	5	24
3		0	23.1	5	23
4		0	23.1	5	22
5		127.63	23.1	105	21

"四种不同的还款方式所偿还的资金是否有差别？"这个问题留给读者思考。

例 2-16　某企业因技术创新需要在未来 3 年内于每年年末向银行贷款 1000 万元，若银行的年贷款利率为 6%，每月复利一次，这些贷款的总现值是多少？

解：设贷款的总现值为 P，可采用以下两种方法来计算。

方法一：按年实际利率计算(见图 2-24)。

图 2-24　例 2-16 现金流量图(1)

$$i_n = (1+r/m)^m - 1 = (1+6\%/12)^{12} - 1 \approx 6.1678\%$$

$$P = 1000 \times (P/A, 6.1678\%, 3) = 2664.74(万元)$$

方法二：按月实际利率计算(见图 2-25)。

图 2-25　例 2-16 现金流量图(2)

$$P = 1000 \times (1+6\%/12)^{-12 \times 1} + 1000 \times (1+6\%/12)^{-12 \times 2} + 1000 \times (1+6\%/12)^{-12 \times 3}$$

$$= 2664.74(万元)$$

例 2-17　某人向银行贷款 10 万元，银行要求每月月底偿还 1 万元，若银行的贷款年利率为 5%，用复利法计息，每月复利一次，多久才可把贷款还完？

解：设偿清贷款的时间为 x_0 个月。根据已知条件可建立如下等式：

$10=1×(P/A,5\%,x_0)$

$(P/A,5\%,x_0)=10$

经查 5% 的复利系数表可得：

当 $x_1=14$ 时，$(P/A,5\%,14)=9.8986$

当 $x_2=15$ 时，$(P/A,5\%,15)=10.3797$

可知 x_0 介于 14 个月与 15 个月之间，可用线性内插法求 x_0 的值。线性内插法的原理如图 2-26 所示。

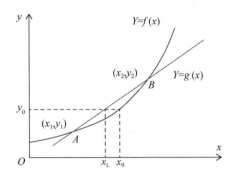

图 2-26　线性内插法原理图

设直线 $y=g(x)$ 过曲线 $y=f(x)=(P/A,5\%,x)$ 上的两点 A 和 B，其坐标分别为：

A(14,9.8986)，B(15,10.3797)

运用两点式的直线方程，可求得直线上当某点的纵坐标值为 $y_0=10$ 时对应的横坐标值 x_L：

$$x_L = x_1 + \frac{x_2 - x_1}{y_2 - y_1}(y_0 - y_1)$$

$$= 14 + \frac{15-14}{10.3797 - 9.8986} \times (10 - 9.8986)$$

$$\approx 14.2(个月)$$

曲线上纵坐标值 $y_0=10$ 时的横坐标值 x_0 近似地等于 x_L，即

$$x_0 \approx x_L \approx 14.2(个月)$$

因此，此人需要 14.2 个月后才可把贷款还完。

本 章 小 结

(1) 资金具有时间价值，资金随着时间的推移而产生的增值称为资金的时间价值。衡量资金时间价值的尺度有绝对尺度和相对尺度。资金产生时间价值必须具备两个必要条件，一是经历一定的时间，二是参加生产过程的周转。

(2) 现金流量是技术经济学中的一个非常重要的概念，现金流量是现金流出量和现金流入量的统称。流出系统的资金量称为现金流出量，流入系统的资金量称为现金流入量，现金流入量与现金流出量的差额称为净现金流量。表示系统的现金流量大小及其相应发生时间的平面坐标图称为现金流量图。

(3) 利息的计算方法有两种，一是单利法，二是复利法。复利法又可分为普通复利法和连续复利法，现实中通常采用普通复利法。

(4) 名义利率是指明文规定的利率，或称挂名的利率。实际利率是指实际发生的利率、有效的利率。一般情况下，计息周期以年为单位，给定的利率也是年利率，此时的年利率既是名义利率又是实际利率。如果一年内计息多次，则给定的年利率为名义利率，通常称为年名义利率。年名义利率等于计息周期利率乘以每年的计息周期数。

(5) 资金等值是指在考虑资金时间价值因素后，不同时点上数额不等的资金在一定利率条件下具有相等的价值。影响资金等值的因素有三个：资金额的大小、利率的大小、资金发生的时间。

(6) 资金等值计算是指将一个时点或多个时点发生的资金金额按一定利率换算成另一时点或多个时点的等值金额的过程。资金等值计算中的几个重要概念：现值，终值或将来值、未来值，年值或等年值、年金、等额年金，等差额或等差值、梯度、定差，折现率或贴现率、贴现系数。常用的资金等值计算公式又称普通复利公式，共有 9 个，分别是一次支付终值公式、一次支付现值公式、等额分付终值公式、等额分付偿债基金公式、等额分付现值公式、等额分付资金回收公式、等差序列现值公式、等差序列年值公式和等差序列终值公式。

习 题 二

1. 什么是资金的时间价值？它是如何产生的？
2. 利息的计算方法有哪些？它们之间的区别是什么？
3. 什么是名义利率？什么是实际利率？如何确定年实际利率？
4. 什么是现金流量？项目的现金流量主要由哪些内容构成？
5. 什么是资金等值？任何两笔不同时点上的资金是否都等值？
6. 图 2-27 中，在年复利利率为 i 的条件下现金流入与现金流出等值，求 P、A_1 和 A_2。

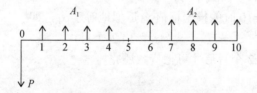

图 2-27　某项目的现金流量图

(1) 已知 A_1、A_2，求 P；
(2) 已知 A_2、P，求 A_1；
(3) 已知 A_1、P，求 A_2。

7. 某人计划存钱，各年存款额如表 2-6 所示。设年复利利率为 10%，试画出该存款的现金流量图，并求这些存款在 0 时刻的总现值、各年年末的等额年金及最后一笔存款发生时的总未来值。

表 2-6　某人各年的存款额表

年　份	1	2	3	4	5	6	7
年末存款	60	60	60	100	110	120	130

8. 某企业获得 120 万元的银行贷款，年复利利率为 10%，偿还期为 6 年，求下列 4 种还款方式中每年偿还的本金、利息和还款总额，并说明哪种方式对该企业更有利。

(1) 每年年末还 20 万元本金和所欠利息。

(2) 每年年末只还所欠利息，到期还本金。

(3) 每年年末等额偿还本金与利息。

(4) 第 6 年年末一次还清本金与利息。

9. 某人向银行贷款 10000 元，要求 5 年后一次性偿还。银行的贷款年利率为 5%，每季计息一次，试求：

(1) 年实际利率。

(2) 第 5 年年末应偿还的本利和。

10. 某人欲向某财务公司贷款买车，贷款总额为 73000 元。若贷款期限为 3 年，则需每月偿还 2494.26 元，采用复利法计息。求贷款的年名义利率和年实际利率。

11. 某人欲使现在存入银行的 2000 元变成 4000 元，需要多长时间？设年复利利率为 6%。

第三章 确定性评价方法

本章教学目标

通过本章的教学，使学生掌握在技术经济评价实践中常用的十几种确定性评价方法，其中重点掌握净现值法、内部收益率法和投资回收期法。要求学生深刻理解各方法中相应指标的含义及计算方法，各方法的评价准则、应用前提条件及适用范围，并能熟练地加以运用，并掌握独立方案和混合方案的选择方法。

第一节 投资回收期法

一、静态投资回收期法

(一)静态投资回收期的概念

静态投资回收期一般简称为投资回收期，是指在不考虑资金时间价值的前提下，用项目所产生的未扣除投资额的净现金流量抵偿全部投资所需要的时间。它是考察项目在财务上的投资回收能力的主要静态评价指标。静态投资回收期(以年为单位)，一般从建设开始年算起，如果从投产年算起，则应予说明。

设 I_t——第 t 年的投资；

$NCFI_t$——第 t 年未扣除投资额的净现金流量，$NCFI_t = NCF_t + I_t$；

NCF_t——第 t 年的净现金流量；

T——项目的静态投资回收期，则：

$$\sum_{t=0}^{T} NCFI_t = \sum_{t=0}^{T} I_t$$

$$\sum_{t=0}^{T} [(NCF_t + I_t) - I_t] = 0$$

$$\sum_{t=0}^{T} NCF_t = 0$$

$$\sum_{t=0}^{T} (CI - CO)_t = 0 \tag{3-1}$$

式中：$(CI - CO)_t$——项目第 t 年的净现金流量。

根据这一等式，可将静态投资回收期表述为：使项目的累计净现金流量为零所需的时间。

静态投资回收期可根据项目财务现金流量表中的数据求得，其计算公式为：

$$T = \begin{pmatrix} 累计净现金流量开始 \\ 出现正值的年份 \end{pmatrix} - 1 + \frac{|上年累计净现金流量|}{当年净现金流量} \tag{3-2}$$

例 3-1 有一项目的净现金流量如表 3-1 所示，求该项目的静态投资回收期。

表 3-1　某项目的净现金流量及其累计值

单位：万元

项　目	年　份								
	0	1	2	3	4	5	6	7	8
净现金流量	−6000	−4000	3000	3500	4000	4000	4000	4000	4000
累计净现金流量	−6000	−10 000	−7000	−3500	500	4500	8500	12500	16500

解： 由表 3-1 可知，项目累计净现金流量第一次出现正值的年份为 4，用公式(3-2)可求得该项目的静态投资回收期为：

$$T = 4 - 1 + \frac{|-3500|}{4000}$$

$$\approx 3.9(年)$$

因此，该项目的静态投资回收期约为 3.9 年。

(二)评价准则

若 $T \leqslant T_b$，则项目可行，T_b 为基准投资回收期。

(三)方法评价

1. 方法的优点

(1) 计算简单，可作为小量投资方案的初步分析方法。

(2) 不但能判别投资是否可行，而且能判别投资优劣的程度，后者可由静态投资回收期的长短来判别。

(3) 静态投资回收期可以表明一个项目的原始投资得到补偿的速度，当从资金周转的角度来研究这个问题时，这个指标是有用的。

(4) 静态投资回收期越短，则这项投资在未来时期所冒的风险越小。因此，投资回收期可作为项目在未来时期所冒风险程度的标志。

2. 方法的缺点

(1) 没有考虑资金的时间价值。

(2) 没有考虑投资计划的使用年限、固定资产余值及回收的流动资金。

(3) 没有考虑投资回收后的收益，容易使人接受短期收益大的方案，而忽视长期收益大的方案。

(4) 只能反映投资回收的快慢，不能反映投资的经济效果。

二、动态投资回收期法

(一)动态投资回收期的概念

动态投资回收期是指在考虑资金时间价值的前提下，用项目所产生的未扣除投资额的净现金流量抵偿全部投资所需的时间。这是为克服静态投资回收期未考虑资金的时间价值的缺点而提出的一个评价指标，它由下式确定：

$$\sum_{t=0}^{T_P}(CI-CO)_t(1+i_0)^{-t}=0 \tag{3-3}$$

式中：T_P——动态投资回收期；

i_0——基准收益率，对于财务评价，它称为财务基准收益率，用 i_C 表示，取行业基准收益率；对于国民经济评价，它称为社会折现率，用 i_S 表示。

其他符号的含义同前。

根据公式(3-3)，可将动态投资回收期表述为：在考虑资金的时间价值的前提下，使项目的累计净现金流量折现值为零所需的时间。它可根据财务现金流量表(全部投资)中的现金流量数据求得，其计算公式为：

$$T_P=\left(\begin{array}{c}\text{累计净现金流量折现值}\\\text{开始出现正值的年份}\end{array}\right)-1+\frac{|\text{上年累计净现金流量折现值}|}{\text{当年净现金流量折现值}} \tag{3-4}$$

例 3-2 对于例 3-1 中所述的项目，若基准收益率为 10%，求其动态投资回收期。

解：根据净现金流量值求出各年的净现金流量折现值、累计净现金流量折现值，如表 3-2 所示。

表 3-2　某项目的净现金流量及其折现值

单位：万元

项　目	年　份								
	0	1	2	3	4	5	6	7	8
净现金流量	-6000	-4000	3000	3500	4000	4000	4000	4000	4000
净现金流量折现值(i_0=10%)	-6000	-3636	2479	2630	2732	2484	2258	2053	1866
累计净现金流量折现值	-6000	-9636	-7157	-4527	-1795	689	2947	5000	6866

根据公式(3-4)可求得动态投资回收期为：

$$T_P=5-1+\frac{|-1795|}{2484}\approx4.7(\text{年})$$

(二)评价准则

若 $T_P\leqslant T_b'$，则项目可行，T_b' 为动态基准投资回收期。

动态投资回收期一般只作为一个参考性指标使用，或用来与静态投资回收期做比较。

第二节　投资收益率法

投资收益率法实际上代表了一大类方法，但因对投资收益率的定义不同，衍生出了许多不同的具体方法。2006 年，由国家发展改革委和建设部联合发布的《建设项目经济评价方法与参数》(第三版)提出了总投资收益率和资本金净利润率两个与以前略有不同的指标，并设置了评价准则，成为目前我国项目经济评价的重要方法。

一、总投资收益率法

(一)总投资收益率的概念

总投资收益率是指项目达到设计能力后正常年份的年息税前利润或运营期内年平均息税前利润与项目总投资的比率。其计算公式为：

$$ROI = \frac{EBIT}{TI} \times 100\% \tag{3-5}$$

式中：ROI——项目的总投资收益率；

EBIT——项目正常年份的年息税前利润或运营期内年平均息税前利润；

TI——项目总投资。

例 3-3 某项目的总投资额为 2000 万元，利润总额为 1200 万元，利息总额为 100 万元，运营期为 18 年，求项目的总投资收益率。

解：项目的年平均息税前利润为：

$$EBIT = \frac{1200 + 100}{18} = 72.22 \, (万元)$$

项目的总投资收益率为：

$$ROI = \frac{72.22}{2000} \times 100\% \approx 3.61\%$$

(二)评价准则

若总投资收益率≥同行业的收益率参考值，表明用总投资收益率表示的盈利能力满足要求。

二、资本金净利润率法

(一)资本金净利润率的概念

资本金净利润率是指项目达到设计能力后正常年份的年净利润或运营期内年平均净利润与项目资本金的比率。其计算公式为：

$$ROE = \frac{NP}{EC} \times 100\% \tag{3-6}$$

式中：ROE——资本金净利润率；

NP——项目正常年份的年净利润或运营期内年平均净利润；

EC——项目资本金。

例 3-4 某项目的资本金为 700 万元，利润总额为 1200 万元，企业所得税总额 360 万元，运营期为 18 年，求项目的资本金净利润率。

解：项目的年平均净利润为：

$$NP = \frac{1200 - 360}{18} \approx 46.67$$

项目的资本金净利润率为:

$$\text{ROE} = \frac{46.67}{700} \times 100\% \approx 6.67\%$$

(二)评价准则

如果资本金净利润率≥同行业的净利润率参考值,表明用项目资本金净利润率表示的盈利能力满足要求。

第三节　净现值法、净年值法与净现值率法

一、净现值法

(一)净现值的概念

净现值是指项目在整个计算期内各年的净现金流量用基准收益率折现到零时刻的现值之和,其计算公式为:

$$\text{NPV} = \sum_{t=0}^{n} (\text{CI} - \text{CO})_t (P/F, i_0, t) \tag{3-7}$$

式中:NPV——项目的净现值;

　　　CI——现金流入量;

　　　CO——现金流出量;

　　　i_0——基准收益率;

　　　n——计算期;

　　　t——时间。

(二)净现值的本质

净现值的本质是项目除获得基准收益率之外的超额收益的现值之和。因此,当净现值等于 0 时,说明项目刚好获得基准收益率;当净现值大于 0 时,说明项目除获得基准收益率之外,还有剩余,即还有超额收益;当净现值小于 0 时,说明项目没有获得基准收益率。

(三)评价准则

1. 可行性评价准则

对于单个方案,若 NPV≥0,则方案可行。

例 3-5　某项目期初投资 100 万元,从第 1 年到第 10 年每年年末均可获得净现金流量 18 万元,若基准收益率为 10%,这项投资是否可行?若基准收益率为 15%,这项投资是否还可行?

解:当基准收益率为 10%时,项目的净现值 NPV_1 为:

$\text{NPV}_1 = -100 + 18(P/A, 10\%, 10) = 10.6(万元)$

由于净现值大于 0,因此,该项目可行。

当基准收益率为 15%时，项目的净现值 NPV_2 为：

$NPV_2=-100+18(P/A,15\%,10)=-9.7$(万元)

由于净现值小于 0，因此，该项目不可行。

由此可见，净现值的大小与基准收益率密切相关，基准收益率越大，净现值越小。因此，若把基准收益率作为自变量，净现值作为因变量，则有如图 3-1 所示的净现值函数曲线。

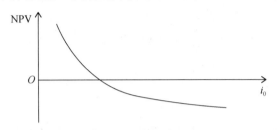

图 3-1　净现值函数曲线图

2. 方案优劣评价准则

对于 A、B 两个方案，若 $NPV_A \geqslant NPV_B$，则 A 方案优于 B 方案。

在应用净现值法进行方案的优劣比较时，应符合以下两个条件。

(1) 互比方案的投资额(现值)相等，或投资者无资金约束。

(2) 互比方案的计算期相等。

若互比方案的寿命期不相等，在假设未来无技术进步的前提下，可采用最短寿命期法、最长寿命期法和最小公倍数法取相等的计算期。

例 3-6　某企业为生产某种产品有 3 个方案可供选择，各方案当年投资，当年正常营业，寿命期均为 20 年，各年的现金流量如表 3-3 所示。若该企业无资金约束，要求基准收益率为 10%，试用净现值法评价各方案的可行性并比较它们的优劣。

表 3-3　某项目的现金流量表

单位：万元

方案	初始投资	年营业收入	年经营成本	期末资产余值
A	200	50	20	0
B	350	80	30	0
C	900	130	40	40

解：第一步，评价各方案的可行性。

$NPV_A=-200+(50-20)\times(P/A,10\%,20)=-200+30\times8.5136=55.408$(万元)$>0$，A 方案可行；

$NPV_B=-350+(80-30)\times(P/A,10\%,20)=-350+50\times8.5136=75.68$(万元)$>0$，B 方案可行；

$NPV_C=-900+(130-40)\times(P/A,10\%,20)+40\times(P/F,10\%,20)$

$\quad\quad=-900+90\times8.5136+40\times0.1486=-127.832$(万元)$<0$，C 方案不可行。

第二步，比较方案优劣。

由于 $NPV_B > NPV_A > NPV_C$，所以 B 方案优于 A 方案，A 方案优于 C 方案。

二、净年值法

(一)净年值的概念

净年值是指项目在整个计算期内各年的净现金流量用基准收益率折算到整个计算期内各年的等额年金之和，其计算公式为：

$$NAV = \left[\sum_{t=0}^{n}(CI-CO)_t(P/F, i_0, t)\right](A/P, i_0, n)$$

$$= NPV(A/P, i_0, n) \tag{3-8}$$

式中：NAV——项目的净年值；

其余符号的含义同前。

公式(3-8)只是一个示意式，是表明净年值与净现值之间关系的一个等式，具体怎么求净年值应依项目具体的现金流量而定。

(二)评价准则

1. 可行性评价准则

对于单个方案，若 $NAV \geq 0$，则方案可行。

例 3-7 项目资料同例 3-6，试用净年值法评价各方案的可行性。

解： 可用与公式(3-8)等效的其他方法求出各方案的净年值。

$NAV_A = -200 \times (A/P, 10\%, 20) + (50-20) = -200 \times 0.1175 + 30 = 6.50(万元) > 0$，A 方案可行。

$NAV_B = -350 \times (A/P, 10\%, 20) + (80-30) = -350 \times 0.1175 + 50 = 8.875(万元) > 0$，B 方案可行。

$NAV_C = -900 \times (A/P, 10\%, 20) + (130-40) + 40 \times (A/F, 10\%, 20)$

$\quad\quad = -900 \times 0.1175 + 90 + 40 \times 0.0175 = -15.05(万元) < 0$，C 方案不可行。

2. 方案优劣评价准则

对于 A、B 两个方案，若 $NAV_A \geq NAV_B$，则 A 方案优于 B 方案。

应用净年值法进行方案的优劣比较时，应注意以下两点。

(1) 进行方案比较的前提条件是：互比方案的投资额(现值)相等，或投资者无资金约束。

(2) 若未来无技术进步，则不用考虑互比方案的寿命期是否相等，即可直接用各自寿命期里的净年值进行方案的比较。但是，若在寿命期最短的方案终了之前社会出现技术进步，则要求把可能出现的新技术考虑进去，且各互比方案取相等的计算期。

例 3-8 某项目有两个方案，它们的有关现金流量如表 3-4 所示，其余现金流量为 0，设基准收益率为 10%，假设未来无技术进步，投资者无资金约束，试用净年值法比较方案的优劣。

表 3-4 某项目的现金流量表

方　案	初始投资(元)	年现金流入量(元)	年经营成本(元)	期末资产余值(元)	寿命(年)
A	150000	100000	29000	15000	10
B	30000	35000	24000	0	20

解：首先，求出各方案的净年值：

$$NAV_A = -150000(A/P,10\%,10)+15000(A/F,10\%,10)+100000-29000$$

$$= -150000×0.1627+15000×0.0627+71000$$

$$= 47535.5(元)$$

$$NAV_B = -30000(A/P,10\%,20)+35000-24000$$

$$= -30000×0.1175+11000$$

$$= 7475.0(元)$$

由于 $NAV_A > NAV_B$，因此，A 方案优于 B 方案。

三、净现值率法

(一)净现值率的概念

净现值率是指项目的净现值与投资的现值和之比，其计算公式为：

$$NPVR = \frac{NPV}{I_P} \tag{3-9}$$

式中：$NPVR$ ——项目的净现值率；

　　　I_P ——项目所有投资的现值之和，其计算公式为：

$$I_P = \sum_{t=0}^{n} I_t(P/F,i_0,t) \tag{3-10}$$

(二)评价准则

1. 可行性评价准则

对于单个方案，若 $NPVR \geq 0$，则项目可行。

例 3-9　某项目在 0 时刻投资 2500 元，在第 3 年年末投资 1000 元。第 1 年投产，每年营业收入 1500 元，每年经营成本 500 元，其余现金流量为 0，经营期 5 年。若基准收益率为 10%，用净现值率法评价该项目的可行性。

解：先求项目的净现值率。

$$NPV = -2500-1000(P/F,10\%,3)+(1500-500)(P/A,10\%,5)$$

$$= -2500-1000×0.7513+1000×3.7908=539.5(元)$$

$$I_P = 2500+1000(P/F,10\%,3)=2500+1000×0.7513=3251.3(元)$$

$$NPVR = \frac{NPV}{I_P} = \frac{539.5}{3251.3} = 0.1659$$

由于 $NPVR>0$，该项目可行。

2. 方案优劣评价准则

对于 A、B 两个方案，若 $NPVR_A \geq NPVR_B$，则 A 方案优于 B 方案。

例 3-10　项目资料同例 3-8，试用净现值率法比较方案的优劣。

解：对于 A 方案：

$$NPV_A = -150000+71000(P/A,10\%,10)+15000(P/F,10\%,10)$$

$$= -150000+71000×6.1446+15000×0.3855=292049.1(元)$$

$\text{NPVR}_A = 292049.1 \div 150000 = 1.9470$

对于 B 方案：

$\text{NPV}_B = -30000 + 11000(P/A, 10\%, 20) = -30000 + 11000 \times 8.5136 = 63649.6$

$\text{NPVR}_B = 63649.6 \div 30000 = 2.1217$

由于 $\text{NPVR}_A < \text{NPVR}_B$，B 方案优于 A 方案。

在应用净现值率法进行方案的优劣比较时，应注意以下两点。

(1) 此方法的应用，前提条件是投资者的资金有约束。因为投资者在资金有限的情况下，所追求的不是投资收益的绝对值最大化，而是单位投资的经济效果最大化，因而适宜于采用净现值率指标进行方案的比较。

(2) 若未来无技术进步，则不用考虑互比方案的寿命期是否相等，即可直接用各自寿命期里的净现值率进行方案的比较。这是因为，净现值率是一个效率型指标，如果某方案进行重复投资，则其净现值率必然与第一次投资的净现值率相同，因而整个重复投资过程的净现值率都保持不变，因此，用净现值率法进行方案优劣的比较时不用取相同的计算期。

第四节　内部收益率法分类

一、内部收益率法

(一)内部收益率的概念

内部收益率是指项目在整个计算期内各年的净现金流量的现值之和等于零时的折现率，又称内部报酬率，它反映的是项目所占用资金的盈利率，是考察项目盈利能力的主要动态指标，其表达式为：

$$\sum_{t=0}^{n}(\text{CI} - \text{CO})_t(1 + \text{IRR})^{-t} = 0 \tag{3-11}$$

即

$$\text{NPV}(\text{IRR}) = 0$$

式中：IRR——项目的内部收益率。

其余符号的含义同前。

因此，内部收益率也可以表述为：使项目的净现值等于零时的折现率，其大小为净现值函数曲线与横轴的交点的横坐标值，如图 3-2 所示。

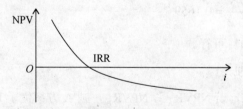

图 3-2　内部收益率与净现值的关系图

(二)评价准则

若 $\text{IRR} \geq i_0$，则项目可行。

(三)求内部收益率的方法

公式(3-11)是一个高次方程，不容易直接求解，通常采用"试算线性内插法"来求内部收益率的近似值，其原理如图3-3所示。

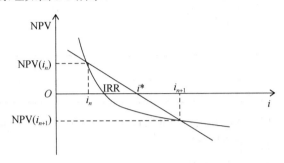

图3-3　试算线性内插法求内部收益率的示意图

具体求解步骤如下。

第一步，构建净现值函数。

设折现率为i，写出项目(或方案)的净现值计算式，在这里可记为$\mathrm{NPV} = f(i)$，此为自变量为i的净现值函数。

第二步，试算。

第一次试算：取折现率$i_1 = i_0$，并求净现值$\mathrm{NPV}(i_1) = f(i_1)$。如果$\mathrm{NPV}(i_1) = 0$，则内部收益率$\mathrm{IRR} = i_0$；如果$\mathrm{NPV}(i_1) \neq 0$，则应选择合适的$i_2$进行第二次试算。

第二次试算：若$\mathrm{NPV}(i_1) > 0$，则取i_2，使$i_2 > i_1$；若$\mathrm{NPV}(i_1) < 0$，则取i_2，使$i_2 < i_1$。并求净现值$\mathrm{NPV}(i_2) = f(i_2)$，再根据其大小决定是否继续试算。如果$\mathrm{NPV}(i_2) \neq 0$，且净现值的正负号跟前一个净现值的正负号相同，则用本次试算的方法继续试算下去。

持续试算，直至净现值的正负号发生改变，即出现$\mathrm{NPV}(i_n) > 0$，$\mathrm{NPV}(i_{n+1}) < 0$；或$\mathrm{NPV}(i_n) < 0$，$\mathrm{NPV}(i_{n+1}) > 0$，则试算结束。

第三步，用线性内插法求IRR的近似值，具体做法如下。

过净现值函数上的点$(i_n, \mathrm{NPV}(i_n))$和点$(i_{n+1}, \mathrm{NPV}(i_{n+1}))$作直线$y = g(i)$，其两点式的方程为：

$$\frac{y - \mathrm{NPV}(i_n)}{i - i_n} = \frac{\mathrm{NPV}(i_{n+1}) - \mathrm{NPV}(i_n)}{i_{n+1} - i_n}$$

令$y = 0$，得直线与横轴交点的横坐标值i^*：

$$i^* = i_n + \frac{i_{n+1} - i_n}{\mathrm{NPV}(i_{n+1}) - \mathrm{NPV}(i_n)}(0 - \mathrm{NPV}(i_n))$$

取i^*作为IRR的近似值，则有：

$$\mathrm{IRR} \approx i_n + \frac{i_{n+1} - i_n}{\mathrm{NPV}(i_{n+1}) - \mathrm{NPV}(i_n)}(0 - \mathrm{NPV}(i_n)) \tag{3-12}$$

为了求得较为准确的内部收益率值，要求最后取的两个折现率必须同时满足下列两个条件。

(1)　$\mathrm{NPV}(i_{n+1})$与$\mathrm{NPV}(i_n)$必须异号；

技术经济学

(2) $\left| i_{n+1} - i_n \right| \leqslant 5\%$。

例 3-11 某项目的净现金流量如表 3-5 所示，设基准收益率为 10%，用内部收益率法评价该项目的可行性。

表 3-5 某项目的净现金流量

单位：万元

年 份	0	1	2	3	4	5	6	7	8
净现金流量	−6000	−4000	3000	3500	4000	4000	4000	4000	4000

解：令 $NPV(i) = -6000 - 4000(P/F,i,1) + 3000(P/F,i,2) + 3500(P/F,i,3) + 4000(P/A,i,5)(P/F,i,3)$

令 $i_1 = 10\%$，得 $NPV(i_1) = 6864.9 > 0$

令 $i_2 = 15\%$，得 $NPV(i_2) = 3907.4 > 0$

令 $i_3 = 20\%$，得 $NPV(i_3) = 1698.2 > 0$

令 $i_4 = 25\%$，得 $NPV(i_4) = 19.7 > 0$

令 $i_5 = 28\%$，得 $NPV(i_5) = -759.6 < 0$

用公式(3-12)可求得内部收益率的近似值为：

$$IRR \approx 25\% + \frac{28\% - 25\%}{-795.6 - 19.7} \times (0 - 19.7) \approx 25.07\%$$

由于 IRR >10%，因此，该项目可行。

二、差额投资内部收益率法

(一)差额投资内部收益率的概念

差额投资内部收益率是指两个方案在计算期内各年的净现金流量差额的现值和等于 0 时的折现率。其表达式为：

$$\sum_{t=0}^{n}(NCF_{At} - NCF_{Bt})(1 + \Delta IRR)^{-t} = 0 \tag{3-13}$$

式中：NCF_{At}、NCF_{Bt}——A、B 两个方案第 t 年的净现金流量；

ΔIRR——两方案的差额投资内部收益率。

其余符号的含义同前。

将公式(3-13)的左边分解后得：

$$\sum_{t=0}^{n}\left[NCF_{At}(1 + \Delta IRR)^{-t} - NCF_{Bt}(1 + \Delta IRR)^{-t} \right] = 0$$

$$\sum_{t=0}^{n}NCF_{At}(1 + \Delta IRR)^{-t} - \sum_{t=0}^{n}NCF_{Bt}(1 + \Delta IRR)^{-t} = 0$$

$$NPV_A(\Delta IRR) - NPV_B(\Delta IRR) = 0 \tag{3-14}$$

若将等式左边用符号 $\Delta NPV(\Delta IRR)$ 表示，则公式(3-14)写成：

$$\Delta NPV(\Delta IRR) = 0 \tag{3-15}$$

$\Delta NPV(\Delta IRR)$ 也称为增量净现值。

因此，差额投资内部收益率也可表述为两个方案的净现值之差等于 0 时的折现率，或增量净现值等于 0 时的折现率。

公式(3-13)、式(3-14)和式(3-15)比较适合于方案的寿命期相等的情况，而当方案的寿命期不相等时，用这三个公式求差额投资内部收益率需要取相同的计算期，计算过程比较烦琐。但如果将公式(3-13)、式(3-14)和式(3-15)的两边分别同乘以系数$(A/P,\Delta IRR,n)$，则得：

$$\sum_{t=0}^{n} (NCF_{At} - NCF_{Bt})(1 + \Delta IRR)^{-t}(A/P, \Delta IRR, n) = 0 \qquad (3-16)$$

$$NAV_A(\Delta IRR) - NAV_B(\Delta IRR) = 0 \qquad (3-17)$$

$$\Delta NAV(\Delta IRR) = 0 \qquad (3-18)$$

$\Delta NAV(\Delta IRR)$ 也称为增量净年值。

由于用净年值 NAV 比较方案的优劣时不用取相等的计算期，因此，可将互比方案在各自寿命期内的净年值代入公式(3-17)而求得差额投资内部收益率，其计算过程相对比较简单。

根据公式(3-16)、式(3-17)和式(3-18)，还可以将差额投资内部收益率表述为使两个方案在计算期内各年的净现金流量差额的年值之和等于 0 时的折现率，或使两个方案的净年值之差等于 0 时的折现率，或使增量净年值等于 0 时的折现率。

(二)评价准则

若 $\Delta IRR \geq i_0$，则投资(现值)大的方案较优。

在应用差额投资内部收益率法进行方案的优劣比较时，应注意下述两点。

(1) 此法的应用前提条件是：互比方案的投资额(现值)相同，或投资者无资金约束。

例 3-12 某项目有两个方案，其有关数据如表 3-6 所示。如基准收益率为 15%，并假设投资者无资金约束，试比较两方案的优劣。

表 3-6 某项目两方案的净现金流量

方　案	初始投资(万元)	NCF(t=1～n)	寿命(年)
A	5000	1400	10
B	10000	2500	10

解:

① 评价两个方案的可行性。

对于 A 方案，令 $NPV_A = -5000 + 1400(P/A, IRR_A, 10)$

求得 $IRR_A = 25\% > 15\%$，所以 A 方案可行。

对于 B 方案，令 $NPV_B = -10000 + 2500(P/A, IRR_B, 10)$

求得 $IRR_B = 21.9\% > 15\%$，所以 B 方案可行。

② 比较两个方案的优劣。

首先用试算内插法求差额投资内部收益率，令：

$\Delta NPV(i) = [-10000 + 2500(P/A, i, 10)] - [-5000 + 1400(P/A, i, 10)] = -5000 + 1100(P/A, i, 10)$

令 $i_1 = 15\%$，$i_2 = 18\%$，则 $\Delta IRR \approx 15\% + \dfrac{18\% - 15\%}{-56.6 - 520.9} \times (0 - 520.9) \approx 17.7\%$

由于 $\Delta IRR > 15\%$，因此，投资大的 B 方案优于投资小的 A 方案。

(2) 如果互比方案的寿命期相等，可根据公式(3-13)、式(3-14)、式(3-15)、式(3-16)、式(3-17)或式(3-18)中的任何一个公式来求差额投资内部收益率；在无技术进步的条件下，如果互比方案的寿命期不相等，则宜根据公式(3-17)来求差额投资内部收益率。

例 3-13 某项目有两个方案，其现金流量及寿命如表 3-7 所示，若无技术进步，投资者无资金约束，并令基准收益率为 8%，试比较两个方案的优劣。

表 3-7 某项目两方案的净现金流量

方　案	初始投资(万元)	年营业收入(万元)	年经营成本(万元)	寿命(年)
A	10000	5000	2100	5
B	15000	7000	4300	10

解：

① 评价两个方案的可行性。

用试算内插法求得两方案的内部收益率分别为：$IRR_A=13.8\%$，$IRR_B=12.4\%$，所以两方案均可行。

② 比较两个方案的优劣。

由于两方案的寿命期不相等，根据公式(3-17)来求差额投资内部收益率。令折现率为 i，两个方案的净年值之差为，则得：

$$\Delta NAV(i) =[-15000(A/P,i,10)+7000-4300]-[-10000(A/P,i,5)+5000-2100]$$
$$=-15000(A/P,i,10)+10000(A/P,i,5)-200$$

令 $i_1=8\%$，$\Delta NAV(i_1)=70.0$

令 $i_2=10\%$，$\Delta NAV(i_2)=-2.5$

根据两点得直线方程，可求得差额投资内部收益的近似值：

$$\Delta IRR \approx 8\%+\frac{10\%-8\%}{-2.5-70}\times(0-70) \approx 9.93\%$$

由于 $\Delta IRR >8\%$，因此，B 方案优于 A 方案。

第五节　收益费用比值法分类

一、收益费用比值法

(一)收益费用比值的概念

收益费用比值(Benefit Cost Ratio，BCR)又称为效益费用比值、收益成本比值，是指在考虑资金时间价值的前提下，项目在整个寿命期内的收益与费用之比。可用 BCR 表示，其计算公式如下：

$$BCR = \frac{B}{C} \tag{3-19}$$

式中：B——项目取得的收益，主要包括营业收入和回收的资产余值，采用现值或年值，分别称为收益现值(PB)或收益年值(AB)；

C——项目的费用，即项目在整个寿命期内发生的全部费用，包括投资、经营成本、末期资产回收和拆除、恢复环境的处置费用[1]，采用现值或年值，分别称为费用现值(PC)或费用年值(AC)。

(二)评价准则

若 BCR≥1，则方案可行。

例 3-14 某建设项目在 0 时刻投资 250 万元，其中流动资金 10 万元。第一年开始运营，每年年末获得营业收入 60 万元，支付经营成本 15 万元，寿命期 10 年，固定资产余值为 10 万元，不计税金。设基准收益率为 10%，用收益费用比值法评价该项目的可行性。

解：先求收益现值和费用比值：

PB=60(P/A,10%,10)+(10+10)(P/F,10%)
  =60×6.1446+20×0.3855=376.386(万元)

PC=250+15(P/A,10%,10)=250+15×6.1446=342.169(万元)

$$BCR = \frac{PB}{PC} = \frac{376.386}{342.169} = 1.1$$

由于 BCR>1，所以该项目可行。

二、增量收益费用比值法

(一)增量收益费用比值的概念

增量收益费用比值是指在考虑资金时间价值的前提下，项目在整个寿命期内的增量收益与增量费用之比，其计算公式为：

$$\Delta BCR = \frac{\Delta B}{\Delta C} \tag{3-20}$$

式中：ΔBCR——增量收益费用比值；

ΔB——两个方案的增量收益，用现值(ΔPB)或年值(ΔAB)表示，既可通过求两方案的收益之差的现值(或年值)而得，也可通过求两方案的收益现值(或年值)之差而得；

ΔC——两个方案的增量费用，用现值(ΔPC)或年值(ΔAC)表示，计算方法同ΔB。

(二)评价准则

若ΔBCR≥1，则费用高的方案较优。

例 3-15 资料同例 3-6，试用增量收益费用比值法比较三个方案的优劣。

解：根据表 3-3 数据求得方案的差额现金流量，如表 3-8 所示。

① 比较 A、B 方案的优劣。

A、B 两方案的增量收益现值为：ΔPB_{B-A}=30(P/A,10%,20)=30×8.5136=255.408(万元)

A、B 两方案的增量费用现值为：

ΔPC_{B-A}=150+10(P/A,10%,20)=150+10×8.5136=235.136(万元)

---

[1] 国家发改委，建设部. 建设项目经济评价方法与参数[M]. 3 版. 北京：中国计划出版社，2006.

增量收益费用比值为：

$\Delta BCR_{B-A} = \Delta PB_{B-A} / \Delta PC_{B-A}=255.408/235.136=1.0862$

由于ΔBCR>1，所以 B 方案优于 A 方案。

表 3-8　某项目的差额现金流量表

方　案	初始投资 (万元)	年营业收入 (万元)	年经营成本 (万元)	期末资产余值 (万元)	寿命期 (年)
A	200	50	20	0	20
B	350	80	30	0	20
C	900	130	40	40	20
B-A	150	30	10	0	20
C-B	550	50	10	40	20
C-A	700	80	20	40	20

② 比较 B、C 方案的优劣。

B、C 两方案的增量收益现值为：

$\Delta PB_{C-B}=50(P/A,10\%,20)+40(P/F,10\%,20)=50×8.5136+40×0.1486=431.624(万元)$

B、C 两方案的增量费用现值为：

$\Delta PC_{C-B}=550+10(P/A,10\%,20)=550+10×8.5136=635.136(万元)$

增量收益费用比值为：

$\Delta BCR_{C-B} = \Delta PB_{C-B} / \Delta PC_{C-B}=431.624/635.136=0.6796$

由于ΔBCR<1，所以 B 方案优于 C。

③ 比较 C、A 方案的优劣。

C、A 两方案的增量收益现值为：

$\Delta PB_{C-A}=80(P/A,10\%,20)+40(P/F,10\%,20)=80×8.5136+40×0.1486=687.032(万元)$

C、A 两方案的增量费用现值为：

$\Delta PC_{C-A}=700+20(P/A,10\%,20)=700+20×8.5136=870.272(万元)$

$\Delta BCR_{C-A} = \Delta PB_{C-A} / \Delta PC_{C-A}=687.032/870.272=0.7894$

由于ΔBCR<1，所以 A 方案优于 C 方案。

所以，三个方案的优劣顺序是：B、A、C。

收益费用比值法和增量收益费用比值法是国际上较为流行的项目评价方法，尤其被广泛应用于公共产品项目(公路工程、铁路工程、水利工程、城市绿化工程等项目)的评价与方案选择。

第六节　多方案的选择

一、投资方案的分类

企业在进行投资时，往往有多个方案可供选择。依据这些投资方案之间的关系，可将它们分为不相关方案和相关方案两大类。

(一)不相关方案

不相关方案又称为独立方案，是指若其中任何一个方案的采纳并不影响其他方案的采纳，则这些方案可互称为不相关方案。比如，企业投资生产冰箱，投资生产电视机，及投资生产手机，等等，就是独立方案。独立方案的特点是：①各方案之间的现金流量是相互独立的，不具有相关性，采纳或放弃任何一个方案并不改变或显著改变其他方案的现金流量。②方案的现金流量具有可加性，比如 A 方案的投资为 50 万元，年收入为 20 万元；B 方案的投资为 60 万元，年收入为 25 万元。当选择这两个方案时，总投资为 50+60=110(万元)，年收入为 20+25=45(万元)。

(二)相关方案

相关方案是指若其中某一方案被采纳，则会影响其他方案的采纳，或会影响其他方案的现金流量，则它们互为相关方案。相关分案按相关关系的不同，又可以分为以下两种。

1. 正相关方案

在两个方案中，若甲方案的采纳有利于乙方案的采纳或收入的增加，则称甲方案为乙方案的正相关方案。特别地，如果乙方案的采纳是以甲方案的采纳为前提的，则称甲方案为前提方案，称乙方案为辅助方案。

在两个方案中，若甲、乙两方案中任何一个方案的采纳都有利于另一个方案的采纳或收入的增加，则称甲、乙方案互为正相关方案，如计算机硬件生产方案与软件开发方案互为正相关方案。

2. 负相关方案

在两个方案中，若甲方案的采纳不利于乙方案的采纳或收入的增加，则称甲方案为乙方案的负相关方案，如某地段河流两岸的轮渡交通方案是桥梁道路交通方案的负相关方案。

在两个方案中，若甲、乙两方案中任何一个方案的采纳都不利于另一个方案的采纳或收入的增加，则称甲、乙方案互为负相关方案。如在两个城市之间修建高速公路和修建铁路两个方案，两方案并不完全互斥，但采纳其中的任何一个方案，势必会降低另一个方案的收益。

极端的情况是，在两个或多个方案中，若采纳了其中一个方案，就必须放弃其他所有方案，这样的方案称为互斥方案。例如长江三峡工程水库的蓄水方案有 3 个：190m、175m、150m，决策时只能从中选择其一，其他两个方案则要放弃。

在上述方案中，比较典型和常见的是独立方案和互斥方案，本节将进一步讨论这些方案的选择问题。

二、互斥方案的选择

互斥方案存在着不相容性，在进行多方案选择时，最多只能从中选择一个方案。

(一)无资金约束条件下互斥方案的选择

在资金无约束条件下，互斥方案的选择采用效益型比选方法和费用型比选方法。

1. 效益型比选方法

1) 净现值法

用净现值法选择方案时，首先进行可行性评价并剔除不可行的方案，然后用计算期相等的净现值进行方案优劣的比较，最后选择净现值最大的方案。

2) 净年值法

用净年值法选择方案时，首先进行可行性评价并剔除不可行的方案，然后用净年值进行方案优劣的比较，最后选择净年值最大的方案。

3) 差额投资内部收益率法

用差额投资内部收益率法选择方案时，可先用内部收益率法评价各方案的可行性，并剔除不可行的方案。然后根据投资额的大小按从小到大的顺序对方案进行排列，从前往后用差额投资内部收益率法进行方案的两两比较和取舍，最后剩下的方案为最优方案，也就是应该选择的方案。

例 3-16 某项目有三个方案，其初始投资和以后各年年末的净现金流量如表 3-9 所示，寿命期为 20 年。若投资者无资金约束，基准收益率为 10%，试用差额投资内部收益率法选择最优方案。

解： 第一步，用内部收益率法评价各方案的可行性：

用试算线性内插法求得各方案的内部收益率分别为：

$IRR_A = 13.89\% > 10\%$，A 方案可行；

$IRR_B = 14.60\% > 10\%$，B 方案可行；

$IRR_C = 11.13\% > 10\%$，C 方案可行。

第二步，按投资额大小对方案进行排序，如表 3-9 所示。

表 3-9 某项目的现金流量表

序 号	方 案	初始时刻投资(万元)	年末净现金流量($t=1\sim20$)	寿命期(年)
1	A	200	30	20
2	B	320	50	20
3	C	750	95	20
4	B−A	120	20	20
5	C−B	430	45	20

第三步，方案的比较与选择。

令 $\Delta NPV_{B-A}(i) = -120 + 20(P/A,i,20)$，用试算线性内插法求得 $\Delta IRR_{B-A} = 15.78\% > 10\%$，所以 B 方案优于 A 方案，淘汰 A 方案。

令 $\Delta NPV_{C-B}(i) = -430 + 45(P/A,i,20)$，用试算线性内插法求得 $\Delta IRR_{C-B} = 8.37\% < 10\%$，所以 B 方案优于 C 方案，淘汰 C 方案，最后剩下 B 方案，因此应选择 B 方案。

4) 增量收益费用比值法

用增量收益费用比值法选择方案时，可先用收益费用比值法评价各方案的可行性，并剔除不可行的方案。然后根据投资额的大小按从小到大的顺序对方案进行排列，从前往后用增量收益费用比值法进行方案的两两比较和取舍，最后剩下的方案则为最优方案，也就是应该选择的方案。

用增量收益费用比值法选择方案的过程同差额投资内部收益率法，这里就不举例子了。

2. 费用型比选方法

1) 费用现值法

在收益相等的前提下，先求在相等计算期内各方案的费用现值(PC)，最后选择费用现值最小的方案。

费用现值法的应用前提如下。

(1) 互比方案的收益相等。

(2) 互比方案的计算期相同。

例 3-17 某企业拟购买一种设备，有三个方案可供选择，它们的初始投资、年经营成本如表 3-10 所示。它们的年产量相同，寿命期均为 10 年。假设设备的余值均为 0，所需要的流动资金相同，基准收益率为 10%，用费用现值法选择最优方案。

表 3-10 三个方案的费用数据表

单位：元

	方 案		
	A	B	C
初始投资	12000	13000	15000
年经营成本	8000	7500	6500

解： $PC_A = 12000 + 8000(P/A, 10\%, 10) = 61156.8(元)$

$PC_B = 13000 + 7500(P/A, 10\%, 10) = 59084.5(元)$

$PC_C = 15000 + 6500(P/A, 10\%, 10) = 54939.9(元)$

由于 $PC_C < PC_B < PC_A$，三个方案的收益相等，因此，应选择费用现值最小的 C 方案。

2) 费用年值法

在收益相等的前提下，先求各方案的费用年值(AC)，最后选择费用年值最小的方案。

费用年值法的应用前提是互比方案的收益相等。

例 3-18 数据同例 3-17，用费用年值法选择最优方案。

解： 先求各方案的费用年值：

$AC_A = 12000(A/P, 10\%, 10) + 8000 = 9952.9(元)$

$AC_B = 13000(A/P, 10\%, 10) + 7500 = 9615.7(元)$

$AC_C = 15000(A/P, 10\%, 10) + 6500 = 8941.2(元)$

由于 $AC_C < AC_B < AC_A$，三个方案的收益相等，因此，应选择费用年值最小的 C 方案。

3. 寿命期不相等前提下互斥方案的选择

根据技术经济学的时间可比性原理，在对寿命期不相等的互斥方案进行比选时，必须进行适当的处理，才能使方案具有可比性。常用的处理方法有年值法和研究期法等。

1) 年值法

年值法包括净年值法和费用年值法。通过分别计算各备选方案的净年值或费用年值并进行比较，从而选出最优方案。

在可行的前提下，对净年值法，以净年值最大的方案为最优方案，请读者参看例 3-8；对费用年值法，以费用年值最小的方案为最优方案，请读者参看例 3-18。

2) 研究期法

研究期法就是通过分析研究，直接选取一个适当的计算期作为各个方案共同的计算期，再计算各方案在该共同计算期内的净现值或费用现值，最后选择净现值最大或费用现值最小的方案。

常用的研究期法有最短寿命期法、最长寿命期法和最小公倍数法。

(1) 最短寿命期法。

在实际应用中，往往直接选取诸方案中最短的寿命期作为各方案共同的计算期。

例 3-19　资料同例 3-8，若用最短寿命期法取计算期，试用净现值法进行方案选择。

解： A、B 两个方案的最短寿命期为 10 年，所以计算期取 10 年。

A、B 两方案的现金流量图如图 3-4 所示。

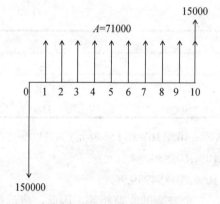

(a) 某项目A方案的现金流量图

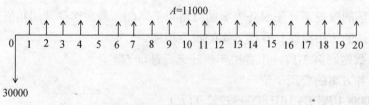

(b) 某项目B方案的现金流量图

图 3-4　现金流量图

在 10 年计算期内，各方案的净现值分别为：

$$NPV_A = -150000 + 71000(P/A,10\%,10) + 15000(P/F,10\%,10)$$
$$= -150000 + 71000 \times 6.1446 + 15000 \times 0.3855$$
$$= 292049.1(元)$$
$$NPV_B = -30000(A/P,10\%,20)(P/A,10\%,10) + 11000(P/A,10\%,10)$$
$$= -30000 \times 0.1175 \times 6.1446 + 11000 \times 6.1446$$
$$= 45930.9(元)$$

由于 $NPV_A > NPV_B$，所以 A 方案优于 B 方案，应选择 A 方案。

(2) 最长寿命期法。

即直接选取诸方案中最长的寿命期作为各方案共同的计算期。此时，寿命短的方案就要进行重复投资。

例 3-20 数据同上例，若用最长寿命期法取计算期，试用净现值法进行方案选择。

A、B 两方案的最长寿命期为 20 年，所以计算期取 20 年。则 A 方案需重复投资 2 次，其现金流量图如图 3-5 所示。

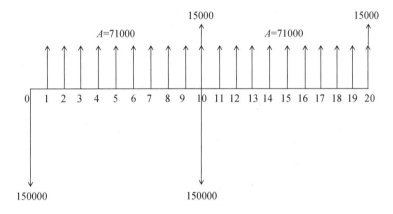

图 3-5 某项目 A 方案重复投资的现金流量图

根据图 3-5 可求得 A 方案重复投资 2 次后的净现值为：

$$NPV_A' = -150000 + (15000-150000)(P/F,10\%,10) + 15000(P/F,10\%,20)$$
$$+ (100000-29000)(P/A,10\%,20)$$
$$= 404644.3(元)$$

B 方案在整个寿命期内的净现值为：

$$NPV_B' = -30000 + (35000-24000)(P/A,10\%,20)$$
$$= 63649.2(元)$$

由于 $NPV_A' > NPV_B'$，因此，应该选择 A 方案。

例 3-21 某企业进行技术改造需购买一台设备，有新、旧两种设备可供选择，设备的有关数据如表 3-11 所示，其余现金流出量和回收的流动资金相同，不计设备的余值。假设未来无技术进步，基准收益率为 10%，用费用现值法进行设备的选择。

解： 取最长的寿命期 8 年作为两个方案共同的计算期，这样旧设备就要重复投资 3 次才能达到 8 年的时间长度，则现金流量图如图 3-6 所示。

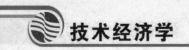

表 3-11 新旧设备的有关费用表

设 备	价格(元)	年经营成本(元)	寿命(年)
旧设备	8000	16000	3
新设备	40000	11000	8

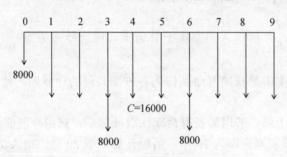

(a) 旧设备方案现金流量图

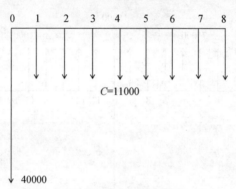

(b) 新设备方案现金流量图

图 3-6 现金流量图

设买旧设备、新设备在 8 年内的费用现值分别为 $PC_{旧}$ 和 $PC_{新}$，则

$PC_{旧}$ =8000+8000(P/F,10%,3)+8000(A/P,%,3)(P/A,10%,2)(P/F,10%,6)+16000(P/A,10%,8)

　　　=102523.3(元)

或 $PC_{旧}$ =[8000(A/P,%,3)+16000](P/A,10%,8)=102523.3(元)

$PC_{新}$ =40000+11000(P/A,10%,8)=98685.5(元)

由于 $PC_{旧}$ > $PC_{新}$，因此应选择新设备。

(3) 最小公倍数法。

此种方法是以各备选方案寿命期的最小公倍数作为各方案的共同计算期，假设各个方案均在这样一个共同的计算期内重复进行，直至共同的计算期期末。再计算共同计算期内的净现值或费用现值，以净现值最大或费用现值最小的方案为最优方案。

例 3-22 资料同上例，若用最小公倍数法取共同的计算期，试用费用现值法进行方案选择。

解: 用最小公倍数法取计算期为 24 年，现金流量图略。在 24 年内进行重复投资的费用现值分别为:

$\text{PC}_{\text{旧}}{}' = [8000(A/P,\%,3) + 16000](P/A,10\%,24) = 172656.7(\text{元})$

$\text{PC}_{\text{新}}{}' = [40000(A/P,\%,8) + 11000](P/A,10\%,24) = 166193.5(\text{元})$

由于 $\text{PC}_{\text{旧}}{}' > \text{PC}_{\text{新}}{}'$，因此应选择新设备。

(二)有资金约束条件下互斥方案的选择

有资金约束是指在一定时间内，可用于投资的资金存在一个最大限额。在这种情况下进行互斥方案的选择主要是要求所选的方案的投资额不超过这个限额，具体步骤如下所述。

第一步，根据投资额和资金限额大小淘汰方案。凡投资额大于资金限额的方案予以淘汰。

第二步，根据方案的可行性淘汰方案。凡不可行的方案予以淘汰。

第三步，选择方案。根据效益型比选方法和费用型比选方法选择最优方案。

(三)资金紧缺条件下互斥方案的选择

实际上，投资者可用于项目的资金不是无约束的，也不一定有一个确定的限额，因而往往是非常紧缺，即恨不得将一元钱掰成两半用，但为了项目，会想方设法筹足项目所需的资金。由于资金来之不易，因此，投资者所追求的不应该是绝对经济效益最大，而应该是相对经济效益最大。其步骤如下所述。

第一步，评价方案的可行性。根据净现值率指标或投资收益率指标评价各方案的可行性。

第二步，选择最优方案。选择净现值率或投资收益率最大的方案。

三、独立方案的选择

这里分两种情况来讨论：一是无资金约束，二是有资金约束。

(一)无资金约束条件下独立方案的选择

由于无资金约束，根据独立方案的特点可知，方案只要可行便可选择。因此，只要判别各方案的可行性，便可决定方案的取舍。

(二)有资金约束条件下独立方案的选择

由于有资金约束，可行的方案不一定都会采纳，即很可能只能选择部分可行的方案。那么，应如何进行方案的选择呢？即怎样从众多的方案中选择哪几个方案呢？

具体选择步骤如下所述。

第一步，评价各方案的可行性，舍弃不可行的方案。

第二步，在总投资额不超过资金限额的条件下，进行不同的方案组合。

比如有 A、B、C 三个方案，它们可有如下 7 种组合方式。

A； B； C； A、B； A、C； B、C； A、B、C

第三步，求各种组合的总体经济效果值。

经济效果指标通常采用净现值(NPV)、净年值(NAV)。

第四步，选择最优的方案组合。

总净现值或总净年值最大的组合即为最优的方案组合。

例 3-23 某公司现有 400 万元的资金可用于投资，今有 A、B、C、D、E、F 六个独立方案可供选择。各方案的现金流量如表 3-12 所示，寿命为 8 年。设基准收益率为 12%，应选择哪些方案？

表 3-12 某公司六个方案的净现金流量

单位：万元

方 案	现金流量	
	0 时刻投资	净现金流量($t=1\sim8$)
A	100	34
B	140	45
C	80	30
D	150	34
E	180	47
F	170	32

解： 本例采用净现值法进行评价与选择。

第一步，评价各方案的可行性。求出各方案的净现值，并判断它们的可行性，结果如表 3-13 所示。

表 3-13 某公司六个方案的净现值与可行性

方 案	净现值(万元)	可 行 性
A	68.90	可行
B	83.54	可行
C	69.03	可行
D	18.90	可行
E	53.48	可行
F	-11.04	不可行

由于方案 F 不可行，应予舍弃。

第二步，列出可能的方案组合。在总资金额为 400 万元的约束条件下，列出各种可能的方案组合，结果如表 3-14 所示。

表 3-14 某公司五个可行方案的各种可能组合

序 号	方案组合	总投资额(万元)	净现值(万元)
1	A	100	68.90
2	B	140	83.54
3	C	80	69.03
4	D	150	18.90
5	E	180	53.48

续表

序 号	方案组合	总投资额(万元)	净现值(万元)
6	AB	240	152.44
7	AC	180	137.93
8	AD	250	87.80
9	AE	280	122.38
10	BC	220	152.57
11	BD	290	102.44
12	BE	320	137.02
13	CD	230	87.93
14	CE	260	122.51
15	DE	330	72.38
16	ABC	320	221.47
17	ABD	390	171.34
18	ACD	330	156.83
19	ACE	360	191.41
20	BCD	370	171.47
21	BCE	400	206.05

第三步，求各种方案组合的总净现值，结果如表 3-14 所示。

第四步，选择最优的方案组合。

从表 3-14 可看出，A、B、C 组合的总净现值最大，为 221.47 万元，所以应选择 A、B、C 三个方案。

在方案很多的情况下，可借助计算机进行辅助决策。为此，需先构造出相应的数学模型。一般有如下的线性规划模型。

$$\text{Max } Z = \sum_{j=1}^{m} Z_j \cdot X_j \tag{3-21}$$

$$\text{s.t.} \begin{cases} \sum_{j=1}^{m} I_j \cdot X_j \leq I \\ X_j = 1 或 0 \quad (j = 1, 2, \cdots, m) \end{cases}$$

式中： Z ——总经济效果值；

Z_j ——第 j 个方案的经济效果值；

I ——总投资限额；

I_j ——第 j 个方案的投资额；

m ——方案的总个数；

X_j ——决策变量。

例 3-24 构造例 3-23 中决策问题的线性规划模型。

解：Max NPV $= 68.90X_1 + 83.54X_2 + 69.03X_3 + 18.90X_4 + 53.48X_5$

$$\text{s.t.} \begin{cases} 100X_1 + 140X_2 + 80X_3 + 150X_4 + 180X_5 \leqslant 400 \\ X_j = 1或0 \quad (j=1,2,3,4,5) \end{cases}$$

四、混合方案的选择

这里的混合方案是指由独立方案与互斥方案组成的方案群，即有若干个相互独立的项目，而每个项目有几个互斥的备选方案，由这些方案构成一个混合方案群。比如，某企业既可投资 IT 产业，IT 产业又有 A、B 两个互斥方案；又可同时投资生物制药业，生物制药业又有 C、D 两个互斥方案。但 IT 产业的方案与生物制药业的方案之间却是相互独立的方案。这样，A、B、C、D 就组成了一个混合方案群。

混合方案的选择也可分两种情况进行讨论。

(一)无资金约束条件下混合方案的选择

由于各项目是相互独立的，又无资金约束，因此，只要项目可行，就可采纳，但应从可行项目中选择一个最优方案。所以，选择工作应分两步。

第一步，评价各项目中各方案的可行性。

第二步，在每个项目中选择一个可行且最优的方案。

就是把同一个项目中的互斥方案进行比较与选择，所用的方法主要有净现值法、净年值法、增量投资内部收益率法。这里不用考虑各方案的投资额是否相同。

(二)有资金约束条件下混合方案的选择

在这种情况下，选择的思路与无资金约束条件下混合方案的选择基本相同，只是在选择方案时应考虑总投资额不超过资金总额。因此，所选的方案不一定是该项目中最优的方案。

与独立方案的选择也有所不同，它在进行方案组合时，只能从每一个项目的多个方案中最多选择一个方案参与组合。因此，它的步骤如下所述。

第一步，评价各方案的可行性，舍弃不可行的方案。

第二步，在总投资额不超过资金限额的条件下，进行独立方案的组合。

这里，除了要考虑总投资额不超过资金限额以外，还应注意各项目中最多只能选一个方案。

第三步，求各种组合的总体经济效果值。

经济效果指标通常采用净现值(NPV)、净年值(NAV)。

第四步，选择最优的方案组合。

选择的标准也是总净现值或总净年值最大。

例 3-25 某公司有三个相互独立的投资项目 A、B、C，各项目分别有若干个备选方案，其现金流量如表 3-15 所示(单位：万元)。设各方案的寿命期均为 10 年，基准收益率为 10%。

(1) 若无资金约束，应选择哪些方案？

(2) 若资金限额为 500 万元，应选择哪些方案？

表 3-15 某公司三个投资项目各方案的现金流量

单位：万元

项 目	方 案	0 时投资额	NCF($t=1\sim10$)
A	A$_1$	100	27.2
	A$_2$	200	51.1
B	B$_1$	100	12.0
	B$_2$	200	30.1
	B$_3$	300	45.6
C	C$_1$	100	50.9
	C$_2$	200	63.9
	C$_3$	300	87.8

解： 考虑到计算的方便，这里选用净现值法。

(1) 在资金无限额条件下的方案选择。

第一步，求各方案的净现值并评价它们的可行性。

计算结果如表 3-16 所示，可以看出，B 项目的各方案均不可行，所以 B 项目应予淘汰。A、C 项目的方案均可行，两个方案暂时予以保留。

表 3-16 某公司三个投资项目各方案的净现值

单位：万元

项 目	方 案	投 资 额	净 现 值
A	A$_1$	100	67.13
	A$_2$	200	113.99
B	B$_1$	100	-26.27
	B$_2$	200	15.05
	B$_3$	300	-19.81
C	C$_1$	100	212.76
	C$_2$	200	192.64
	C$_3$	300	239.49

第二步，选择方案。

由于 B 项目被淘汰，因此，只能在 A、C 项目中各选一个净现值最大的方案，所以应选择 A$_2$、C$_3$。

(2) 在资金限额为 400 万元条件下的方案选择。

由于前面已判断了各方案的可行性，所以只需进行下述三步工作即可。

第一步，进行方案组合。

组合结果如表 3-17 所示。

第二步，求各种组合的总净现值。

各种组合的总净现值计算结果如表 3-17 所示。

第三步，选择最优的组合。

由表 3-17 可看出，组合 9 的总净现值最大，所以应选择组合 9，即选择 A_2、C_1 两个方案。

表 3-17　某公司 A、C 项目的方案组合及其总净现值

单位：万元

序　号	方案组合	总　投　资	总净现值
1	A_1	100	67.13
2	A_2	200	113.99
3	C_1	100	212.76
4	C_2	200	192.64
5	C_3	300	239.49
6	A_1、C_1	200	279.89
7	A_1、C_2	300	259.77
8	A_1、C_3	400	306.62
9	A_2、C_1	300	326.75
10	A_2、C_2	400	306.63

本 章 小 结

(1)　技术经济评价方法可以分为确定性评价法和不确定性评价法，本章介绍的是前者。确定性评价法是针对项目未来的状态完全确定的情况，或基于项目未来的状态完全确定的假设而提出的一类经济评价方法，是技术经济评价的基本方法。

(2)　本章介绍的评价方法可以按照不同的标准进行不同的划分。

①　按是否反映资金的时间价值，可以分为静态评价法和动态评价法。静态评价法是不考虑资金的时间价值的经济评价方法，包括静态投资回收期法、总投资收益率法和资本金净利润率法。动态评价法是考虑资金的时间价值的经济评价方法，包括动态投资回收期法、净现值法、净年值法、净现值率法、内部收益率法、差额投资内部收益率法、收益费用比值法、增量收益费用比值法、费用现值法和费用年值法。

②　按所反映的效果类型的不同，可以分为价值型评价法、效率型评价法和时间型评价法。价值型评价法反映了项目投资产生的绝对经济效果，包括净现值法、净年值法、费用现值法和费用年值法。效率型评价法是反映单位投资的经济效果的一类评价方法，包括总投资收益率法、资本金净利润率法、净现值率法、内部收益率法、差额投资内部收益率法、收益费用比值法和增量收益费用比值法。时间型评价法是反映投资回收速度的评价方法，包括静态投资回收期法和动态投资回收期法。

(3)　在本章介绍的评价方法中，有的只能用于评价项目的可行性，这些方法是静态投资回收期法、动态投资回收期法、内部收益率法和收益费用比值法；有的只能用于比较方案的优劣，这些方法是差额投资内部收益率法、增量收益费用比值法、费用现值法和费用

年值法；有的既能评价方案的可行性，又能比较方案的优劣，这些方法是净现值法、净年值法和净现值率法；有的只能用于判别项目单位投资的盈利能力是否达到本行业的参考水平，或判别投资者投入项目的资金盈利能力是否达到本行业的参考水平，这些方法分别是总投资收益率法和资本金净利润率法。

(4) 在本章介绍的评价方法中，绝大部分方法是等效的：在进行方案的可行性评价时，净现值法、净年值法、净现值率法、内部收益率法和收益费用比值法是相互等效的；在进行方案优劣比较时，净现值法、净年值法、差额投资内部收益率法、增量收益费用比值法是相互等效的，费用现值法与费用年值法是相互等效的。

(5) 在不考虑未来技术进步的前提下，对寿命期不相等的互斥方案进行比选时，使用净年值法和费用年值法最为简便，因为计算净年值和费用年值不用取相同的计算期。若用净现值法和费用现值法进行方案比较时，可取各方案寿命期的最小值、最大值或最小公倍数作为它们共同的计算期。

(6) 独立方案的选择首先要考察方案的可行性，在无资金约束条件下，所有可行的方案都入选。在有资金约束条件下，需在总投资额不超过资金限额的前提下进行方案的不同组合，总经济效果值最大的方案组合为最佳组合，该组合中的方案就是最后应选择的方案。

(7) 混合方案在这里特指互斥方案与独立方案共存的方案群，实际上是由多个相互独立的项目下的互斥方案所组成的方案群。在这些方案中，项目与项目之间的方案互为独立方案。混合方案的选择方法与独立方案基本相同，只是在进行方案组合时，只能从每组互斥方案中最多选一个方案。

习 题 三

1. 如何理解投资回收期？

2. 总投资收益率法与资本金净利润率法的异同是什么？

3. 什么是净现值？它的经济含义是什么？

4. 净现值法、净年值法和净现值率法三者的区别和联系各是什么？如何恰当地选用这些方法？

5. 能否运用内部收益率指标进行方案优劣的比较？为什么？

6. 进行方案优劣比较时，为什么净现值法、净年值法、差额投资内部收益率法和增量收益费用比值法是相互等效的？

7. 某投资项目的净现金流量如表 3-18 所示。

(1) 若基准投资回收期为 5 年，用静态投资回收期法评价该项目的可行性。

(2) 求项目的动态投资回收期，并说明它与静态投资回收期之间的关系。

表 3-18 某项目的净现金流量

单位：万元

年 份	0	1	2	3	4	5	6
年末净现金流量	−50	−80	40	60	60	60	60

8. 某项目的总投资额为 5000 万元，其中资本金为 1000 万元。项目简化的利润与利润分配表如表 3-19 所示，项目运营期为 20 年。求总投资收益率和资本金净利润率。

表 3-19　某项目简化的利润与利润分配表

单位：万元

序　号	项　目	合　计
1	营业收入	6000
2	营业税金及附加	0
3	总成本费用	4000
3.1	其中利息	200
4	利润总额(1-2-3)	2000
5	企业所得税(4×25%)	500
6	净利润(4-5)	1500

9. 某项目初始投资为 12 万元，第一年年末获净现金流量 2 万元，第二年年末获净现金流量 3 万元，第三～五年年末各获净现金流量 4 万元。若基准收益率为 10%，求该项目的净现值、净年值和净现值率，并评价项目的可行性。

10. 某企业拟开发一种新产品，有关数据估计如下：一次性投入开发费用为 200 万元，开发期为 1 年。第二年年初发生生产设备购置费 1800 万元，投入流动资金 600 万元，当年满负荷运营，年营业收入 1500 万元(不含税)，年经营成本 800 万元，估计行销期为 5 年，固定资产余值为 90 万元。设基准收益率为 10%，用内部收益率法评价该新产品开发项目的可行性。

11. 某市计划花费 300 万元设置一种新的交通格局。这种格局每年需 5 万元的维护费，但每年可节省交警费 20 万元，驾驶汽车的人每年可节约价值为 35 万元的时间，但油费和运行费每年却要增加 8 万元。设基准收益率为 8%，运行年限为 20 年，残值为 0，试用收益费用比值法评价该市新交通格局的经济可行性。

12. 某企业拟投资某一项目，有两个方案可供选择，其有关数据如表 3-20 所示。设基准收益率为 10%，无资金约束，试用净现值法、净年值法、差额投资内部收益率法和增量收益费用比值法进行方案选择。

表 3-20　某项目的现金流量与寿命期

方　案	有关数据			
	初始投资(万元)	年营业收入(万元)	年经营成本(万元)	寿命期(年)
A	35	20	6	4
B	50	25	13	8

13. 某企业准备购买一台设备，有两种设备可供选择，它们都能满足相同的需要。设备 A 价格是 10000 元/台，前三年每年的经营成本均为 5000 元，后三年每年为 6000 元，第 6 年年末的残值估计为 4000 元。设备 B 价格是 8000/台，前三年每年的经营成本均为 5500 元，后三年每年为 6500 元，第 6 年年末的残值估计为 3000 元。设基准收益率为 12%，试

用费用现值法和费用年值法进行设备的选择。

14. 某公司拟订了三个相互独立的投资方案，它们的现金流量如表 3-21 所示，寿命期均为 5 年。该公司的基准收益率为 10%。

表 3-21 某公司各投资方案的现金流量

单位：万元

方　案	初始投资	净现金流量($t=1\sim5$)	残　值
A	32	9	6
B	29	8	5
C	45	11	7

(1) 若无资金约束，应选择哪些方案？

(2) 若资金限额为 80 万元，应选择哪些方案？

15. 某公司初拟了三个相互独立的投资项目 A、B、C，各项目又提出了若干个方案，其现金流量如表 3-22 所示。项目的寿命期均为 10 年，残值为 0，基准收益率为 10%。

表 3-22 某公司各投资项目的现金流量

单位：万元

项　目	方　案	0 时刻投资额	NCF($t=1\sim10$)
A	A_1	100	30
	A_2	200	55
B	B_1	100	40
	B_2	200	50
	B_3	300	60
C	C_1	100	50
	C_2	200	60
	C_3	300	70

(1) 若资金无限额，应选择哪些方案？

(2) 若资金限额为 300 万元，应选择哪些方案？

第四章　不确定性评价方法

本章教学目标

通过本章的教学，使学生认识到进行不确定性评价的必要性，理解盈亏平衡分析法、敏感性分析法和概率分析法的概念和作用，掌握这三种方法的具体做法并能熟练地加以应用。盈亏平衡分析法中要重点掌握线性盈亏平衡分析法，敏感性分析法中要重点掌握敏感度系数和临界点值的计算公式，概率分析法中要重点掌握信息不充分条件下作为连续型随机变量的项目评价指标值处于某一区间的概率计算方法。

第一节　盈亏平衡分析法

一、盈亏平衡分析法的概念

盈亏平衡分析法是一种已被应用于多学科的分析和决策方法。在这里，它是指通过分析投资项目的产品产量、成本和利润之间的关系，找出项目盈利与亏损达到平衡时的产量，进而分析和判断项目的风险大小与抗风险能力的一种分析方法。

所谓盈亏平衡是指盈利与亏损达到平衡的一种状态，也就是利润为 0 的状态。我们把盈利与亏损的分界点称为盈亏平衡点，也叫临界点，用 BEP 表示。相应地把临界点的产量、单价、成本等的值分别称为产量的临界值、单价的临界值和成本的临界值。从理论上来讲，盈亏平衡分析可以分别确定产量、单价、成本等的临界值，再将它们与相应的特定值进行比较，从而评价项目的风险大小。不过，目前一般只根据产量这一因素来进行项目风险的评价。在项目生产能力许可的范围内，盈亏平衡点越低，项目盈利的可能性就越大，造成亏损的可能性就越小，当市场等外部环境发生变化时，项目的适应能力就越强，抵抗风险的能力也越强。

盈亏平衡分析包括线性盈亏平衡分析和非线性盈亏平衡分析。线性盈亏平衡分析是基于利润函数为线性函数的情况所做的分析，而非线性盈亏平衡分析则是基于利润函数为非线性函数的情况所做的分析。

二、线性盈亏平衡分析

(一)线性盈亏平衡分析的基本假设

线性盈亏平衡分析是以下列基本假设条件为前提的。

(1) 生产量等于销售量，即产销平衡。

(2) 固定成本总额不变。

(3) 单位产品可变成本不变。

(4) 销售单价不变，从而营业收入是销售量的线性函数。

(5) 只按单一产品计算，若项目生产多种产品，则换算为单一产品计算。

(二)线性盈亏平衡分析的步骤

第一步，确定产量的临界值。

首先，确定项目的营业收入。营业收入用下面的公式表示：

$$B = f(Q) = P \times Q \tag{4-1}$$

式中：B——年营业收入；

P——单位产品价格；

Q——产品的年产量或销售量；

f——函数。

假设 P 是常量，则营业收入函数 $B = P \times Q$ 的图形如图 4-1 所示。

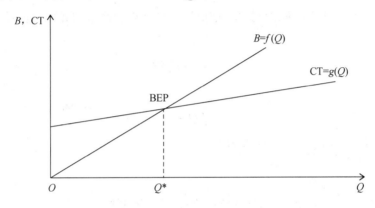

图 4-1　线性盈亏平衡分析图

然后，确定项目的总成本费用和营业税金及附加。

其中总成本费用用以下公式表示：

$$C = C_f + C_v \times Q \tag{4-2}$$

式中：C——年总成本费用；

C_f——年总固定成本；

C_v——单位产品变动成本。

其余符号的含义同前。

营业税金及附加用以下公式表示：

$$T = T_v \times Q \tag{4-3}$$

式中：T——年营业税金及附加；

T_v——单位产品营业税金及附加，其中营业税金包括消费税和资源税等(详见第五章)，附加则包括城市维护建设税、教育费附加。

并令 $CT = C + T$，则得：

$$CT = g(Q) = C_f + C_v \times Q + T_v \times Q \tag{4-4}$$

式中：CT——总成本费用与营业税金及附加之和。当采用含增值税价格时，式(4-4)中还应加上增值税。

$CT = g(Q)$ 也是线性函数，如图 4-1 所示。由图 4-1 可看出，两条直线相交于 BEP 点，它

就是盈亏平衡点。若用 Q^* 表示产量的临界值，根据盈亏平衡的假设，则有如下等式：

$$B = CT$$
$$P \times Q = C_f + C_v \times Q + T_v \times Q$$

于是可求得产量的临界值 Q^*：

$$Q^* = \frac{C_f}{P - C_v - T_v} \qquad (4\text{-}5)$$

当销售量 $Q < Q^*$ 时，CT 线在 B 线的上方，因而项目亏损，把盈亏平衡点左侧的区域叫作亏损区；当销售量 $Q > Q^*$ 时，CT 线在 B 线的下方，因而项目盈利，把盈亏平衡点右侧的区域叫作盈利区。

第二步，求盈亏平衡点的生产能力利用率。

所谓盈亏平衡点的生产能力利用率是指盈亏平衡点的产量临界值与项目设计生产能力之比率。其计算式为：

$$E = \frac{Q^*}{Q_0} \times 100\%$$
$$= \frac{C_f}{PQ_0 - C_vQ_0 - T_vQ_0} \times 100\% \qquad (4\text{-}6)$$

式中： E ——盈亏平衡点的生产能力利用率；

Q_0 ——项目的设计生产能力。

其余符号的含义同前。

公式(4-6)中，如果采用含增值税价格，则分母中还要扣除增值税。

第三步，评价项目的风险性。

根据生产能力利用率 E 值的大小评价项目的风险性。可参考表 4-1 中的风险等级划分标准进行评价。

表 4-1　生产能力利用率与项目风险等级表

风险等级	低风险	较低风险	中等风险	较高风险	高风险
E 值(%)	[0, 60]	(60, 70]	(70, 80]	(80, 90]	(90, 100]

例 4-1　某项目生产某种产品的设计生产能力为 3 万件/年，单位产品价格(不含增值税)为 3000 元/件，年固定成本为 3000 万元，单位产品变动成本为 1600 元/件，税金为 0，附加税(费)为 40 元/件。求项目达到盈亏平衡时的生产能力利用率，并说明项目的风险性。

解：盈亏平衡点的产量为：

$$Q^* = \frac{C_f}{P - C_v - T_v} \times 100\%$$
$$= \frac{3000}{3000 - 1600 - 40} \times 100\%$$
$$\approx 2.2059(\text{万件})$$

盈亏平衡点的生产能力利用率为：

$$E = \frac{Q^*}{Q_0} \times 100\%$$

$$= \frac{2.2059}{3} \times 100\%$$

$$\approx 73.53\%$$

查表 4-1 知，该项目的风险为中等。

三、非线性盈亏平衡分析

(一)什么是非线性盈亏平衡分析

在实际生产经营过程中，投资项目的产品价格与成本不一定是常数。例如，当项目的产量在市场中占有较大的比例时，其产量的高低可能会明显地影响市场供求关系，使市场价格随产量的变化而变化，此时营业收入与产量的关系就成为非线性关系。同样地，单位产品变动成本在不同的生产规模下也不一定是保持不变的，如原材料价格可能与采购量有关，一次性采购量越大，价格就会得到越多的优惠。而一些辅助性生产成本随产量变化而呈梯形分布，这些成本通常称为半变动成本。因此，总成本费用函数与产量的关系也可能是非线性关系。另外，当产量的变化引起产品价格变化时，营业税金及附加也会随价格的变化再次发生变化，因而税金及附加也成为非线性函数。当营业收入函数、总成本费用函数和税金及附加函数都是非线性函数或其中一个是非线性函数时，所进行的盈亏平衡分析称为非线性盈亏平衡分析。

(二)非线性盈亏平衡分析的步骤

第一步，确定产量的临界值。

这里，仍以产量作为变量，并假设营业收入函数为：

$$B = f(Q)$$

式中：f——函数。

总成本费用与营业税金及附加函数为：

$$CT = g(Q)$$

式中：g——函数。

上述两个函数的曲线图如图 4-2 所示。

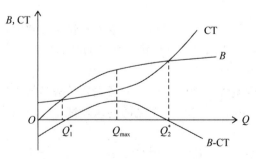

图 4-2 非线性盈亏平衡分析图

令 $B = CT$，可求得盈亏平衡点的值 Q_1^* 和 Q_2^*。由图 4-2 可以看出，当产量 $Q < Q_1^*$，或 $Q > Q_2^*$ 时，项目都处于亏损状态；当 $Q_1^* < Q < Q_2^*$ 时，项目处于盈利状态，且当 $Q = Q_{\max}$ 时，项目的利润最大。项目只有在 Q_1^* 和 Q_2^* 之间安排生产，才能获得盈利。

第二步，求盈亏平衡点的生产能力利用率。

如果如前文所述，项目有两个盈亏平衡点，则分别求这两个点的生产能力利用率：

$$E_1 = \frac{Q_1^*}{Q_0} \times 100\% \tag{4-7}$$

$$E_2 = \frac{Q_2^*}{Q_0} \times 100\% \tag{4-8}$$

第三步，评价项目的风险性。

与线性盈亏平衡分析法一样，可根据生产能力利用率 E 值的大小评价项目的风险性。而由于产量在闭区间 $[Q_1, Q_2]$ 内项目是可行的，所以只需根据 E_1 值的大小来评价风险性。同样参考表 4-1 中的风险等级划分标准来认定风险的等级。

例 4-2 某项目将生产一种新产品，设计生产能力 3000 吨。若年产量为 Q（单位：吨），不含增值税年营业收入预计为 $B = -0.5Q^2 + 3000Q$（单位：元），年总成本费用与税金及附加之和为 $CT = -0.1Q^2 + 500Q + 2850000$（单位：元），试确定该项目盈亏平衡点的产量和利润最大时的产量，并评价项目的风险性。

解： 当达到盈亏平衡点时，$B = CT$，则有：

$$-0.5Q^2 + 3000Q = -0.1Q^2 + 500Q + 2850000$$

解方程得盈亏平衡点的产量为：$Q_1^* = 1500$（吨），$Q_2^* = 4750$（吨）

因此，当产量处于 1500 吨 $< Q <$ 4750 吨 的范围内时，该项目可以盈利。

同时，可求得利润最大时的产量 $Q_{\max} = 3125$ 吨，此时利润额为 1056250 元。

$$E_1 = \frac{1500}{3000} \times 100\% = 50\%$$

查表 4-1 可知，项目的风险等级为低风险。

第二节　敏感性分析法

一、敏感性分析法的概念

敏感性分析法是通过测定主要不确定性因素的变化所导致的项目经济评价指标值的变化幅度，并分析这些因素的变化对经济评价指标值的影响程度，从而确定项目的敏感因素，并判断项目风险性的一种分析方法。

敏感性分析建立在确定性分析的基础上，其主要任务是找出项目的敏感因素，并在此基础上评价单个方案的风险性或进行方案之间的风险性比较，从而为项目决策提供更充分的依据。

影响项目经济评价指标的不确定性因素很多，比如产品价格、原材料成本等。其中，一个较小的变化会引起经济评价指标值较大变化的不确定性因素称为敏感因素；反之，如果某个不确定性因素发生一个较大的变化仅能引起分析指标产生较小的变化，则称为不敏感因素。

二、敏感性分析的作用

敏感性分析的作用是为了提高投资项目经济评价的准确性和可靠性。其作用体现在下述几方面。

(1) 通过敏感性分析来研究相关因素的变动对投资项目经济评价指标值的影响程度，即引起经济评价指标值的变动幅度。

(2) 通过敏感性分析，找出影响投资项目经济评价指标值的敏感因素，并进一步分析与之有关的预测或估算数据可能产生的不确定性。

(3) 通过敏感性分析和对项目不同方案中某关键因素的敏感程度的对比，可区别不同方案对某关键因素的敏感性大小，以便选取对关键因素敏感性小的方案，减小投资项目的风险性。

(4) 通过敏感性分析，可找出投资项目各方案的最好与最坏的经济效果的变化范围，使决策者全面了解投资项目各方案可能出现的经济效果变动情况，以便通过深入分析可能采取的某些有效控制措施，选取最现实的方案或寻找替代方案，以减少或避免不利因素的影响，改善和提高项目的投资效果，为最后确定有效可行的投资方案提供可靠的决策依据。

一般来说，相关因素的不确定性是投资项目具有风险性的根源。但是，各种相关因素的不确定性给投资项目带来的风险程度却是不一样的，一般来说，敏感性大的因素给投资项目可能带来的风险更大。因此，敏感性分析的核心是从诸多的影响因素中找出敏感因素，并设法采取相应的对策和措施对之进行控制，以减少项目的风险。

三、敏感性分析的类型

(一)单因素敏感性分析

单因素敏感性分析是分析单个因素单独变化对项目经济效果指标值的影响程度，并由此评价项目的风险性。也就是说，它在分析某个不确定性因素对项目经济效果指标值的影响时，假设其他因素不变。

单因素敏感性分析计算简单，结果明了，但实际上它是一种理想化了的敏感性分析方法。现实中，许多因素的变动都是具有相关性的，一个因素的变动往往会伴随着其他因素的变动，单纯考虑单个不确定因素的变化对经济效果评价指标的影响不能够真实地反映实际情况，因此，具有一定的局限性。弥补这种不足的方法是进行多因素敏感性分析，这样才能更准确地判断项目的风险情况。

(二)多因素敏感性分析

多因素敏感性分析是指分析多个因素同时变化对项目经济效果指标值的影响程度，并由此评价项目的风险性。

多因素敏感性分析需要考虑多种不确定因素可能发生的不同变动幅度的多种组合，计算起来比单因素敏感性分析要复杂得多，可编制相应程序，运用电子计算机进行计算。在

实践中，一般不进行多因素敏感性分析。

四、单因素敏感性分析的步骤

(一)确定评价指标

由于敏感性分析主要是分析不确定性因素对经济评价指标值的影响程度，所以首先要确定对什么评价指标进行敏感性分析。如第三章所述，项目的经济评价指标有很多，如净现值、内部收益率、投资回收期等，它们都可以作为敏感性分析指标。但是，对于某一个具体的项目而言，没有必要对所有的经济评价指标都做敏感性分析，而且不同的项目有不同的特点和要求，因此，经济评价指标的选择应根据实际需要而定。选择的原则有下述两点。

(1) 敏感性分析的指标应与确定性分析的指标相一致，不应超出确定性评价所用指标的范围另立指标。

(2) 确定性经济评价中所用指标比较多时，应选择最能够反映该项目经济效益、最能够反映该项目经济合理与否的一个或几个最重要的指标作为敏感性分析的对象。一般最常用的敏感性分析的指标是内部收益率和净现值等动态评价指标，此外还可以将投资回收期和投资收益率等静态指标作为分析指标。

(二)选择不确定性因素

从理论上讲，任何一个不确定性因素的变化都会对投资项目的经济效果产生影响，但是在进行敏感性分析时，不可能也没有必要对全部不确定性因素逐个进行分析。在选择需要分析的不确定性因素时，主要应考虑下述各项原则。

(1) 在可能的变化范围内，因素的变化对项目的经济效果影响比较大。

(2) 因素发生变化的可能性比较大，或因素的数据在预测和估算时误差比较大。

对于一般的项目而言，常用作敏感性分析的不确定性因素有总投资额(或建设投资)、建设期、项目寿命期、产量或销售量、产品价格、经营成本、主要原材料价格、基准收益率等。

对于具体的项目来说，还要做具体的选择和考虑。

(三)求敏感度系数和临界点

1. 求因素变动后的评价指标值

假设所选取的不确定性因素变动的变化率为：……±5%，±10%，±15%，……；或……±10%，±20%，±40%，……；等等。首先根据设定的因素变化率，分别求评价指标在某个因素发生一系列变化后的各个值。然后对每个因素重复以上计算，即可得到一系列的经济评价指标值。最后采用敏感性分析表(如表 4-2 所示)和敏感性分析图(如图 4-3 所示)的形式，把不确定性因素的变化与评价指标的对应数量关系反映出来。

表 4-2 敏感性分析表

因　素	变化率						
	−30%	−20%	−10%	0%	+10%	+20%	+30%
因素 1							
因素 2							
...							

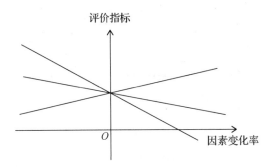

图 4-3 敏感性分析图

2. 求评价指标的敏感度系数

敏感度系数是指项目评价指标的变化率与不确定性因素的变化率之比，其计算公式为：

$$S_{AF} = \frac{\Delta A / A}{\Delta F / F} \qquad (4\text{-}9)$$

式中：S_{AF}——敏感度系数；

$\Delta A / A$——评价指标的变化率，其中 A 和 ΔA 分别表示经济评价指标的基本值和变动值；

$\Delta F / F$——不确定性因素的变化率。

这里的基本值是指在进行确定性评价时的评价指标值，而变动值是指评价指标在基本值的基础上所产生的增量。

3. 求不确定性因素的临界点和临界值

在这里，不确定性因素的临界点是指使项目由可行变为不可行的不确定性因素的变化率，可称为临界变化率。而临界值也就是一般所说的使项目刚好可行时的不确定因素绝对值。如果我们把临界点和临界值用一个统一的符号 x 表示，而评价指标如果采用净现值或内部收益率，则 x 可由下式确定：

$$\text{NPV}(x)=0 \quad \text{或} \quad \text{IRR}(x)=i_0 \qquad (4\text{-}10)$$

最后，将求出的有关数据填入敏感度系数和临界点分析表，格式如表 4-3 所示。

(四)确定敏感因素

前文已对敏感因素做了定性描述，这里进一步采用定量方法确认敏感因素，即

若 $|S_{AF}| \geqslant 1$，则因素为敏感因素；

若 $|S_{AF}| < 1$，则因素为不敏感因素。

技术经济学

同时还需根据敏感度系数绝对值的大小对敏感因素进行排序，并找出最敏感度因素。

表4-3　敏感度系数和临界点分析表

序号	不确定性因素	变化率(%)	内部收益率	敏感度系数	临界点(%)	临 界 值
	基本方案					
1	因素1					
2	因素2					
3	……					

(五)评价项目的风险性

由于敏感因素容易使项目由可行变为不可行，因此，应针对敏感因素进行项目风险的评价，通过进一步的调查分析，估计出敏感因素在未来的可能变动范围，从而对项目的风险性做出更为准确的判断。

如果敏感因素未来的可能变动范围基本上甚至全部超出了其允许变动范围，则项目转变为不可行的可能性比较大，即项目的风险大。相反，如果敏感因素未来的可能变动范围基本上甚至全部不超出其允许变动范围，则项目转变为不可行的可能性比较小，即项目的风险小。

在单因素敏感性分析中，一般不要求评价项目的风险性。

例4-3 某公司欲耗资7.2亿元从其他公司购买一座已投入运营的矿山，其矿石储量约为3亿吨。矿山的产量和销量均为1000万吨/年，年经营成本为3.2亿元，矿石价格估计为60元/吨。为简化问题，假设其他现金流量为0。若公司要求基准收益率为15%，试就矿石储量、投资额和矿石价格这三个不确定性因素进行单因素敏感性分析。

解：

(1) 确定评价指标。

因为净现值的计算相对简单，所以这里选择净现值作为评价指标。

(2) 选择不确定性因素。

根据题意，确定矿石储量、投资额和矿石价格为所要分析的不确定性因素，其变化率分别用 X、Y、Z 表示。

(3) 求敏感度系数和临界点。

① 求矿石储量、投资额和矿石价格发生变化后的净现值。

设矿石储量、投资额和矿石价格分别为不确定性因素时对应的净现值分别为 NPV_1、NPV_2 和 NPV_3(单位：亿元)，则净现值的计算式为：

$$NPV_1 = -7.2 + (0.1 \times 60 - 3.2)[P/A, 15\%, 3 \times (1+X) \div 0.1]$$
$$= -7.2 + 2.8 \times [P/A, 15\%, 30 \times (1+X)]$$
$$NPV_2 = -7.2 \times (1+Y) + 2.8 \times (P/A, 15\%, 30)$$
$$= 11.18 - 7.2Y$$

$NPV_3=-7.2+[0.1\times60\times(1+Z)-3.2](P/A,15\%,30)$

$\qquad =11.18+39.396Z$

令 X、Y、Z 均取值 0、±10%、±20%，得净现值如表 4-4 所示。

表 4-4 某矿山项目的敏感性分析表

单位：亿元

净现值 变化率 因素	−20%	−10%	0	+10%	+20%
矿石储量	10.81	11.04	11.18	11.28	11.34
投资额	12.62	11.90	11.18	10.46	9.74
矿石价格	3.31	7.25	11.18	15.12	19.06

根据表 4-4 中的数据，画出敏感性分析图，如图 4-4 所示。

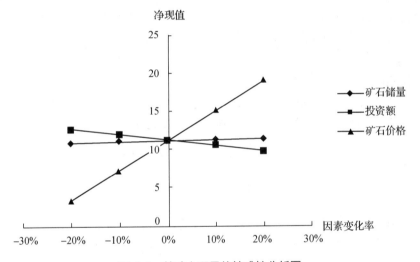

图 4-4 某矿山项目的敏感性分析图

② 求净现值的敏感度系数。

利用公式(4-9)求当矿石储量、投资额和矿石价格三个不确定性因素分别发生 ±10% 的变化时净现值的敏感度系数，以净现值对矿石储量的敏感度系数计算为例：

$$S_{\mathrm{AF1}}=\frac{\Delta A/A}{\Delta F/F}=\frac{\dfrac{11.04-11.18}{11.18}\times100\%}{-10\%}=0.13$$

$$S_{\mathrm{AF2}}=\frac{\Delta A/A}{\Delta F/F}=\frac{\dfrac{11.28-11.18}{11.18}\times100\%}{+10\%}=0.09$$

其余计算过程从略，所有计算结果如表 4-5 所示。

表 4-5　某矿山项目的敏感度系数和临界点分析表

序　号	不确定性因素	变 化 率	净现值(亿元)	敏感度系数	临界点(%)	临 界 值
	基本方案		11.18			
1	矿石储量	-10%	11.04	0.13	-88.35	0.35
		+10%	11.28	0.09		
2	投资额	-10%	11.90	-0.64	155.28	18.38
		+10%	10.46	-0.64		
3	矿石价格	-10%	7.25	3.52	-28.38	42.97
		+10%	15.12	3.52		

③　求不确定性因素的临界点和临界值。

首先，求用变化率表示的临界点，以矿石储量为例(其余因素从略)。

根据 $NPV_1 = -7.2 + 2.8 \times (P/A, 15\%, 30 \times (1+X))$

令 $NPV_1 = 0$，得：$(P/A, 15\%, 30 \times (1+X)) = 2.5714$

为方便起见，令 $n = 30 \times (1+X)$，则有：

$(P/A, 15\%, n) = 2.5714$

查表知，当 $n_1 = 3$，$(P/A, 15\%, 3) = 2.2832$

当 $n_2 = 4$，$(P/A, 15\%, 4) = 2.8550$

用线性内插法可求得当系数 $(P/A, 15\%, n) = 2.5714$ 时 n 的值：

$$n \approx 3 + \frac{4-3}{2.8550 - 2.2832} \times (2.5714 - 2.2832) \approx 3.4952$$

则有 $30(1+X) = 3.4952$

$X \approx -88.35\%$

其次，求用绝对值表示的临界点，以矿石储量为例(其余因素从略)。

令矿石储量为 C，则：

$C = 3 \times (1 - 88.35\%) = 0.3495$(亿吨)

所有临界点计算结果如表 4-5 所示。

(4)　确定敏感因素。

由表 4-5 可以看出，只有矿石价格所对应的敏感度系数的绝对值大于 1，所以矿石价格是唯一的敏感因素，也就是最敏感因素，其他两因素的变化对净现值的影响不大。

例 4-4　某公司拟投资引进一条生产线，估计基建投资 1290 万元，建设期为二年，第一年投资 971 万元，第二年投资 319 万元，第三年和第四年分别需要投入流动资金 240 万元和 60 万元。第三年投产并达到设计生产能力的 80%，第四年达到设计生产能力的 100%。若设计生产能力为 500 吨/年，产品销售价格为 27800 元/吨(含税)，正常生产年份的经营成本、税金及附加分别为 919 万元和 126 万元，公司的基准收益率为 12%。试就建设投资、经营成本和营业收入进行单因素敏感性分析，并进一步说明在未来营业收入很可能下降 7%以上的情况下该项目的风险性。

解：根据题意，绘制现金流量表，如表 4-6 所示。

表 4-6　某生产线引进项目的财务现金流量表

单位：万元

项　目	年　份															
	1	2	3	4	5	6	7	8	9	10	11	12	13	14	15	16
1.现金流入			1112	1390	1390	1390	1390	1390	1390	1390	1390	1390	1390	1390	1390	1750
1.1 营业收入			1112	1390	1390	1390	1390	1390	1390	1390	1390	1390	1390	1390	1390	1390
1.2 回收固定资产余值																60
1.3 回收流动资金																300
2.现金流出	971	319	1100	1105	1045	1045	1045	1045	1045	1045	1045	1045	1045	1045	1045	1045
2.1 建设投资	971	319														
2.2 流动资金			240	60												
2.3 经营成本			759	919	919	919	919	919	919	919	919	919	919	919	919	919
2.4 税金及附加			101	126	126	126	126	126	126	126	126	126	126	126	126	126
3.净现金流量	-971	-319	12	285	345	345	345	345	345	345	345	345	345	345	345	705

(1)　确定评价指标。

这里取内部收益率作为评价指标。

(2)　选择不确定性因素。

根据题意，选择建设投资、经营成本和营业收入为不确定性因素，其变化率分别用 α、β 和 γ 表示。

(3)　求敏感度系数和临界点。

①　求建设投资、经营成本和营业收入发生变化后的内部收益率。

设建设投资、经营成本和营业收入为不确定性因素时的净现值分别记为 NPV_1、NPV_2、NPV_3，内部收益率分别记为 IRR_1、IRR_2、IRR_3，则各净现值的计算表达式分别为：

$NPV_1 = -971(1+\alpha)(P/F,IRR_1,1) - 319(1+\alpha)(P/F,IRR_1,2) + 12(P/F,IRR_1,3)$

$\quad\quad + 285(P/F,IRR_1,4) + 345(P/A,IRR_1,12)(P/F,IRR_1,4) + 360(P/F,IRR_1,16)$

$NPV_2 = -971(P/F,IRR_2,1) - 319(P/F,IRR_2,2) + [771-759(1+\beta)](P/F,IRR_2,3) + [1204-919(1+\beta)]$

$\quad\quad (P/F,IRR_2,4) + [1264-919(1+\beta)](P/A,IRR_2,12)(P/F,IRR,4) + 360(P/F,IRR_2,16)$

$NPV_3 = -971(P/F,IRR_3,1) - 319(P/F,IRR_3,2) + [1112(1+\gamma) - 1100](P/F,IRR_3,3)$

$\quad\quad + [1390(1+\gamma) - 1105](P/F,IRR_3,4) + [1390(1+\gamma) - 1045](P/A,IRR_3,12)(P/F,IRR_3,4)$

$\quad\quad + 360(P/F,IRR_3,16)$

取因素的变化率为：-20%，-10%，0，$+10\%$，$+20\%$，可求得相应的内部收益率，如表 4-7 所示。

根据敏感性分析表 4-7 绘制敏感性分析图，如图 4-5 所示。

表 4-7　某生产线引进项目的敏感性分析表

内部收益率(%)　变化率 因素	−20%	−10%	0	+10%	+20%
建设投资	21.65	19.51	17.69	16.10	14.70
经营成本	27.36	22.71	17.69	12.14	5.77
营业收入	−2.26	9.03	17.69	25.09	31.76

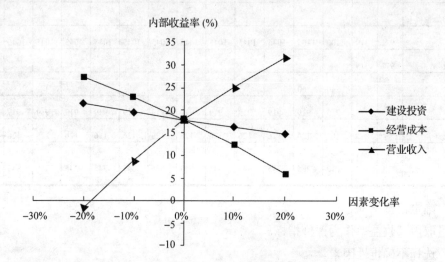

图 4-5　某生产线引进项目的敏感性分析图

② 求内部收益率的敏感度系数。

利用公式(4-9)求当建设投资、经营成本和营业收入三个不确定性因素分别发生±10%的变化时内部收益率的敏感度系数，以内部收益率对建设投资的敏感度系数计算为例：

$$S_{AF1} = \frac{\Delta A / A}{\Delta F / F} = \frac{\dfrac{19.51\% - 17.69\%}{17.69\%} \times 100\%}{-10\%} = -1.03$$

$$S_{AF2} = \frac{\Delta A / A}{\Delta F / F} = \frac{\dfrac{16.10\% - 17.69\%}{17.69\%} \times 100\%}{+10\%} = -0.90$$

其余计算过程从略，所有计算结果如表 4-8 所示。

③ 求不确定性因素的临界点和临界值。

首先，求用变化率表示的临界点。

在净现值 NPV_1、NPV_2、NPV_3 的计算表达式中，令 $NPV=0$、$IRR=12\%$，可求得各因素的临界点。分别令

$NPV_1 = -971(1+\alpha)(P/F,12\%,1) - 319(1+\alpha)(P/F,12\%,2) + 12(P/F,12\%,3) + 285(P/F,12\%,4)$
$\qquad + 345(P/A,12\%,12)(P/F,12\%,4) + 360(P/F,12\%,16) = 0$

$NPV_2 = -971(P/F,12\%,1) - 319(P/F,12\%,2) + [771-759(1+\beta)](P/F,12\%,3) + [1204-919(1+\beta)]$
$\qquad (P/F,12\%,4) + [1264-919(1+\beta)](P/A,12\%,12)(P/F,12\%,4) + 360(P/F,12\%,16) = 0$

$\text{NPV}_3 = -971(P/F,12\%,1) - 319(P/F,12\%,2) + [1112(1+\gamma) - 1100](P/F,12\%,3)$

$\qquad + [1390(1+\gamma) - 1105](P/F,12\%,4) + [1390(1+\gamma) - 1045](P/A,12\%,12)(P/F,12\%,4)$

$\qquad + 360(P/F,12\%,16) = 0$

分别求得 $\alpha = 43.28\%$，$\beta = 10.23\%$，$\gamma = -6.79\%$。

这表明，建设投资的最大允许增长率为 43.16%，经营成本的最大允许增长率为 10.20%，而营业收入的最大允许下降率为 6.79%。

其次，求用绝对值表示的临界点。

建设投资的临界值 $= (971 + 319) \times (1 + 43.16\%) = 1848.31$(万元)

经营成本的临界值 $= 919 \times (1 + 10.23\%) = 1013.01$(万元)

营业收入的临界值 $= 1390 \times (1 - 6.79\%) = 1295.62$(万元)

表 4-8　某生产线引进项目的敏感度系数和临界点分析表

序　号	不确定性因素	变化率	内部收益率(%)	敏感度系数	临界点(%)	临界值(万元)
	基本方案		17.69			
1	建设投资	−10%	19.51	−1.03	43.28	1848.31
		+10%	16.10	−0.90		
2	经营成本	−10%	22.71	−2.84	10.23	1013.01
		+10%	12.14	−3.14		
3	营业收入	−10%	9.03	4.90	−6.79	1295.62
		+10%	25.09	4.18		

(4) 确定敏感因素。

由表 4-8 可以看出，经营成本和营业收入所对应的敏感度系数绝对值大于 1，因此经营成本和营业收入是敏感因素，其中营业收入是最敏感因素，其次是经营成本，而建设投资是不怎么敏感的因素。

(5) 评价项目的风险性。

由于营业收入的最大允许下降率为 6.79%，而预测未来营业收入很可能下降 7%以上，这将导致项目不可行，因而项目的风险很大。因此，建议在项目经营期间要严格控制销售收入的下降：一方面要加强营销，扩大销量；另一方面，要争取有利的销售价格。

例 4-5　数据同例 4-4，若评价指标取净现值，试进行单因素敏感性分析。

解：

(1) 确定评价指标为净现值。

(2) 取建设投资、经营成本和营业收入为不确定性因素，其变化率分别用 α、β 和 γ 表示。

(3) 求敏感度系数和临界点。

① 求建设投资、经营成本和营业收入发生变化后的净现值。

设建设投资、经营成本和营业收入为不确定性因素时的净现值分别记为 NPV_1、NPV_2、NPV_3，其计算表达式分别为：

$\text{NPV}_1 = -971(1+\alpha)(P/F,12\%,1) - 319(1+\alpha)(P/F,12\%,2) + 12(P/F,12\%,3)$

$\qquad + 285(P/F,12\%,4) + 345(P/A,12\%,12)(P/F,12\%,4) + 360(P/F,12\%,16)$

$NPV_2 = -971(P/F,12\%,1) - 319(P/F,12\%,2) + [771 - 759(1+\beta)](P/F,12\%,3) + [1204 - 919(1+\beta)]$
$(P/F,12\%,4) + [1264 - 919(1+\beta)](P/A,12\%,12)(P/F,12\%,4) + 360(P/F,12\%,16)$

$NPV_3 = -971(P/F,12\%,1) - 319(P/F,12\%,2) + [1112(1+\gamma) - 1100](P/F,12\%,3)$
$+ [1390(1+\gamma) - 1105](P/F,12\%,4) + [1390(1+\gamma) - 1045](P/A,12\%,12)(P/F,12\%,4)$
$+ 360(P/F,12\%,16)$

取因素的变化率为 -20%，-10%，0，$+10\%$，$+20\%$，可求得相应的净现值，如表 4-9 所示。

表 4-9　某生产线引进项目的敏感性分析表

单位：万元

净现值　变化率　因素	-20%	-10%	0	+10%	+20%
建设投资	709.51	597.39	485.26	373.13	261.00
经营成本	1433.67	959.46	485.26	11.05	-463.15
营业收入	-944.10	-229.42	485.26	1199.94	1914.62

根据敏感性分析表 4-9 绘制敏感性分析图，如图 4-6 所示。

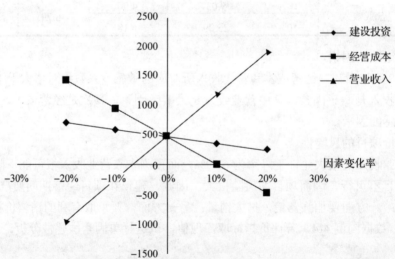

图 4-6　某生产线引进项目的敏感性分析图

② 求净现值的敏感度系数。

利用公式(4-9)求当建设投资、经营成本和营业收入三个不确定性因素分别发生±10%的变化时净现值的敏感度系数，以净现值对建设投资的敏感度系数计算为例：

$$S_{\mathrm{AF1}} = \frac{\Delta A / A}{\Delta F / F} = \frac{\dfrac{597.39 - 485.26}{485.26} \times 100\%}{-10\%} = -2.31$$

$$S_{\mathrm{AF2}} = \frac{\Delta A / A}{\Delta F / F} = \frac{\dfrac{373.13 - 485.26}{485.26} \times 100\%}{+10\%} = -2.31$$

其余计算过程从略，所有计算结果如表 4-10 所示。

表 4-10　某生产线引进项目的敏感度系数和临界点分析表

序号	不确定性因素	变化率	净现值(万元)	敏感度系数	临界点(%)	临界值(万元)
	基本方案		485.26			
1	建设投资	−10%	597.39	−2.31	43.28	1848.31
		+10%	373.13	−2.31		
2	经营成本	−10%	959.46	−9.77	10.23	1013.01
		+10%	11.05	−9.77		
3	营业收入	−10%	−229.42	14.73	-6.79	1295.62
		+10%	1199.94	14.73		

③　求不确定性因素的临界点。

首先，求用变化率表示的临界点。

在净现值 NPV_1、NPV_2、NPV_3 的计算表达式中，令 $\mathrm{NPV}=0$，可求得各因素的临界点。分别令：

$\mathrm{NPV}_1 = -971(1+\alpha)(P/F,12\%,1) - 319(1+\alpha)(P/F,12\%,2) + 12(P/F,12\%,3) + 285(P/F,12\%,4)$
$\quad + 345(P/A,12\%,12)(P/F,12\%,4) + 360(P/F,12\%,16) = 0$

$\mathrm{NPV}_2 = -971(P/F,12\%,1) - 319(P/F,12\%,2) + [771-759(1+\beta)](P/F,12\%,3) + [1204-919(1+\beta)]$
$\quad (P/F,12\%,4) + [1264-919(1+\beta)](P/A,12\%,12)(P/F,12\%,4) + 360(P/F,12\%,16) = 0$

$\mathrm{NPV}_3 = -971(P/F,12\%,1) - 319(P/F,12\%,2) + [1112(1+\gamma)-1100](P/F,12\%,3)$
$\quad + [1390(1+\gamma)-1105](P/F,12\%,4) + [1390(1+\gamma)-1045](P/A,12\%,12)(P/F,12\%,4)$
$\quad + 360(P/F,12\%,16) = 0$

分别求得 $\alpha=43.28\%$，$\beta=10.23\%$，$\gamma=-6.79\%$。

其次，求用绝对值表示的临界点。

建设投资的临界值=(971+319)×(1+43.28%)=1848.31(万元)

经营成本的临界值=919×(1+10.23%)=1013.01(万元)

营业收入的临界值=1390×(1-6.79%)=1295.62(万元)

(4)　确定敏感因素。

由表 4-10 可以看出，建设投资、经营成本和营业收入所对应的敏感度系数绝对值均大于 1，因而它们都是敏感性因素，其中营业收入是最敏感因素，其次是经营成本，最后是建设投资。

(5)　评价项目的风险性。

由于营业收入的最大允许下降率为 6.79%，而预测未来营业收入很可能下降 7% 以上，这将导致项目不可行，因而项目的风险很大。

由例 4-4 和例 4-5 可以看出，对于同一个项目，采用不同的评价指标进行敏感性分析，

所得出的关于评价指标对不确定性因素的敏感性是一致的，而各因素的临界点是完全相同的，项目风险性的结论也是相同的，因而无论选取哪个评价指标都没有多大区别。

第三节 概率分析法

一、概率分析法的概念

概率分析法是通过研究不确定性因素的概率分布及其对项目经济效果的影响，并对经济效果指标进行某种概率描述，从而对项目的风险情况做出比较准确的判断的一种分析方法。其基本原理是假设不确定性因素是服从某种概率分布的随机变量，因而投资项目的经济评价指标作为不确定性因素的函数必然是一个随机变量。通过分析这些不确定性因素的变化规律及其与项目经济效果的关系，就可以更全面地了解项目的风险，从而为项目的投资决策提供更可靠的依据。

概率分析法一般是通过计算项目净现值的期望值及净现值大于或等于零的概率来评价项目的风险性，累计概率越大，说明项目的风险越小。也可通过模拟法测算项目经济效果评价指标(如内部收益率)的概率分布来评价项目的风险性。

由于确定不确定性因素的概率分布是很复杂和困难的，往往会受到主客观因素的影响，需要积累大量的资料和进行专门研究才能减少这种影响。因而，在项目经济评价中不要求一律进行概率分析。根据项目特点和实际需要，有条件时应进行概率分析。

二、概率分析的基本步骤

这里介绍以净现值为评价指标的概率分析步骤。

(一)列出应分析的不确定性因素

原则上讲，应分析的不确定性因素应包括所有不确定性因素，但考虑到计算量太大也没有必要，因此，一般选择那些在计算期内可能发生较大变化的因素作为概率分析中的不确定性因素，相应的变量记为 X。

(二)找出不确定性因素的概率分布

随机变量的概率分布可分为离散型概率分布和连续型概率分布。

1. 离散型概率分布

当随机变量为离散型随机变量时，其概率分布称为离散型概率分布，如表 4-11 所示。

表 4-11　离散型概率分布

X	X_1	X_2	...	X_n
p_k	p_{k1}	p_{k2}	...	p_{kn}

注：X—随机变量，p_k—随机变量的概率。

2. 连续型概率分布

当随机变量为连续型随机变量时，其概率分布称为连续型概率分布。常见的连续型概率分布有正态分布、三角分布、β 分布、阶梯分布、梯形分布和直线分布。

经济变量通常呈正态分布，即 $X \sim N(\mu, \sigma^2)$，其概率密度函数为：

$$f(x) = \frac{1}{\sqrt{2\pi}\sigma} e^{-\frac{(x-\mu)^2}{2\sigma^2}} \qquad (4\text{-}11)$$

确定概率分布的方法有德尔菲(Delphi)法和历史数据推定法。

(三)求各种事件的净现值

这里所谓的事件是指由所分析的所有不确定性因素的一种状态所构成的一个状态组合。在这里，需要求出每一个事件的评价指标(Y)及其发生的概率，并求该项目(或方案)评价指标的期望值，并编制净现值计算表，如表 4-12 所示。

表 4-12　各事件的评价指标值计算表

事件	因素 1	因素 2	…	事件概率	评价指标值	加权评价指标值
1				p_{k1}	y_1	$p_{k1}{}^*y_1$
2				p_{k2}	y_2	$p_{k2}{}^*y_2$
…	…	…	…	…	…	…
n				p_{kn}	y_n	$p_{kn}{}^*y_n$
合计	—	—	—	1	—	Σ

(四)求评价指标值处于某区间的概率

1. 离散型随机变量(Y)发生的概率

所有取值可以一一列出的随机变量称为离散型随机变量。

离散型随机变量(Y)的分布函数为：

$$F(y) = P(Y \leqslant y) = \begin{cases} 0, & y < y_1 \\ p_{k1}, & y_1 \leqslant y < y_2 \\ p_{k1} + p_{k2}, & y_2 \leqslant y < y_3 \\ \cdots \\ p_{k1} + \cdots + p_{kn}, & y \geqslant y_n \end{cases} \qquad (4\text{-}12)$$

依据此分布函数，可直接求得评价指标 Y 大于或等于 y 的概率：

$$P(Y \geqslant y) = 1 - P(Y \leqslant y) + P(Y = y) \qquad (4\text{-}13)$$

实践中，我们可以通过编制累计概率表来求 $P(Y \leqslant y)$，如表 4-13 所示。

表 4-13 中的累计概率 p_i ($i=1,2,\cdots,n$，表示项目事件的序号数)即为项目的风险概率 $P(Y \leqslant y_i)$。同时，由于 $P(y_i < Y < y_{i+1}) = 0$，因此，项目风险概率 $P(Y < y_{i+1})$ 的值也等于 p_i。项目的所有风险概率值如表 4-14 所示。

表 4-13　评价指标 Y 的累计概率表

事　件	评价指标值	事件概率	累计概率
1	y_1(最小)	p_{k1}	$p_1(=p_{k1})$
2	y_2	p_{k2}	$p_2(=p_{k1}+p_{k2})$
…	…	…	…
n	y_n (最大)	p_{kn}	$p_n(=p_{k1}+p_{k2}+\cdots+p_{kn})$

表 4-14　项目的风险概率表

事　件	评价指标值	累计概率	项目的风险概率 $P(Y \leqslant y)$
无	无	0	$P(Y < y_1) = 0$
1	y_1	p_1	$P(Y \leqslant y_1) = p_1$ $P(Y < y_2) = p_1$
2	y_2	p_2	$P(Y \leqslant y_2) = p_2$ $P(Y < y_3) = p_2$
…	…	…	…
n	y_n	p_n	$P(Y \leqslant y_n) = p_n$

在进行项目评价时，只要查项目的风险概率表即可得到所要求解的风险概率值。

例 4-6　某公司拟投资生产某种产品，该产品未来的市场价格估计为 400 元/吨。经研究决定，产品的生产规模为 100 万吨/年，估计相应的年经营成本为 3.1 亿元，其他现金流量为 0。而发生在 0 时刻的一次性投资额存在着不确定性，其概率分布如表 4-15 所示。项目第 1 年开始正常运营，项目的寿命期设计为 20 年。项目的基准收益率为 12%，若投资额为离散型随机变量，求项目的净现值大于等于 0 的概率。

表 4-15　某项目投资额的概率分布表

投资额(亿元)	5.5	6.0	6.5	7.0	7.5
概率	0.1	0.2	0.35	0.25	0.10

解：

第一步，求各事件的净现值。

项目各事件的现金流量和概率如表 4-16 所示。

根据表 4-16 的现金流量数据可求得各事件的净现值如下：

$NPV_1 = -5.5 + (400 \times 100/10000 - 3.1)(P/A,12\%,20) = 1.2225$

$NPV_2 = -6 + (4-3.1)(P/A,12\%,20) = 0.7225$

$NPV_3 = -6.5 + (4-3.1)(P/A,12\%,20) = 0.2225$

$NPV_4 = -7 + (4-3.1)(P/A,12\%,20) = -0.2775$

$NPV_5 = -7.5 + (4-3.1)(P/A,12\%,20) = -0.7775$

由于项目净现值的期望值为 0.1975 亿元，所以该项目可行。

表 4-16　某项目的净现值计算表

事　件	投资额 (亿元)	年营业收入 (亿元)	年经营成本 (亿元)	事件概率	净现值 (亿元)	加权净现值 (亿元)
1	5.5	4	3.1	0.1	1.2225	0.1222
2	6	4	3.1	0.2	0.7225	0.1445
3	6.5	4	3.1	0.35	0.2225	0.0779
4	7	4	3.1	0.25	−0.2775	−0.0694
5	7.5	4	3.1	0.1	−0.7775	−0.0778
合计				1.0		0.1975

第二步，求净现值大于或等于 0 的概率。

首先，编制净现值的概率分布表，如表 4-17 所示。

表 4-17　某项目净现值的概率分布表

事　件	净现值(亿元)	事件概率
5	−0.7775	0.1
4	−0.2775	0.25
3	0.2225	0.35
2	0.7225	0.2
1	1.2225	0.1

然后，编制净现值累计概率表，如表 4-18 所示。

表 4-18　净现值累计概率表

事　件	净现值(亿元)	事件概率	累计概率
5	−0.7775	0.1	0.1
4	−0.2775	0.25	0.35
3	0.2225	0.35	0.7
2	0.7225	0.2	0.9
1	1.2225	0.1	1.0

因为投资额为离散型随机变量，根据表 4-14 可知，净现值小于或等于 0 的概率为 0.35，则净现值大于或等于 0 的概率为：

$$P(\text{NPV} \geqslant 0) = 1 - P(\text{NPV} \leqslant 0) + P(\text{NPV} = 0)$$
$$= 1 - 0.35 + 0$$
$$= 0.65$$

2. 信息有限情况下连续型随机变量(Y)发生的概率

这里所说的信息有限是指对连续型随机变量的概率分布无法确定，只能掌握该随机变量有限个取值及其大致概率的一种情况。在这种情况下，姑且把它当作离散型随机变量看待，并用线性内插法求其大致的概率。

为此，需要在评价指标 Y 的累计概率表(见表 4-13)的基础上绘制 Y 的累计概率图，如图 4-7 所示。

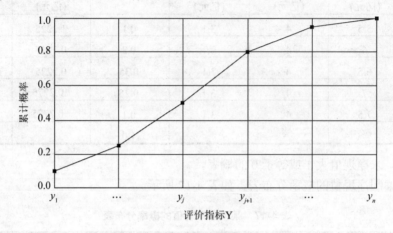

图 4-7 评价指标 Y 的累计概率图

然后运用线性内插法求 Y 小于或等于 y 的概率 $P(Y \leqslant y)$。假设 $y_j < y < y_{j+1}$，则根据图 4-7 中两点 $A(y_j, p_j)$、$B(y_{j+1}, p_{j+1})$ 的坐标值构造如下的直线方程 $p = f(y)$：

$$p = p_j + \frac{p_{j+1} - p_j}{y_{j+1} - y_j}(y - y_j) \tag{4-14}$$

将某个指定的 y 值代入上式即可得到对应的纵坐标值 p，可将此值作为项目风险概率 $P(Y \leqslant y)$ 的近似值，即：

$$P(Y \leqslant y) \approx p_j + \frac{p_{j+1} - p_j}{y_{j+1} - y_j}(y - y_j) \tag{4-15}$$

与离散型随机变量的情况一样，Y 大于或等于 y 的概率为：

$$P(Y \geqslant y) = 1 - P(Y \leqslant y) + P(Y = y)$$

需要指出的是，对于连续型随机变量 Y，其取任一指定实数值 y 的概率为零，即 $P(Y = y) = 0$。因此，上式简化为：

$$P(Y \geqslant y) = 1 - P(Y \leqslant y) \tag{4-16}$$

例 4-7 数据同例 4-6，假设项目的投资额为连续型随机变量，求项目净现值大于或等于 0 的概率。

解： 第一步，根据表 4-18 的数据绘制净现值的累计概率图，如图 4-8 所示。

第二步，求净现值大于或等于零的累计概率。

用线性内插法可求得净现值小于或等于零的累计概率近似值为：

$$P(\text{NPV} \leqslant 0) \approx p_3 + \frac{p_4 - p_3}{\text{NPV}_4 - \text{NPV}_3}(0 - \text{NPV}_3)$$

$$= 0.7 + \frac{0.35 - 0.7}{-0.2775 - 0.2225} \times (0 - 0.2225)$$

$$= 0.5443$$

则净现值大于或等于零的概率为：

$$P(\text{NPV} \geqslant 0) = 1 - P(\text{NPV} \leqslant 0)$$
$$= 1 - 0.5443$$
$$= 0.4557$$

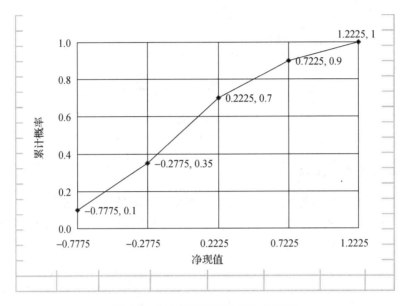

图 4-8　某项目净现值的累计概率图

3. 信息充分情况下连续型随机变量(Y)发生的概率

这里所谓的信息充分是指掌握了连续型随机变量的足够数据，可以用统计学的分析方法得出该连续型随机变量的概率密度函数。这时只要运用分布函数就可求得项目的风险概率值。

这里仅讨论随机变量呈正态分布的情况。若 Y 呈正态分布，则 Y 的分布函数为：

$$F(y) = \frac{1}{\sqrt{2\pi}\sigma} \int_{-\infty}^{y} e^{-\frac{(t-\mu)^2}{2\sigma^2}} dt$$

令 $u = \dfrac{t-\mu}{\sigma}$，得（根据上述分布函数知：$t$ 的上限值为 y，则令 $t=y$，得 u 的上限值为：

$u = \dfrac{y-\mu}{\sigma}$）

$$F(y) = P(Y \leqslant y) = \frac{1}{\sqrt{2\pi}} \int_{-\infty}^{\frac{y-\mu}{\sigma}} e^{-\frac{u^2}{2\sigma^2}} du = \Phi\left(\frac{y-\mu}{\sigma}\right) \tag{4-17}$$

同样可以根据公式(4-16)求概率 $P(Y \geqslant y)$ 的值。

例 4-8　某项目的净现值服从均值为 0.2225 亿元、标准差为 0.7906 亿元的正态分布，试求：(1)净现值大于或等于 0 的概率；(2)净现值大于 1 亿元的概率。

解：(1) 求净现值大于等于 0 的概率：

$$P(\text{NPV} \geqslant 0) = 1 - P(\text{NPV} \leqslant 0) + P(Y = 0)$$
$$= 1 - \varPhi\left(\frac{0 - 0.2225}{0.7906}\right) + 0$$
$$= 1 - \varPhi(-0.28)$$
$$= \varPhi(0.28)$$
$$= 0.6103$$

(2) 求净现值大于 1 亿元的概率:
$$P(\text{NPV} > 1) = 1 - P(\text{NPV} \leqslant 1)$$
$$= 1 - \varPhi\left(\frac{1 - 0.2225}{0.7906}\right)$$
$$= 1 - \varPhi(0.98)$$
$$= 0.1635$$

(五)评判项目的风险性

根据项目评价指标值超过临界值的概率值即可判断项目的风险大小。以净现值指标为例,可根据净现值大于或等于 0 的概率值来划分项目的风险等级,表 4-19 的等级划分标准可供参考。

表 4-19　项目风险等级划分表

概率(NPV≥0)	[0, 0.60]	(0.60, 0.70]	(0.70, 0.80]	(0.80, 0.90]	(0.9, 1.00]
风险程度	高风险	较高风险	中等风险	较低风险	低风险

例 4-9　项目 0 时刻的投资额、经营期各年的净现金流量均为不确定性因素,它们的概率分布如表 4-20 所示,项目的寿命期为 10 年。假设投资额与净现金流量为相互独立的随机变量,基准收益率为 10%,试进行概率分析。

表 4-20　不确定性因素的概率分布

项　目	因　素						
	0 时刻投资额			年净现金流量(t=1～10)			
现金流量(万元)	120	150	175	20	28	33	36
概率	0.3	0.5	0.2	0.25	0.4	0.2	0.15

解:

(1) 求各事件的净现值。

首先根据投资额和净现金流量这两个不确定性因素构造各种可能的事件,共计 12 个,然后求出各事件的净现值,结果如表 4-21 所示。由该表可知,项目净现值的期望值为 27.28 万元,所以该项目可行。

(2) 求净现值的累计概率。

净现值的累计概率如表 4-22 所示,净现值的累计概率图如图 4-9 所示。

表 4-21 各事件的净现值表

事 件	投资额(万元)	净现金流量(万元)	概率	净现值(万元)	加权净现值(万元)
1	175	20	0.05	−52.11	−2.61
2	150	20	0.125	−27.11	−3.39
3	175	28	0.08	−2.95	−0.24
4	120	20	0.075	2.89	0.22
5	150	28	0.2	22.05	4.41
6	175	33	0.04	27.77	1.11
7	175	36	0.03	46.20	1.39
8	120	28	0.12	52.05	6.25
9	150	33	0.1	52.77	5.28
10	150	36	0.075	71.20	5.34
11	120	33	0.06	82.77	4.97
12	120	36	0.045	101.20	4.55
合计			1		27.28

表 4-22 净现值的累计概率表

事 件	净现值(万元)	概 率	累计概率
1	−52.11	0.05	0.050
2	−27.11	0.125	0.175
3	−2.95	0.08	0.255
4	2.89	0.075	0.330
5	22.05	0.20	0.530
6	27.77	0.04	0.570
7	46.20	0.03	0.600
8	52.05	0.12	0.720
9	52.77	0.10	0.820
10	71.20	0.075	0.895
11	82.77	0.06	0.955
12	101.20	0.045	1.000

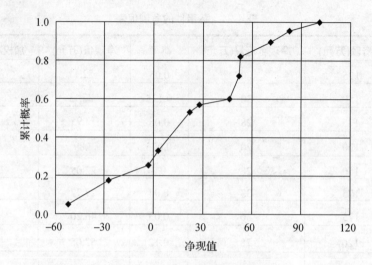

图 4-9　净现值的累计概率图

(3) 求净现值大于或等于 0 的累计概率。

用线性内插法求得项目净现值小于或等于 0 的累计概率为：

$$P(\mathrm{NPV} \leqslant 0) \approx p_3 + \frac{p_4 - p_3}{\mathrm{NPV}_4 - \mathrm{NPV}_3}(0 - \mathrm{NPV}_3)$$

$$= 0.255 + \frac{0.330 - 0.255}{2.89 - (-2.95)} \times (0 - (-2.95))$$

$$\approx 0.2929$$

因此，净现值大于或等于 0 的概率为：

$$P(\mathrm{NPV} \geqslant 0) = 1 - 0.2929 = 0.7071$$

(4) 评判项目的风险性。

由于净现值大于或等于 0 的概率为 0.7071，可见该项目的风险属中等。

本 章 小 结

(1) 项目所处的客观环境不可能是一成不变的，总有一些因素存在着不确定性。而由于这些不确定性因素的存在，致使拟投资的项目存在着一定的风险性。因此，在对项目进行确定性评价的基础上，还必须进行不确定性评价，以预测项目存在的风险性，从而提高投资决策的可靠性和项目的风险防范能力。

(2) 盈亏平衡分析是通过分析投资项目的产品产量(销售量)、成本和利润之间的关系，找出项目盈利与亏损达到平衡时的产(销)量，进而判断项目的风险大小和抗风险能力。一般可通过盈亏平衡点的生产能力利用率指标值来反映项目的风险性。盈亏平衡分析包括线性盈亏平衡分析和非线性盈亏平衡分析。

(3) 敏感性分析是通过测定主要不确定性因素的变化所导致的项目经济效果的变化幅度，分析这些因素的变化对预期经济效果的影响程度，从而判断项目对外部条件变化的承受能力和风险性。敏感性分析的重要内容就是确定敏感因素，可采用绝对测定法和相对测定法。敏感性分析包括单因素敏感性分析和多因素敏感性分析，一般只进行单因素敏感性分析。

(4)　概率分析是通过研究各种不确定性因素发生变化的概率分布及其对项目经济效果评价指标的影响，从而对项目的风险情况做出比较准确的判断。概率分析主要是通过分析项目的经济效果达到某种标准或要求的可能性来确定项目的风险性。

习　题　四

1.　为什么要进行不确定性分析？

2.　投资项目的不确定性因素有哪些？

3.　盈亏平衡分析的作用是什么？它存在哪些不足？

4.　敏感性分析的目的是什么？如何确定敏感因素？敏感性分析能否确定项目的风险性？

5.　概率分析法的优点是什么？在实际应用中存在什么问题或不足？

6.　某项目的设计生产能力为 6 万件，年固定成本总额为 20 万元，单位产品变动成本为 15 元，产品不含(增值)税价格为 20 元/件，假设税金为 0，附加费为 5 万元，试用盈亏平衡分析法评价该项目的风险性。

7.　某项目的产品不含(增值)税价格为 10 元/吨，年总成本 y(单位：元)是年产销量 x(单位：吨)的函数，其函数式为 $y=8000+6x$，税金及附加总额为 $T=1.7x$ 万元，用盈亏平衡分析法评价该项目的风险性。

8.　某项目期初总投资 1200 万元，年产销量为 10 万台，产品不含(增值)税价格为 35 元/台，年经营成本为 120 万元，增值税为 17 万元，城市维护建设税税率为 7%，教育费附加率为 3%，寿命期为 10 年，固定资产余值为 80 万元。设基准收益率为 10%，试就投资额、产品价格、年经营成本进行单因素敏感性分析。

9.　某项目 0 时刻投资 20 万元，第一年投产并达到设计生产能力，寿命 5 年。其各年年末的净现金流量存在着不确定性，其概率分布如表 4-23 所示。

表 4-23　年净现金流量的概率分布表

现金流量(万元)	5	6	7	8
概率	0.3	0.4	0.2	0.1

设基准收益率为 10%，试进行概率分析。

10.　某项目在建设期初一次性投资 120 万元，建设期 1 年，投产的第 1 年可达到设计生产能力，生产经营期为 9 年。由于受市场的影响，每年的营业收入和经营成本存在着不确定性，其概率分布如表 4-24 所示。

技术经济学

表 4-24　不确定性因素的概率分布表

项　目	因　素					
	年营业收入			年经营成本		
现金流量(万元)	70	80	90	40	50	60
概率	0.2	0.6	0.2	0.15	0.7	0.15

不计税金，设基准收益率为 12%，试进行概率分析。

第五章　投资项目的财务评价

本章教学目标

通过本章的教学，使学生了解投资项目财务评价的概念、目的和内容，充分认识和理解财务评价的现金流量构成、财务评价报表的结构和财务评价指标体系，初步掌握编制财务评价报表的基本技能，熟练掌握利用财务评价报表的数据进行财务评价指标计算的技能。重点掌握新设法人项目财务评价的相关内容。

第一节　投资项目财务评价概述

一、投资项目财务评价的概念

财务评价又称财务分析、企业经济评价，它是按照国内现行市场价格和国家现行财税制度，从企业的角度分析测算项目的效益和费用等财务预测数据，编制财务报表，计算评价指标，考察项目在财务上的盈利能力、债务的清偿能力及财务生存能力，据以判断项目的财务可行性的一项研究工作。这是项目经济评价的第一步，也是项目可行性研究的核心内容，它能初步考察工程项目投资的可靠性和可接受的前景，作为决定建设项目投资命运的重要决策依据。

凡事需要进行可行性研究的项目，都必须进行财务评价。项目财务评价无论是对投资主体，还是对项目发放贷款的银行等金融机构，都是十分重要的，成为投资主体投资决策和金融机构放贷决策工作的重要内容。

二、投资项目财务评价的目的

项目的财务评价无论是对项目投资主体，还是对为项目建设和生产经营提供资金的其他机构或个人，均具有十分重要的意义，其目的主要表现在以下三个方面。

(一)为项目的利益相关者提供决策依据

项目能否达到国家规定的基准收益率，项目投资的主体能否取得预期的投资效益，项目债权人权益是否有保障等，是项目投资者、债权人，以及国家、地方各级决策部门、财政部门共同关心的问题。财务评价主要提供以下决策依据。

1. 为项目的投资者提供投资决策依据

通过财务评价，从国家及各投资主体角度出发，分析投资的财务经济效果，从而判明所有投资者、投资各方所能获得的实际利益，从而为是否进行项目投资提供科学的决策依据。

2. 为项目的债权人提供决策依据

对于向项目贷款的银行等债权人来说，通过财务评价，掌握项目投产后的实际财务状况，可以确定项目接受贷款的可靠程度，判断项目的贷款偿还能力，从而为债权人做出是否给项目贷款，以及贷款方式和条件等方面决策的依据。

(二)为项目制定适宜的资金规划

资金是项目实施的必要条件。通过财务评价确定项目实施所需要的资金数量，然后根据项目的进度要求和资金的可能来源，安排恰当的用款计划及选择适宜的筹资方案，都是财务评价需要解决的问题。项目的管理者依据财务评价做出的资金使用计划与筹资方案组织资金的供应，以保证项目所需的资金能及时到位，从而确保项目的建设及可持续发展。

(三)为协调企业利益与国家利益提供依据

有些投资项目是国计民生所急需的，其国民经济评价结论好，但财务评价不可行。为了使这些项目具有财务生存能力，国家需要用经济手段予以调节。财务分析可以通过考察有关经济参数(如价格、税收、利率等)变动对分析结果的影响，寻找经济调节的方式和幅度，使企业利益与国家利益趋于一致。

三、投资项目财务评价的内容

投资项目财务评价的内容主要包括下述四个方面。

(一)财务盈利能力分析

财务盈利能力分析主要是考察投资项目的盈利水平，财务盈利水平能否达到投资者设定的目标值或国家规定的基准值是决定项目存在与否的最基本条件。因此，财务盈利能力分析是财务评价的最主要内容。

(二)偿债能力分析

项目偿债能力分析主要是考察项目计算期内各年的财务状况及偿债能力。投资项目所需要的资金来源除了投资者的自有资金外，一般还需要借入一定数量的资金，而这部分资金是要偿还的。因此，不仅投资者要关心偿债能力，而且债权人更加关心偿债能力，只有项目具有较好的偿债能力，债权人才有可能向投资者提供项目所缺的资金。可见，偿债能力分析也是财务评价的主要内容之一。

(三)财务生存能力分析

财务生存能力分析也叫资金平衡分析，它是通过考察项目计算期内的投资、融资和经营活动所产生的各项现金流入和现金流出，计算净现金流量和累计盈余资金，分析项目是否有足够的净现金流量维持正常运营，以实现项目的财务可持续性。

(四)财务风险分析

财务风险分析就是分析项目可能承担的风险及抗风险能力，从而了解项目的财务可靠性，这是进行财务评价时必须进行的一项工作。所采用的方法就是第四章所介绍的盈亏平衡分析法、敏感性分析法和概率分析法。

此外，还要编制资金规划与计划。首先要对可能的资金来源与数量进行调查和估算，如可能筹集到的银行贷款种类、数量，可能发行的股票、债券，企业可以用于投资的自有资金数量，企业未来各年可用于偿还债务的资金量等。然后，根据项目实施计划，估算出逐年的投资额，并计算逐年的债务偿还额。

第二节 财务评价的现金流量估算

一、财务评价的现金流量

分析的角度不同，投资项目财务评价的现金流量构成也不同，具体参见本章第三节中的几个现金流量表。从全部投资和资本金角度来看，投资项目财务评价的现金流出主要有投资、经营成本、营业税金及附加、企业所得税等；现金流入包括营业收入、回收固定资产余值、回收流动资金和补贴收入。因此，投资项目财务评价的主要现金流量如图5-1所示。

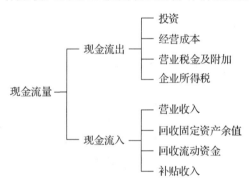

图 5-1 财务评价的主要现金流量

下面分别介绍这些现金流量的估算。

二、投资估算

(一)投资的概念

投资一词具有双重含义：一是指特定的经济活动，即为了将来获得收益或避免风险而进行的资金投放活动。投资活动按其对象分类，可分为产业投资和证券投资两大类。产业投资是指经营某项事业或使真实资产存量增加而进行的投资活动；证券投资是指投资者用积累起来的货币资金购买股票、债券等有价证券，借以获得收益的行为。本教材着重研究产业投资。二是指投放的资金，即为了保证建设项目投入生产或保证生产经营活动的正常进行而必须预先垫付的资金，是建设项目从筹建开始到设计生产经营能力为止，一次或多次投入而被长期占用的资金。在实际经济活动中，投资的这两种含义被人们广泛地使用着，本节所使用的是后一个概念。

建设项目的投资包括建设投资、建设期利息、流动资金投资和维持运营投资四部分，如图 5-2 所示。

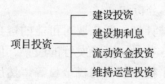

图 5-2　项目投资分类图

(二)建设投资估算(概算法)

建设投资是指在项目的建设期所投入的资金，或称所发生的费用。

建设投资的估算一般采用概算法，该方法将建设投资划分为三部分，即工程费用、工程建设其他费用和预备费，如图 5-3 所示。

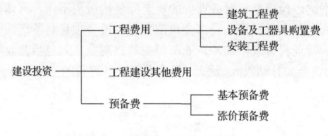

图 5-3　建设投资分类(概算法)

1. 工程费用

(1) 建筑工程费。该项费用包括永久性和临时性建筑物和构筑物的费用。这些建筑物和构筑物可分为以下七大类：①主体工程。包括原料的储存、产品的生产、包装和储存的全部工序，以及直接为生产装置服务的工程，如冷冻、界区内的水电气供应、防火设施及集中控制室等工程。②辅助工程。包括为生产装置服务的工程项目内容，如机修、电修、仪表修理、中央化验室、监测站、空压站、油库、材料设备仓库等。③公用工程。包括四个方面内容：i.给排水设施，包括直流水、循环水、污水处理和排水的泵房、冷却塔、水池、供排水管网及消防设施等。ii.供电及电信设施，包括变(配)电所、电话站、广播站、调度电站、安全报警及厂区输电、通信线路等。iii.供汽设施，包括锅炉房、供热站、室外供热管道、脱盐水(软化水)装置等。iv.总图运输，包括厂区内码头、防洪、公路、铁路、厂区道路、运输车辆、场地平整、废渣堆场、围墙、大门及厂区绿化等。④服务性工程。包括厂部办公楼、食堂、汽车库、消防、车库、自行车棚、气体防护站、安全和工业卫生站(室)、医务室、哺乳室、倒班宿舍、招待所、浴室、厂内公共厕所等。⑤厂外工程。包括水源工程(取水设施)和远距离输水与排水管线、热电站、厂外输电线路及通信线路、远距离输油输气管线、铁路编组站、公路、码头等。⑥生活福利建筑工程。包括宿舍住宅、食堂、托儿所、幼儿园、子弟学校、职工医院、图书馆、俱乐部以及相应设施。⑦治理"三废"工程。包括消音防尘、污水处理、绿化等。

(2) 设备及工器具购置费。包括项目经营所必需的各种工艺设备、机电设备、运输工具、仪器仪表和其他装置等劳动工具，以及为确保投产期生产所必须购置的第一套不够固定资产标准的设备、仪器、工卡模具、器具等的购置费用。

(3) 安装工程费用。设备安装工程费用包括各种需要安装的机电设备的装配和安装工程费用，与设备相连的工作台、梯子及其装设工程费用，附属于被安装设备的管线敷设工程费用，附属于被安装设备的绝缘、保温、防腐等工程费用，以及单体试运转和联动无负荷试运转费用等。

2. 工程建设其他费用

工程建设其他费用是指除建筑工程费、设备和工器具购置费、安装工程费以外的一切费用，包括土地使用费、居民迁移费、建设单位管理费、勘察设计费、研究试验费、建设单位临时设施费、工程建设监理费、工程保险费、施工机构迁移费、引进技术和进口设备其他费用、生产职工培训费、联合试运转费、办公及生活家具购置费、场区绿化费等。

3. 预备费

预备费又称不可预见费，是指在可行性研究中难以预料的费用，包括基本预备费和涨价预备费两部分。

(1) 基本预备费。它是指在项目实施中可能发生难以预料的支出，需要事先预留的费用，又称工程建设不可预见费，主要指设计变更及施工过程中可能增加工程量的费用。包括以下四个方面：在进行可行性研究、初步设计、技术设计、施工图设计和施工过程中，在批准的建设投资范围内所增加的工程的费用。由于一般自然灾害所造成的损失和预防自然灾害所采取的措施费用。在上级主管部门组织竣工验收时，验收委员会(或小组)为鉴定工程质量，必须开挖和修复隐蔽工程的费用。施工图预算包干费，指建筑安装工程实行按施工图预算包干所增加的费用。这部分费用一般在民用建设工程中占总概算造价的3%左右，在工业建设工程中占5%左右。

(2) 涨价预备费。它是对建设工期较长的项目，由于在建设期内可能发生材料、设备、人工等价格上涨引起投资增加，需要事先预留的费用，亦称价格变动不可预见费。

涨价预备费应根据国家有关价格政策及工程造价管理部门有关规定，结合工程特点、设计周期和建设工期等进行预测。预测的方法可采用综合造价指数计算法，也可以采用单项价格指数加权计算法，其计算公式为：

$$\Delta P = \sum_{t=1}^{N} C_t \left[\left(1 + i_n\right)^t - 1 \right] \tag{5-1}$$

式中：ΔP ——建设项目涨价预备费；

N ——概算编制期至竣工期年数；

i ——预测的某一年度；

C_t ——第 t 年的投资额；

i_n ——年平均工程造价价格指数。

用概算法估算的建设投资估算表如表 5-1 所示。

表 5-1　建设投资估算表(概算法)

人民币单位：万元，外币单位：美元

序号	工程或费用名称	建筑工程费	设备购置费	安装工程费	其他费用	合计	其中：外币	比例(%)
1	工程费用							
1.1	主体工程							
1.1.1	×××							
	……							
1.2	辅助工程							
1.2.1	×××							
	……							
1.3	公用工程							
1.3.1	×××							
	……							
1.4	服务性工程							
1.4.1	×××							
	……							
1.5	厂外工程							
	×××							
	……							
1.6	×××							
2	工程建设其他费用							
2.1	×××							
	……							
3	预备费							
3.1	基本预备费							
3.2	涨价预备费							
4	建设投资合计(1+2+3)							
	比例(%)							

注：1. "比例"分别指主要科目的费用(包括横向和纵向)占建设投资的比例。

2. 本表适用于新设法人项目和既有法人项目的新增建设投资的估算。

3. "工程或费用名称"可依不同行业的要求调整。

(三)建设投资估算(形成资产法)

建设投资的估算也可以采用形成资产法，该方法将建设投资划分为如下四个部分：形成固定资产的费用、形成无形资产的费用、形成其他资产的费用和预备费，如图 5-4 所示。

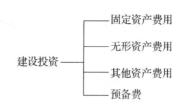

图 5-4　建设投资分类(形成资产法)

1. 固定资产费用

固定资产费用是指项目投产时将直接形成固定资产的建设投资，包括工程费用和工程建设其他费用中按规定将形成固定资产的费用，后者被称为固定资产其他费用，主要包括建设单位管理费、可行性研究费、勘察设计费、研究试验费、环境影响评价费、场地准备及临时设施费、引进技术和引进设备其他费用、工程保险费、联合试运转费、特殊设备安全监督检验费、市政公用设施建设及绿化费等。需要特别说明的是，为了与有关财会制度协调一致，在建设投资估算表中通常可将土地使用权直接列入固定资产其他费用中。

2. 无形资产费用

无形资产费用是指将直接形成无形资产的建设投资，主要是技术转让费或技术使用费(含专利权和非专利技术)、商标权和商誉费用等。

3. 其他资产费用

其他资产费用是指建设投资中除形成固定资产和无形资产以外的部分，包括开办费、生产准备费、出国人员费、来华人员费、图纸资料翻译复制费、样品样机购置费和农业开荒费等。

开办费指企业在企业批准筹建之日起，到开始生产、经营(包括试生产、试营业)之日止(筹建期间)发生的费用支出。包括筹建期人员工资、办公费、培训费、差旅费、印刷费、注册登记费以及不计入固定资产和无形资产购建成本的汇兑损益和利息支出。

生产准备费是指新建企业或新增生产能力的企业，为保证竣工交付使用进行必要的生产准备所发生的费用，包括生产人员培训费(包括自行培训、委托其他单位培训的人员的工资、工资性补贴、职工福利费、差旅交通费、学习资料费、学习费、劳动保护费等)生产单位提前进场参加施工、设备安装、调试等以及熟悉工艺流程及设备性能等人员的费用(包括工资、工资性补贴、职工福利费、差旅交通费、劳动保护费等)。

用形成资产法估算的建设投资估算表如表 5-2 所示。

(四)建设期利息估算

建设期利息是指项目筹集债务资金时在建设期发生并按规定允许在投产后计入固定资产原值的利息，又称本金化利息或资本化利息。包括银行借款和其他债务资金的利息，以及其他融资费用。建设期利息估算表如表 5-3 所示。

当项目建成时，上述的建设投资和建设期利息最终形成相应的固定资产、无形资产、其他资产，因此，建设投资又可划分为固定资产投资、无形资产投资、其他资产投资三部分。其中，建筑工程费、设备及工器具购置费、安装工程费形成固定资产；在可行性研究

阶段为简化计算方法，预备费、建设期利息，应一并计入固定资产。工程建设其他费用可分别形成固定资产、无形资产、其他资产。

表 5-2　建设投资估算表(形成资产法)

人民币单位：万元，外币单位：美元

序　号	工程或费用名称	建筑工程费	设备购置费	安装工程费	其他费用	合计	其中：外币	比例(%)
1	固定资产费用							
1.1	工程费用							
1.1.1	×××							
	……							
1.2	固定资产其他费用							
1.2.1	×××							
	……							
2	无形资产费用							
2.1	×××							
	……							
3	其他资产费用							
	×××							
	……							
4	预备费							
4.1	基本预备费							
4.2	涨价预备费							
5	建设投资合计(1+2+3+4)							
	比例(%)							

注：1. "比例"分别指主要科目的费用(包括横向和纵向)占建设投资的比例。

2. 本表适用于新设法人项目和既有法人项目的新增建设投资的估算。

3. "工程或费用名称"可依不同行业的要求调整。

表 5-3　建设期利息估算表

人民币单位：万元

序　号	项　目	合　计	建设期					
			1	2	3	4	…	n
1	借款							
1.1	建设期利息							
1.1.1	期初借款余额							
1.1.2	当期借款							

续表

序 号	项 目	合 计	建 设 期					
			1	2	3	4	...	n
1.1.3	当期应计利息							
1.1.4	期末借款余额							
1.2	其他融资费用							
1.3	小计(1.1+1.2)							
2	债券							
2.1	建设期利息							
2.1.1	期初债券余额							
2.1.2	当期债券金额							
2.1.3	当期应计利息							
2.1.4	期末债券余额							
2.2	其他融资费用							
2.3	小计(2.1+2.2)							
3	合计(1.3+2.3)							
3.1	建设期利息合计(1.1+2.1)							
3.2	其他融资费用合计(1.2+2.2)							

注：1.本表适用于新设法人项目和既有法人项目的新增建设期利息的估算。

2.原则上应分别估算外币和人民币债务。

3.如有多种借款或债务，必要时应分别列出。

4.本表可与"借款还本付息表"合二为一。

(五)流动资金估算

流动资金是指生产经营性项目投产后，为进行正常生产运营，用于购买原材料、燃料，支付工资及其他经营费用等所需的周转资金。它等于全部流动资产减去全部流动负债的差额。

1. 流动资产

流动资产是指可以在一年以内或超过一年的一个营业周期内变现或者运用的资产，包括货币资金、短期投资、应收票据、应收账款、预付账款和存货等。在项目评价中，为简化计算，仅根据应收账款、预付账款、存货、现金进行流动资产的估算。

(1) 应收账款。是指企业对外销售商品、提供劳务等形成的尚未收回的被购货单位、接受单位占用的本企业资金。其计算公式为：

$$应收账款 = 年经营成本 / 应收账款周转次数 \qquad (5-2)$$

(2) 预付账款。是指企业按照购货合同的规定，预先以货币资金或货币等价物支付供应单位的款项。对购货企业来说，预付账款一般包括预付的货款、预付的购货定金。对施工企业来说，预付账款主要包括预付工程款、预付备料款等。其计算公式为：

$$预付账款 = 外购商品或服务年费用金额 / 预付账款周转次数 \qquad (5-3)$$

(3) 存货。是指企业在生产经营活动中为销售或者耗用而储存的各种资产，存货是流动资产的重要组成部分，是企业开展正常经营活动的重要物质前提。工业企业的存货包括各种原材料、燃料、包装物、低值易耗品、外购商品、协作件、在产品、自制半成品、产成品等。为简化计算，项目评价中仅考虑外购原材料、燃料、其他材料、在产品和产成品，并分项进行计算。计算公式为：

$$存货=外购原材料、燃料+其他材料+在产品+产成品 \tag{5-4}$$
$$外购原材料、燃料=年外购原材料、燃料费用/分项周转次数 \tag{5-5}$$
$$其他材料=年其他材料费用/其他材料周转次数 \tag{5-6}$$
$$在产品=(外购原材料、燃料动力费用+年工资及福利费+年修理费+年其他制造费用)/$$
$$在产品周转次数 \tag{5-7}$$
$$产成品=(年经营成本-年营业费用) \tag{5-8}$$

年营业费用是指企业在销售商品过程中发生的各项费用以及专设销售机构各项经费，包括应由企业负担的运输费、装卸费、包装费、保险费、广告费、展览费以及专设销售机构人员工资及福利费、类似工资性质的费用、业务费等经营费用。

(4) 现金。项目流动资金中的现金是指为维持正常生产经营必须预留的货币资金，包括现金和银行存款。现金是指库存现金，它的流动性较大，可直接支用，也可以立即投入流通领域。银行存款是指企业存入银行的各种款项，它可以用于企业各项经济往来的结算，补充库存现金等。现行现金管理制度和结算制度规定，企业的货币资金除在规定限额以内可以保存少量现金以外，都必须存入银行。

$$现金=(年工资及福利费+年其他费用)/现金周转次数 \tag{5-9}$$

2. 流动负债

流动负债是指将在一年或者超过一年的一个营业周期内偿还的债务，包括短期借款、应付账款、应付票据、应付工资、应付福利费、应交税金、应付股利、预提费用、其他应付款、其他应交款和预收账款等。在项目评价中，为简化计算，仅根据应付账款和预收账款进行流动负债的估算。

$$应付账款=(年外购原材料、燃料动力费用+年其他材料费用)/应付账款周转次数 \tag{5-10}$$
$$预收账款=预收的营业收入年金额/预收账款周转次数 \tag{5-11}$$

在项目评价中，为简化计算，仅根据应付账款和预收账款进行流动负债的估算。因此，流动资金的计算公式为：

$$流动资金=流动资产-流动负债$$
$$=应收账款+预付账款+存货+现金-应付账款-预收账款 \tag{5-12}$$
$$流动资金本年投资额=本年流动资金-上年流动资金 \tag{5-13}$$

流动资金估算表如表 5-4 所示。

大部分项目的投资只包括建设投资、流动资金投资和建设期利息，在项目经济评价中完成上述投资内容的估算后，需要对投资按年度进行分配，并进行资金筹措规划，结果如表 5-5 所示。

表 5-4　流动资金估算表

人民币单位：万元

序　号	项　目	最低周转天数	周转次数	计　算　期					
				1	2	3	4	…	n
1	流动资产								
1.1	应收账款								
1.2	存货								
1.2.1	原材料								
1.2.2	×××								
	……								
1.2.3	燃料								
1.2.4	在产品								
1.2.5	产成品								
1.3	现金								
1.4	预付账款								
2	流动负债								
2.1	应付账款								
2.2	预收账款								
3	流动资金(1-2)								
4	流动资金当期增加额								

注：1.本表适用于新设法人项目和既有法人项目的"有项目""无项目"和增量流动资金的估算。

2.本表科目可视行业情况变动。

3.如发生外币流动资金，应另行估算后予以说明，其数额应包含在本表数额内。

4.不发生预付账款和预收账款的项目可不列此二项。

表 5-5　项目总投资使用计划与资金筹措表

人民币单位：万元，外币单位：美元

序　号	项　目	合　计			1			……		
		人民币	外币	小计	人民币	外币	小计	人民币	外币	小计
1	总投资									
1.1	建设投资									
1.2	建设期利息									
1.3	流动资金									
2	资金筹措									
2.1	项目资本金									

序 号	项 目	合 计			1			……		
		人民币	外币	小计	人民币	外币	小计	人民币	外币	小计
2.1.1	用于建设投资									
	××方									
	……									
2.1.2	用于流动资金									
	××方									
	……									
2.1.3	用于建设期利息									
	××方									
	……									
2.2	债务资金									
2.2.1	用于建设投资									
	××借款									
	××债券									
	……									
2.2.2	用于建设期利息									
	××借款									
	××债券									
	……									
2.2.3	用于流动资金									
	××借款									
	××债券									
	……									
2.3	其他资金									
	×××									
	……									

注：1.本表按新增投资范畴编制。

2.本表建设期利息一般可包括其他融资费用。

3.对既有法人项目，项目资本金中可包括新增资金和既有法人货币资金与资产变现或资产经营权变现的资金，可分别列出或加以文字说明。

(六)维持运营投资

维持运营投资是指为了维持项目的正常运营而在运营期所投入的资金，包括设备更新费、油田的开发费用、矿山的井巷开拓延伸费用、支付的采矿权价款或转让费、安全生产投入等内容。

按照《企业会计准则——固定资产》，该投资是否能予以资本化，取决于其是否能为企业带来经济利益，且该固定资产的成本是否能够可靠地计量。项目评价中，如果该投资投入后延长了固定资产的使用寿命，或使产品质量实质性提高，或成本实质性降低等，使可能流入企业的经济利益增加，那么该投资应予以资本化，即应计入固定资产原值，并计提折旧。否则，该投资只能费用化，不形成新的固定资产原值，如安全生产投入应予以费用化。

三、经营成本估算

(一)经营成本的概念

经营成本是投资项目的重要现金流量，它是指在一定期间(通常为1年)内由于生产和销售产品及提供劳务而实际发生的资金支出。它是项目运营期间的生产经营费用，属于各年的现金流出。

经营成本是为经济分析方便而从总成本费用中分离出来的一部分费用。因此，经营成本的估算离不开总成本费用的估算。

(二)经营成本的间接估算

这是基于总成本费用的生产成本加期间费用法进行的经营成本估算。

1. 总成本费用估算(生产成本加期间费用法)

总成本费用是指项目在一定时期内(一般为一年)为生产和销售产品而花费的全部成本和费用。

生产成本加期间费用法将总成本费用划分为生产成本和期间费用两大部分，如图5-5所示。

图5-5 总成本费用构成图(生产成本加期间费用法)

(1) 生产成本估算。生产成本又称制造成本，是生产单位为生产产品或提供劳务而发生的各项生产费用，包括各项直接费用和制造费用。①直接费用。直接费用是指直接为生产产品或提供劳务而发生的各项费用，包括直接材料费、直接燃料动力费、直接工资和其他直接费用。直接材料费是指直接用于产品生产、构成产品实体的原材料、辅助材料、外购半成品、包装物以及其他直接材料的费用。直接燃料动力费是指直接用于产品生产的外购和自制的燃料及动力费。直接工资是指直接参加产品生产的工人的工资、奖金、津贴和补贴等。②制造费用。制造费用是指企业为生产产品和提供劳务而发生的各项间接费用，包括生产单位(车间或分厂)管理人员的工资和福利费、折旧费、修理费(生产单位和管理用房屋、建筑物、设备)、机物料消耗、低值易耗品、劳动保护费、办公费、差旅费、保险费、租赁费、水电费、排污费、季节性和修理期间的停工损失、存货盘亏(减盘盈)及其他制造费用。但不包括企业行政管理部门为组织和管理生产经营活动而发生的管理费用。

项目评价中的制造费用是指项目包含的各分厂或车间的总制造费用，为简化计算，通常将制造费用归为管理人员工资及福利、折旧费、修理费和其他制造费用几部分。

(2) 期间费用估算。期间费用是指不能直接归属于某种产品成本的费用，它包括管理费用、营业费用和财务费用。①管理费用。管理费用是指企业行政管理部门为管理和组织生产经营活动而发生的各项费用，包括企业的董事会和行政管理部门在企业的经营管理中发生的，或者应当由企业统一负担的公司经费(包括行政管理部门职工工资、修理费、物料消耗、低值易耗品摊销、办公费和差旅费等)、工会经费、职工教育经费、劳动保险费、待业保险费、董事会费、咨询费(含顾问费)、聘请中介机构费、诉讼费、业务招待费、房产税、车船使用税、土地使用税、印花税①、矿产资源补偿费、技术转让费、研究与开发费、管理设施的折旧费和修理费、无形资产和其他资产摊销费、排污费、存货盘亏或盘盈(不包括应计入营业外支出的存货损失)、计提的坏账准备和存货跌价准备等。为了简化计算，项目评价中将管理费用归类为管理人员工资及福利费、折旧费、无形资产和其他资产摊销费、修理费和其他管理费用几部分。②财务费用。财务费用是指企业为筹集资金而发生的各项费用，具体包括生产经营期间发生的利息净支出(利息支出减利息收入)、汇兑净损失(汇兑损失减汇兑收益)、银行及其他金融机构手续费以及为筹集资金发生的其他费用。③营业费用。营业费用是指销售商品过程中发生的各项费用以及专设销售机构的各项经费，包括运输费、装卸费、包装费、保险费、展览费、广告费、差旅费以及专设销售机构的人员工资及福利费、折旧费、修理费、业务费等经营费用。

为了简化计算，项目评价中将营业费用归为销售人员工资及福利费、折旧费、修理费和其他营业费用几部分。

由此得到总成本费用估算表，如表 5-6 所示。

表 5-6　总成本费用估算表(生产成本加期间费用法)

人民币单位：万元

序　号	项　目	合　计	计　算　期					
			1	2	3	4	···	n
1	生产成本							
1.1	直接材料费							
1.2	直接燃料及动力费							
1.3	直接工资及福利费							
1.4	制造费用							
1.4.1	折旧费							
1.4.2	修理费							
1.4.3	其他制造费用							

---

① 2016 年 12 月 3 日，财政部颁布的《增值税会计处理规定》(财会〔2016〕22 号)规定，自 2016 年 5 月 1 日起全面试行营业税改征增值税后，将过去在"管理费用"科目中列支的房产税、车船使用税、土地使用税和印花税调整到"税金及附加"科目中。

续表

序　号	项　目	合　计	计　算　期					
			1	2	3	4	…	n
2	管理费用							
2.1	无形资产摊销							
2.2	其他资产摊销							
2.3	其他管理费用							
3	财务费用							
3.1	利息支出							
3.1.1	长期借款利息							
3.1.2	流动资金借款利息							
3.1.3	短期借款利息							
4	营业费用							
5	总成本费用(1+2+3+4)							
5.1	其中：固定成本							
5.2	变动成本							
6	经营成本(5-1.4.1-2.1-2.2-3.1)							

注：1.本表适用于新设法人项目和既有法人项目的"有项目""无项目"和增量总成本费用的估算。

2.生产成本中的折旧费、修理费是指生产性设施的固定资产折旧费和修理费。

3.生产成本中的工资及福利费是指生产性人员的工资及福利费。车间或分厂管理人员的工资及福利费可在制造费用中单独列项或包含在其他制作费用中。

4.本表其他管理费用中含管理设施的折旧费、修理费以及管理人员的工资及福利费。

5.本表自生产运营年份起开始计算。

2. 折旧费估算

折旧费是与固定资产相关的一个概念。所谓固定资产是指使用年限超过一年，单位价值在规定标准以上，在生产过程中为多个生产周期服务，在使用过程中保持原来物质形态的资产，包括房屋及建筑物、机器设备、运输设备、工具器具等。

项目投入运营后，固定资产在使用过程中会逐渐磨损和贬值，其价值逐步转移到产品中去。折旧费就是指固定资产在使用过程中因磨损而消耗的那部分价值。计提固定资产折旧的方法有多种，根据《工业企业财务制度》规定，企业固定资产折旧的方法一般采用平均年限法和工作量法。在符合国家有关规定的前提下，经批准也可采用加速折旧法。

1)　平均年限法

平均年限法是指根据固定资产使用年限平均计算折旧的一种方法。由于按照这种方法计算提取的折旧额在各个使用年份或月份都是相等的，折旧的积累额呈直线上升的趋势，因此这种方法又称直线折旧法。平均年限法的计算公式为：

$$年折旧额 = \frac{固定资产原值 - 固定资产净残值}{折旧年限} \tag{5-14}$$

$$年折旧率 = \frac{1-预计净残值率}{折旧年限} \times 100\% \qquad (5\text{-}15)$$

在会计核算中，购建固定资产的实际支出(包括建设期借款利息、外币借款汇兑差额)即为固定资产的原始价值，简称固定资产原值。固定资产净残值是预计的折旧年限终了时的固定资产残值减去清理费用后的余额。固定资产净残值与固定资产原值之比称为净残值率。净残值率一般为3%～5%。各类固定资产的折旧年限由财政部统一规定。

2) 工作量法

工作量法是一种特殊的直线折旧法，一般用于计算某些专业设备和交通运输车辆的折旧费，是指按固定资产完成的工作量(行驶里程、工作小时、工作台班、生产的产品数量)平均计算折旧额的一种方法。计算公式为：

$$单位工作量折旧额 = \frac{固定资产原值-固定资产净残值}{使用年限内可以完成的工作量} \qquad (5\text{-}16)$$

$$年折旧额 = 单位工作量折旧额 \times 年实际完成工作量 \qquad (5\text{-}17)$$

3) 双倍余额递减法

双倍余额递减法是在不考虑固定资产净残值的前提下，用年初固定资产净值乘以直线折旧率的2倍计算年折旧额，其计算公式为：

$$年折旧率 = \frac{2}{折旧年限} \times 100\% \qquad (5\text{-}18)$$

$$年折旧额 = 年初固定资产净值 \times 年折旧率 \qquad (5\text{-}19)$$

折旧年限到期前的最后两年，年折旧额的计算公式为：

$$年折旧额 = \frac{固定资产净值-固定资产净残值}{2}$$

4) 年数总和法

年数总和法的特点是固定资产的折旧率是递减的，其计算公式为：

$$年折旧率 = \frac{折旧年限-已使用年数}{使用年限的各年数字之和} \times 100\% \qquad (5\text{-}20)$$

$$年折旧额 = (固定资产原值-固定资产净残值) \times 年折旧率 \qquad (5\text{-}21)$$

双倍余额递减法和年数总和法为加速折旧法，加速折旧的目的是使固定资产在使用年限内加快得到补偿。

3. 摊销费估算

摊销费包括无形资产摊销费和其他资产摊销费。

无形资产是指没有实物形态的、可以使企业获得额外收益的长期资产，如专利权、非专利技术、经营特许权、商标权、著作权、土地使用权、商誉等。无形资产从开始使用之日起，按照有关协议或合同在受益期内分期平均摊销，没有规定收益期的，按不少于10年的期限平均摊销。

其他资产是指集中发生的，在会计核算中不能全部计入当前损益，应当在以后年度内分期摊销的费用，包括开办费、固定资产的大修理支出、租入固定资产的改良支出以及摊销期限在一年以上的其他长期待摊费用。其他资产从项目开始运营之日起，应按照有关协议或合同在受益期内分期平均摊销，没有规定收益期的按不少于5年的期限平均摊销。

4．利息支出估算

利息支出估算是指在生产经营期间发生的利息支出金额，包括长期借款利息、流动资金借款利息和短期借款利息。

(1) 长期借款利息。

$$年长期借款利息=年初借款余额×年利息率$$

$$=(还款起始年年初的借款余额-本年以前各年偿还的借款累计)×年利息率 \quad (5-22)$$

(2) 流动资金借款利息。

$$年流动资金借款利息=年初流动资金借款余额×流动资金借款年利率 \quad (5-23)$$

(3) 短期借款利息。

$$年短期借款利息=年初短期借款余额×短期借款年利率 \quad (5-24)$$

5．经营成本估算

这是基于总成本费用从经营成本与总成本费用的关系来看，经营成本是项目总成本费用中扣除固定资产折旧费、无形资产及其他资产摊销费和借款利息支出之后的全部费用，但不包括计入总成本费用但尚未实际支付的费用项目，其计算式为：

$$经营成本=总成本费用-折旧费-摊销费-利息支出 \quad (5-25)$$

(三)经营成本的直接估算

这是基于总成本费用的生产要素估算法进行的经营成本估算。

1．总成本费用估算(生产要素法)

生产要素将总成本费用划分为八个部分，如图 5-6 所示。

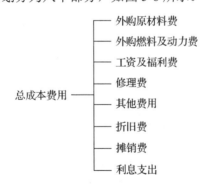

图 5-6　总成本费用构成图(生产要素法)

总成本费用估算表如表 5-7 所示。

1) 外购原材料费估算

它根据相关专业所提出的外购原材料年耗用量乘以预测价格而得。估算中，应采用到厂价格并考虑在途和入库损耗。外购原材料费估算表如表 5-8 所示。

2) 外购燃料动力费估算

与外购原材料费估算一样，也是根据相关专业所提出的外购原材料年耗用量乘以预测价格而得。估算中，应采用到厂价格并考虑在途和入库损耗。外购燃料动力费估算表如

表 5-9 所示。

表 5-7　总成本费用估算表(生产要素法)

人民币单位：万元

序　号	项　目	合　计	计 算 期					
			1	2	3	4	...	n
1	外购原材料费							
2	外购燃料及动力费							
3	工资及福利费							
4	修理费							
5	其他费用							
6	经营成本(1+2+3+4+5)							
7	折旧费							
8	摊销费							
9	利息支出							
10	总成本费用(6+7+8+9)							
	其中：固定成本							
	变动成本							

注：1.本表适用于新设法人项目和既有法人项目的"有项目""无项目"和增量总成本费用的估算。

　　2.本表自生产运营年份起开始计算。

表 5-8　外购原材料费估算表

人民币单位：万元

序　号	项　目	合　计	计 算 期					
			1	2	3	4	...	n
1	外购原材料费							
1.1	原材料 A							
	单价							
	数量							
	进项税额							
1.2	原材料 B							
	单价							
	数量							
	进项税额							
	......							
2	辅助材料费							
	进项税额							
3	其他							
	进项税额							

续表

序 号	项 目	合 计	计 算 期					
			1	2	3	4	...	n
4	外购原材料费合计							
5	外购原材料进项税额合计							

注：本表适用于新设法人项目和既有法人项目的"有项目""无项目"和增量外购原材料费的估算。

表 5-9 外购燃料和动力费估算表

人民币单位：万元

序 号	项 目	合 计	计 算 期					
			1	2	3	4	...	n
1	燃料费							
1.1	燃料 A							
	单价							
	数量							
	进项税额							
	......							
2	动力费							
2.1	动力 A							
	单价							
	数量							
	进项税额							
	......							
3	外购燃料及动力费合计							
4	外购燃料及动力进项税额合计							

注：1.本表适用于新设法人项目和既有法人项目的"有项目""无项目"和增量外购燃料动力费的估算。

2.本表自生产运营年份起开始计算。

3) 工资及福利费估算

工资及福利费是指企业为获得员工提供的服务而给予各种形式的报酬以及其他相关支出，通常包括职工工资、奖金、津贴、补贴、职工福利费，以及养老保险、医疗保险、失业保险、工伤保险、生育保险和由职工缴付的住房公积金。

按"生产要素法"估算总成本费用时，人工工资及福利费按项目全部人员数量估算。

在财务评价中，可根据实际情况选择按项目全部人员年工资的平均数值计算，或按照人员类型和层次分别设定不同档次的工资进行计算。

工资及福利费估算表如表 5-10 所示。

表 5-10　工资及福利费估算表

人民币单位：万元

序　号	项　目	合　计	计　算　期					
			1	2	3	4	…	n
1	工人							
	人数							
	人均年工资							
	工资额							
2	技术人员							
	人数							
	人均年工资							
	工资额							
3	管理人员							
	人数							
	人均年工资							
	工资额							
4	工资合计(1+2+3)							
5	福利费							
6	合计(4+5)							

注：1.本表适用于新设法人项目和既有法人项目的"有项目""无项目"和增量工资及福利费的估算。

2.外商投资项目取消福利费科目。

3.本表自生产运营年份起开始计算。

4)　修理费估算

修理费是指为保持固定资产的正常运转和使用，充分发挥使用效能，对其进行必要修理所发生的费用。修理费允许直接在成本中列支，如果当期发生的修理费数额较大，可实行预提或摊销的办法。

当按生产要素法估算总成本费用时，固定资产修理费是指项目全部固定资产的修理费，可直接按固定资产原值(扣除所含的建设期利息)的一定百分数估算。百分数的选取应考虑行业和项目的特点。在生产运营的各年中，修理费率的取值一般采用固定值。根据项目特点，也可以间断性地调整修理费率，开始取较低值，以后取较高值。

5)　折旧费估算

这里的折旧费是指项目全部固定资产的折旧费，折旧费估算表如表 5-11 所示。

6)　摊销费估算

这里的摊销费是指项目全部无形资产和其他资产的摊销费，摊销费估算表如表 5-12 所示。

表 5-11　固定资产折旧费估算表

人民币单位：万元

序　号	项　目	合　计	计　算　期					
			1	2	3	4	…	n
1	房屋及建筑物							
	原值							
	当期折旧费							
	净值							
2	机器设备							
	原值							
	当期折旧费							
	净值							
	……							
3	合计							
	原值							
	当期折旧费							
	净值							

　　注：1.本表适用于新设法人项目和既有法人项目的"有项目""无项目"和增量固定资产折旧费的估算。当估算既有法人项目的"有项目"固定资产折旧费时，应将新增和利用原有部分固定资产分别列支，并分别计算折旧费。

　　2.本表自生产运营年份起开始计算，各类固定资产按《工业企业财务制度》规定的年限分列。

表 5-12　无形资产和其他资产摊销费估算表

人民币单位：万元

序　号	项　目	合　计	计　算　期					
			1	2	3	4	…	n
1	无形资产							
	原值							
	当期摊销费							
	净值							
2	其他资产							
	原值							
	当期摊销费							
	净值							
	……							

续表

序 号	项 目	合 计	计 算 期					
			1	2	3	4	…	n
3	合计							
	原值							
	当期摊销费							
	净值							

注：1.本表适用于新设法人项目和既有法人项目的"有项目""无项目"和增量无形资产及其他资产摊销费的估算。当估算既有法人项目的"有项目"摊销费时，应将新增和利用原有部分的资产分别列支，并分别计算摊销费。

2.本表自生产运营年份起开始计算。

7) 其他费用估算

其他费用是指由制造费用、管理费用和营业费用分别扣除工资及福利费、折旧费、摊销费和修理费后的余额，包括其他制造费用、其他管理费用和其他营业费用。

(1) 其他制造费用估算。其他制造费用是指制造费用中扣除生产单位管理人员工资及福利费、折旧费和修理费后的余额。项目评价中常用的估算方法有按固定资产原值(扣除所含的建设期利息)的百分数估算；按人员定额估算。具体估算方法从行业规定。

(2) 其他管理费用估算。其他管理费用是指企业管理费用中扣除管理人员工资及福利费、折旧费、摊销费和修理费后的余额。

项目评价中常见的估算方法是按人员定额或取工资及福利费总额的倍数估算。

(3) 其他营业费用估算。其他营业费用是指营业费用中扣除工资及福利费、折旧费和修理费后的余额。

项目评价中常见的估算方法是按营业收入的百分数估算。

2. 经营成本估算

根据总成本费用估算表(生产要素法)，经营成本的计算公式为：

经营成本=外购原材料费+外购燃料动力费+工资及福利费+修理费+其他费用　　　(5-26)

四、营业收入估算

营业收入是项目建成投产后向社会出售商品或提供劳务所取得的货币收入。营业收入的计算公式为：

营业收入=销售量×销售价格　　　(5-27)

销售价格一般采用出厂价格，也可根据需要采用送达用户的价格或离岸价格，但需注意使相关成本费用的计算采用一致的口径。当项目有多种产品销售时，应分别计算后加总。

由于计算口径的不同，营业收入可有两种形式，即含增值税营业收入和不含增值税营业收入，对应的销售价格有含增值税价格和不含增值税价格，一般采用不含增值税价格。若采用含增值税价格，需要正确调整在本章将要介绍的部分财务评价表格(主要是利润与利润分配表、财务计划现金流量表、项目投资现金流量表和项目资本金现金流量表)的相关科目，以不影响项目净效益的估算。但无论采用哪种价格，项目效益估算与费用估算所采用的价格体系应当协调一致。

五、营业税金及附加估算

之前，财务评价的现金流量表和利润表中均设置了"营业税金及附加"项目。2016 年 3 月 23 日，由财政部和国家税务总局发布的《关于全面推开营业税改征增值税试点的通知》(财税〔2016〕36 号)规定，自 2016 年 5 月 1 日起，在全国范围内全面推开营业税改征增值税(以下称营改增)试点。2016 年 12 月 3 日，由财政部颁布的《增值税会计处理规定》(财会〔2016〕22 号)中规定：全面试行营业税改征增值税后，"营业税金及附加"科目名称调整为"税金及附加"科目，利润表中的"营业税金及附加"项目调整为"税金及附加"项目。因 2006 年由国家发展改革委和建设部发布的《建设项目经济评价方法与参数》(第三版)尚未修改，所以这里姑且沿用原来的"营业税金及附加"项目名称。

根据《增值税会计处理规定》(财会〔2016〕22 号)，2016 年 5 月 1 日之前是在"管理费用"科目中列支的"四小税"(房产税、土地使用税、车船税、印花税)，自 2016 年 5 月 1 日开始调整到"税金及附加"科目，因此，今后该科目将核算企业生产经营活动发生的消费税、资源税、城市维护建设税、教育费附加、房产税、城镇土地使用税、车船税和印花税八种相关税费。

在项目经济评价中，与项目的营业收入有关且应从营业收入中扣除的税金及附加费除了上述消费税等八个方面外，如果项目的收入和费用均采用含增值税价格，则还应包括增值税。因此，这里逐一介绍增值税、消费税、资源税、房产税、城镇土地使用税、车船税、印花税、城市维护建设税和教育费附加九种税费。

(一)增值税

增值税是对在我国境内销售货物或者提供加工、修理修配劳务(以下简称劳务)，销售服务、无形资产、不动产以及进口货物的单位和个人，就其取得的货物或应税劳务销售额，以及进口货物金额计算税款，并实行税款抵扣制的一种流转税。从计税原理上看，增值税是对商品生产和流通中各环节的新增价值或商品附加值进行征税，所以叫作"增值税"。然而，由于新增价值或商品附加值在商品流通过程中是一个难以准确计算的数据，因此，在增值税的实际操作上采用间接计算办法，即从事货物销售以及提供应税劳务的纳税人，要根据货物或应税劳务销售额，按照规定的税率计算税款，然后从中扣除上一道环节已纳增值税款，其余额即为纳税人应缴纳的增值税税款。因此，增值税的一般计算公式为：

$$应纳税额=当期销项税额-当期进项税额 \tag{5-28}$$

销项税额是指纳税人销售货物或者应税劳务，按照销售额和规定的增值税税率计算并向购买方收取的增值税额，其计算式为：

$$销项税额=当期销售额×适用税率 \tag{5-29}$$

进项税额是指纳税人购进货物或者接受应税劳务所支付或者负担的增值税额。准予从销项税额中扣除的进项税额为从销售方取得的增值税专用发票上注明的增值税额和从海关取得的完税凭证上注明的增值税额。

增值税税率设有如下四档：①纳税人销售货物、劳务、有形动产租赁服务或者进口货物，除第二项、第四项、第五项另有规定外，税率为17%。②纳税人销售交通运输、邮政、基础电信、建筑、不动产租赁服务，销售不动产，转让土地使用权，销售或者进口下列货物(粮食等农产品、食用植物油、食用盐；自来水、暖气、冷气、热水、煤气、石油液化气、天然气、二甲醚、沼气、居民用煤炭制品；图书、报纸、杂志、音像制品、电子出版物；饲料、化肥、农药、农机、农膜；国务院规定的其他货物)，税率为11%。③纳税人销售服务、无形资产，除第一项、第二项、第五项另有规定外，税率为6%。④纳税人出口货物，税率为0；但是，国务院另有规定的除外。⑤境内单位和个人跨境销售国务院规定范围内的服务、无形资产，税率为0。

另外，小规模纳税人发生应税销售行为，实行按照销售额和征收率计算应纳税额的简易办法，并不得抵扣进项税额。应纳税额计算公式为：

$$应纳税额=销售额×征收率 \tag{5-30}$$

小规模纳税人增值税征收率为3%，国务院另有规定的除外。

(二)消费税

消费税是以规定的消费品的流转额或流转量作为课税对象的一个税种。消费税纳税义务人为在中国境内生产、委托加工和进口所规定的消费品的单位和个人，以及国务院确定的销售本条例规定的消费品的其他单位和个人。消费税是在对所有货物普遍征收增值税的基础上选择少量消费品征收的，因此，消费税纳税人同时也是增值税纳税人。

目前，征收消费税的消费品有14个种类，即卷烟、酒及酒精、化妆品、贵重首饰及珠宝玉石、鞭炮焰火、成品油、汽车轮胎、摩托车、小汽车、高尔夫球及球具、高档手表、游艇、木制一次性筷子和实木地板。它们有的属于过度消费会对人类健康和社会生态造成危害的消费品，或奢侈品和非生活必需品，或高能耗及高档消费品，或不可再生性稀缺资源消费品等。

消费税实行从价定率、从量定额，或者从价定率和从量定额复合计税(以下简称复合计税)的办法计算应纳税额。应纳税额计算公式为：

$$实行从价定率办法计算的应纳税额=销售额×比例税率 \tag{5-31}$$

$$实行从量定额办法计算的应纳税额=销售数量×定额税率 \tag{5-32}$$

$$实行复合计税办法计算的应纳税额=销售额×比例税率+销售数量×定额税率 \tag{5-33}$$

我国的消费税暂行条例针对不同的消费品，设置了基本不同的税率。

(三)资源税

资源税是对在中华人民共和国领域及管辖海域开采规定的矿产品或生产盐的单位和个人征收的一种税。征收资源税的主要目的是调节因资源条件差异而形成的资源级差收入，促使资源的合理开采和利用，并增加国家的财政收入。现行的资源税法规定的矿产品包括原油、天然气、煤炭、其他非金属矿原矿、黑色金属矿原矿、有色金属矿原矿和盐(包括固体盐和液体盐)。

资源税的应纳税额，按照从价定率或者从量定额的办法计算。应纳税额的计算公式为：

$$应纳税额=销售额×比例税率 \tag{5-34}$$

$$应纳税额=销售量×定额税率 \tag{5-35}$$

税率按《中华人民共和国资源税暂行条例》所附的《资源税税目税额幅度表》执行。

(四)房产税

房产税是指在城市、县城、建制镇和工矿区向房屋产权所有人征收的一种财产税。房产税的应纳税额以房屋的计税余值或租金收入为计税依据，其计算公式为：

$$应纳税额 = 房产原值(1 - 减除幅度) \times 税率 \tag{5-36}$$

减除幅度为 10%～30%，具体减除幅度由省、自治区、直辖市人民政府确定。税率目前规定为 1.2%。

$$应纳税额 = 房产租金收入 \times 税率 \tag{5-37}$$

税率目前规定为 12%。

(五)城镇土地使用税

城镇土地使用税是指在城市、县城、建制镇、工矿区范围内向使用土地的单位和个人征收的一种税。土地使用税以纳税人实际占用的土地面积为计税依据，依照规定税额计算征收。土地使用税每平方米年税额如下：大城市 1.5 元至 30 元，中等城市 1.2 元至 24 元，小城市 0.9 元至 18 元，县城、建制镇、工矿区 0.6 元至 12 元。各省、自治区、直辖市的适用税额幅度由当地人民政府根据市政建设状况、经济繁荣程度等条件确定。

(六)车船税

车船税是指以车辆、船舶(以下简称车船)为课税对象，向中华人民共和国境内的车船所有人或者管理人征收的一种税。车船税以车辆数或车船的自重或净吨位为计税依据，按照从量定额的办法计算。各车船的适用税额依照《中华人民共和国车船税暂行条例》所附的《车船税税目税额表》执行，具体适用税额由省、自治区、直辖市人民政府在规定的子税目税额幅度内确定。

(七)印花税

印花税是指对在中华人民共和国境内设立、领受规定的应纳税凭证的单位和个人征收的一种税。应纳税凭证包括购销、加工承揽、建设工程承包、财产租赁、货物运输、仓储保管、借款、财产保险、技术合同或者具有合同性质的凭证；产权转移书据；营业账簿；权利、许可证照；经财政部确定征税的其他凭证。印花税按比例税率或者按件定额计算应纳税额。具体税率、税额的确定，依照《中华人民共和国印花税暂行条例》所附《印花税税目税率表》执行。

(八)城市维护建设税

城市维护建设税是为保证城市维护和建设而对在中国境内缴纳增值税和消费税的单位和个人征收的一种税。其计税依据为纳税人实际缴纳的增值税和消费税税额，税率分为三个档次：纳税人所在地为市区的，税率为 7%；纳税人所在地为县城、镇的，税率为 5%；纳税人所在地不在市区、县城、镇的，税率为 1%。应纳税额的计算公式为：

$$应纳税额 = (增值税 + 消费税) \times 税率 \tag{5-38}$$

(九)教育费附加

教育费附加是伴随增值税、消费税、营业税而附加上缴的一个税种。其计税依据为纳税人实际缴纳的增值税和消费税的税额，教育费附加率为3%。其计算公式为：

$$应纳税额=(增值税+消费税)×附加率 \tag{5-39}$$

根据以上对营业收入和税金的估算结果，编制营业收入、营业税金及附加和增值税估算表，如表5-13所示。

表 5-13　营业收入、营业税金及附加和增值税估算表

人民币单位：万元

序　号	项　目	合　计	计算期 1	2	3	4	⋯	n
1	营业收入							
1.1	产品 A 营业收入							
	单价							
	数量							
	销项税额							
1.2	产品 B 营业收入							
	单价							
	销售量							
	销项税额							
	……							
2	营业税金及附加							
2.1	消费税							
2.2	资源税							
2.3	房产税							
2.4	土地使用税							
2.5	车船税							
2.6	印花税							
2.7	城市维护建设税							
2.8	教育费附加							
3	增值税							
	销项税额							
	进项税额							

注：1.本表适用于新设法人项目与既有法人项目的"有项目""无项目"和增量的营业收入、营业税金与附加和增值税的估算。

2.本表根据《增值税会计处理规定》[财会(2016)22 号]对税种做了调整。

3.根据行业或产品的不同可增减相应税收科目。

4.本表自生产运营年份起开始计算。

六、企业所得税估算

企业所得税是对中国境内的企业和在中国境内取得收入的企业生产、经营所得和其他所得征收的一种税。根据 2018 年 12 月 29 日修订的《中华人民共和国企业所得税法》规定，企业所得税纳税人分为居民企业和非居民企业。居民企业是指依法在中国境内成立，或者依照外国(地区)法律成立但实际管理机构在中国境内的企业。非居民企业是指依照外国(地区)法律成立且实际管理机构不在中国境内，但在中国境内设立机构、场所的，或者在中国境内未设立机构、场所，但有来源于中国境内所得的企业。

企业所得税额的计算公式为：

$$应纳税额=应纳税所得额×税率 \tag{5-40}$$

式中，应纳税所得额为纳税人每一纳税年度的收入总额减去准予扣除项目后的余额，计算式为：

$$应纳税所得额=收入总额-准予扣除项目金额 \tag{5-41}$$

其中，收入总额包括销售货物收入、提供劳务收入、转让财产收入、股息红利等权益性投资收益、利息收入、租金收入、特许权使用费收入、接受捐赠收入和其他收入(如固定资产盘盈收入、罚款收入、因债权人缘故确实无法支付的应付款项、物资及现金的溢余收入、教育费附加返回款、包装物押金收入及其他)，不包括不征税收入、免税收入；准予扣除项目指与纳税人取得收入有关的所有必要和正常的成本、费用、税金、损失和其他支出，"其他支出"的具体内容详见《中华人民共和国企业所得税法》。需要特别指出的是，根据企业所得税法，企业所得可以先弥补前五年发生的亏损然后计征所得税。

企业所得税税率一般为 25%。在中国境内未设立机构、场所的，或者虽设立机构、场所但取得的所得与其所设机构、场所没有实际联系的非居民企业，其所得来源于中国境内的，所得税税率为 20%。另外，符合条件的小型微利企业的适用税率为 20%，国家需要重点扶持的高新技术企业，适用税率为 15%。

第三节　新设法人项目财务评价

一、新设法人项目的财务评价报表

与新设法人项目财务评价有关的报表很多，这里主要指与财务评价指标计算直接相关的报表，包括利润与利润分配表、项目投资现金流量表、项目资本金现金流量表、投资各方现金流量表、借款还本付息计划表、财务计划现金流量表和资产负债表。

(一)利润与利润分配表

该表反映项目计算期内各年的利润总额、所得税及所得税后利润的分配情况，可用以计算总投资收益率、资本金净利润率等评价指标。其格式如表 5-14 所示。

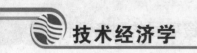

表 5-14　利润与利润分配表(新设法人项目)

人民币单位：万元

序号	项　目	合计	计 算 期					
			1	2	3	4	…	n
1	营业收入							
2	总成本费用							
3	营业税金及附加							
4	补贴收入							
5	利润总额(1-2-3+4)							
6	弥补以前年度亏损							
7	应纳税所得额(5-6)							
8	所得税							
9	净利润(5-8)							
10	期初未分配利润							
11	可供分配利润(9+10)							
12	提取法定盈余公积金							
13	可供投资者分配的利润(11-12)							
14	应付优先股股利							
15	提取任意盈余公积金							
16	应付普通股股利(13-14-15)							
17	各投资方利润分配							
	其中：××方							
	××方							
18	未分配利润(13-14-15-17)							
19	息税前利润(利润总额+利息支出)							
20	息税折旧摊销前利润(息税前利润+折旧+摊销)							

注：1.对于外商投资项目，由第 11 项减去储备基金、职工奖励与福利基金和企业发展基金后，得出可供投资者分配的利润。

2.第 14～16 项根据企业性质和具体情况选择填列。

3.法定盈余公积金按净利润计提。

(二)各类现金流量表

1. 项目投资现金流量表

该表不分投资资金来源，从项目全部投资的角度考察项目的现金流量，用以计算全部投资所得税前财务内部收益率、财务净现值、财务净现值率及投资回收期等指标，考察项目全部投资的盈利能力，为各个投资方案(不论其资金来源及利息多少)进行比较建立共同基础。其格式如表 5-15 所示。

表 5-15　项目投资现金流量表(新设法人项目)

人民币单位：万元

序号	项　目	合计	计　算　期					
			1	2	3	4	…	n
1	现金流入							
1.1	营业收入							
1.2	补贴收入							
1.3	回收固定资产余值							
1.4	回收流动资金							
2	现金流出							
2.1	建设投资							
2.2	流动资金							
2.3	经营成本							
2.4	营业税金及附加							
2.5	维持运营投资							
3	所得税前净现金流量(1-2)							
4	累计所得税前净现金流量							
5	调整所得税							
6	所得税后净现金流量(3-5)							
7	累计所得税后净现金流量							

计算指标：

项目投资财务内部收益率(%)(所得税前)：

项目投资财务内部收益率(%)(所得税后)：

项目投资财务净现值(所得税前)(i_c=%)：

项目投资财务净现值(所得税后)(i_c=%)：

项目投资回收期(年)(所得税前)：

项目投资回收期(年)(所得税后)：

注：1.本表适用于新设法人项目与既有法人项目的"有项目"和增量的现金流量分析。

　　2.调整所得税为以息税前利润为基数计算的所得税，区别于"利润与利润分配表""项目资本金现金流量表"和"财务计划现金流量表"中的所得税。

2. 资本金财务现金流量表

该表从投资者的角度出发，以项目资本金为计算基础，把借款本金偿还和利息支付作为现金流出，用以计算资本金收益率指标，考察项目资本金的盈利能力。其格式如表 5-16 所示。

表 5-16　项目资本金现金流量表(新设法人项目)

人民币单位：万元

序号	项 目	合计	计 算 期					
			1	2	3	4	…	n
1	现金流入							
1.1	营业收入							
1.2	补贴收入							
1.3	回收固定资产余值							
1.4	回收流动资金							
2	现金流出							
2.1	项目资本金							
2.2	借款本金偿还							
2.3	借款利息支付							
2.4	经营成本							
2.5	营业税金及附加							
2.6	所得税							
2.7	维持运营投资							
3	净现金流量(1-2)							

计算指标：

资本金财务内部收益率(%)：

注：1.项目资本金包括用于建设投资、建设期利息和流动资金的资金。

2.对外商投资项目，现金流出中应增加职工奖励及福利基金科目。

3.本表适用于新设法人项目与既有法人项目"有项目"的现金流量分析。

3. 投资各方现金流量表

该表从投资者各方的角度出发，分别反映各投资者发生的现金流入和现金流出，用于计算投资各方收益率。其格式如表 5-17 所示。

表 5-17　投资各方现金流量表(新设法人项目)

人民币单位：万元

序号	项 目	合计	计 算 期					
			1	2	3	4	…	n
1	现金流入							
1.1	实分利润							
1.2	资产处置收益分配							
1.3	租赁费收入							
1.4	技术转让或使用收入							
1.5	其他现金流入							

续表

序号	项 目	合计	计 算 期					
			1	2	3	4	…	n
2	现金流出							
2.1	实缴资本							
2.2	租赁资产支出							
2.3	其他现金流出							
3	净现金流量(1-2)							

计算指标:

投资各方财务内部收益率(%):

注:本表可按不同投资方分别编制。

1. 投资各方现金流量表既适用于内资企业,也适用于外商投资企业;既适用于合资企业,也适用于合作企业。

2. 投资各方现金流量表中现金流入是指出资方因该项目的实施将实际获得的各种收入,现金流出是指出资方因该项目的实施将实际投入的各种支出。表中科目应根据项目具体情况调整。

(1) 实分利润是指投资者由项目获得的利润。

(2) 资产处置收益分配是指对有明确的合营期限或合资期限的项目,在期满时对资产余值按股比或约定比例的分配。

(3) 租赁收入是指出资方将自己的资产租赁给项目使用所获得的收入,此时应将资产价值作为现金流出,列为租赁资产支出科目。

(4) 技术转让或使用收入是指出资方将专利或专有技术转让或允许该项目使用所获得的收入。

(三)借款还本付息计划表

本表用于反映项目建设期内各年的各种借款本金偿还和利息支付情况,并计算利息备付率和偿债备付率指标。其格式如表5-18所示。

表5-18 借款还本付息计划表

人民币单位:万元

序号	项 目	合计	计 算 期					
			1	2	3	4	…	n
1	借款1							
1.1	期初借款余额							
1.2	当期还本付息							
	其中:还本							
	付息							
1.3	期末借款余额							
2	借款2							
2.1	期初借款余额							

序号	项目	合计	计算期					
			1	2	3	4	…	n
2.2	当期还本付息							
	其中：还本							
	付息							
2.3	期末借款余额							
3	债券							
3.1	期初债券余额							
3.2	当期还本付息							
	其中：还本							
	付息							
3.3	期末债券余额							
4	借款和债券合计							
4.1	期初余额							
4.2	当期还本付息							
	其中：还本							
	付息							
4.3	期末余额							
计算指标	利息备付率(%)							
	偿债备付率(%)							

注：1.本表可与"建设期利息估算表"合二为一。

2.本表直接适用于新设法人项目，如有多种借款或债券，必要时应分别列出。

3.对于既有法人项目，在按有项目范围进行计算时，可根据需要增加项目范围内原有借款的还本付息计算；在计算企业层次的还本付息时，可根据需要增加项目范围外借款的还本付息计算；当简化直接进行项目层次新增借款还本付息计算时，可直接按新增数据进行计算。

4.本表可另加流动资金借款的还本付息计算。

(四)财务计划现金流量表

该表用于反映项目计算期内各年的投资、融资及生产经营活动的资金流入、流出情况，计算净现金流量和累积盈余资金，分析项目的财务生存能力；还可为编制资产负债表提供依据。其格式如表 5-19 所示。

(五)资产负债表

该表用于综合反映项目计算期内各年年末的资产、负债和所有者权益的增减变化及对应关系，以考察项目资产、负债及所有者权益的结构是否合理，并用以计算资产负债率，以进行项目的偿债能力分析。其格式如表 5-20 所示。

表 5-19　财务计划现金流量表(新设法人项目)

人民币单位：万元

序号	项　目	合计	计 算 期					
			1	2	3	4	⋯	n
1	经营活动净现金流量(1.1-1.2)							
1.1	现金流入							
1.1.1	营业收入							
1.1.2	增值税销项税额							
1.1.3	补贴收入							
1.1.4	其他流入							
1.2	现金流出							
1.2.1	经营成本							
1.2.2	增值税进项税额							
1.2.3	营业税金及附加							
1.2.4	增值税							
1.2.5	所得税							
1.2.6	其他流出							
2	投资活动净现金流量(2.1-2.2)							
2.1	现金流入							
2.2	现金流出							
2.2.1	建设投资							
2.2.2	维持运营投资							
2.2.3	流动资金							
2.2.4	其他流出							
3	筹资活动净现金流量(3.1-3.2)							
3.1	现金流入							
3.1.1	项目资本金投入							
3.1.2	建设投资借款							
3.1.3	流动资金借款							
3.1.4	债券							
3.1.5	短期借款							
3.1.6	其他流入							
3.2	现金流出							
3.2.1	各种利息支出							
3.2.2	偿还债务本金							
3.2.3	应付利润(股利分配)							
3.2.4	其他流出							

序号	项 目	合计	计 算 期					
			1	2	3	4	…	n
4	净现金流量(1+2+3)							
5	累计盈余资金							

注：1.对于新设法人项目，本表投资活动的现金流入为0。

2.对于既有法人项目，可适当增加科目。

3.必要时，现金流出中可增加应付优先股股利科目。

4.对外商投资项目，应将职工奖励与福利基金作为经营活动现金流出。

表5-20　资产负债表

人民币单位：万元

序 号	项 目	计 算 期					
		1	2	3	4	…	n
1	资产						
1.1	流动资产总额						
1.1.1	货币资金						
1.1.2	应收账款						
1.1.3	预付账款						
1.1.4	存货						
1.1.5	其他						
1.2	在建工程						
1.3	固定资产净值						
1.4	无形及其他资产净值						
2	负债及所有者权益(2.4+2.5)						
2.1	流动负债总额						
2.1.1	短期借款						
2.1.2	应付账款						
2.1.3	预收账款						
2.1.4	其他						
2.2	建设投资借款						
2.3	流动资金借款						
2.4	负债小计(2.1+2.2+2.3)						
2.5	所有者权益						
2.5.1	资本金						
2.5.2	资本公积金						
2.5.3	累计盈余公积金						
2.5.4	累计未分配利润						
计算指标：							
资产负债率(%)：							

二、新设法人项目的盈利能力分析

盈利能力分析是项目财务评价的主要内容之一，是在编制现金流量表的基础上，计算财务内部收益率、财务净现值、投资回收期和静态投资收益率等指标。其中财务内部收益率为项目的主要盈利性指标，其他指标可根据项目特点及财务评价的目的、要求等选用。

(一)财务内部收益率

财务内部收益率是指使项目在整个计算期内各年的财务净现金流量的现值之和为 0 时的折现率，它是评价项目盈利能力的一项动态指标，它由下式确定：

$$\sum_{t=0}^{n}(CI - CO)_t(1 + FIRR)^{-t} = 0 \tag{5-42}$$

式中： FIRR ——财务内部收益率；

    CI——现金流入量；

    CO——现金流出量；

    $(CI - CO)_t$ ——第 t 期的净现金流量；

    n——项目计算期。

其余符号含义同前。

运用财务内部收益率指标进行项目盈利能力的分析，应采用行业发布或者设定的财务基准收益率(i_c)进行评判，当 $FIRR \geq i_c$ 时，即认为项目的盈利能力能够满足要求，项目方案在财务上可考虑接受。

按分析范围和对象不同，财务内部收益率分为项目投资财务内部收益率、资本金财务内部收益率和投资各方财务内部收益率。

1. 项目投资财务内部收益率

它是考察项目全部投资的盈利能力的一项指标，反映了整个项目的盈利能力。可分别计算所得税前和所得税后指标值，供决策者进行项目方案比选和银行、金融机构进行信贷决策时参考。

2. 资本金财务内部收益率

它是以项目资本金为计算基础，反映项目全部资本金的所得税后盈利能力的一项评价指标。一般只计算所得税后的指标值，并供项目投资者进行投资与否的决策参考。

3. 投资各方内部收益率

它是以投资各方出资额为计算基础，反映每一个投资者所投入资金的盈利能力。一般只计算所得税后的指标值，每个值供对应的投资者决策参考。

(二)财务净现值

财务净现值是在项目计算期内各年的净现金流量用财务基准收益率 i_c 折现到项目 0 时刻后的现值之和，也是项目盈利能力的动态评价指标，其计算表达式为：

$$FNPV = \sum_{t=0}^{n} (CI - CO)_t (1 + i_c)^{-t} \qquad (5\text{-}43)$$

式中：FNPV——财务净现值；

    i_c——财务基准收益率；

其余符号含义同前。

财务净现值是评价项目盈利能力的绝对指标，它反映项目在按设定折现率 i_c 水平获得收益以外，所获得的超额收益的现值。

一般只计算项目投资财务净现值，可根据需要选择计算所得税前净现值或所得税后净现值。当财务净现值等于或大于 0 时，表明项目的盈利能力达到或者超过设定的盈利水平，因而项目可行。

(三)投资回收期

投资回收期一般特指静态投资回收期，它是指在不考虑资金时间价值的前提下，用项目未扣除投资额的净现金流量回收全部投资所需的时间，一般以年为单位，并从项目建设起始年算起。若从项目投产年算起，应予以特别注明。

投资回收期可根据项目投资现金流量表计算，现金流量表中累计净现金流量由负值变为 0 的时点，即为项目的投资回收期。其计算式为：

$$P_t = T - 1 + \frac{\left| \sum_{t=0}^{T-1} (CI - CO)_t \right|}{(CI - CO)_T} \qquad (5\text{-}44)$$

式中：P_t——投资回收期；

    T——累计净现金流量首次出现正值或 0 的年数；

    $(CI - CO)_T$——第 T 年的净现金流量。

投资回收期的判别标准是基准投资回收期，其取值可根据行业水平或者投资者的要求设定。

若投资回收期小于或等于基准投资回收期，则表明用投资回收期表示的项目盈利能力满足要求，因而项目可行。投资回收期越短，项目投资回收越快，抗风险能力越强。

(四)总投资收益率

总投资收益率指项目达到设计能力后正常年份的年息税前利润或运营期内年平均息税前利润与项目总投资的比率，是一个静态评价指标。其计算式为：

$$ROI = \frac{EBIT}{TI} \times 100\% \qquad (5\text{-}45)$$

式中：ROI——总投资收益率；

    EBIT——项目达到设计能力后正常年份的年息税前利润或年平均息税前利润；

    TI——项目总投资额。

如果总投资收益率不低于同行业的收益率参考值，表明用总投资收益率表示的盈利能力满足要求。

(五)资本金净利润率

资本金净利润率指项目达到设计能力后正常年份的年净利润或运营期内年平均净利润(NP)与项目资本金(EC)的比率。其计算式为：

$$ROE = \frac{NP}{EC} \times 100\%$$

(5-46)

式中：ROE——资本金净利润率；

     NP——年或年平均净利润；

     EC——项目资本金。

如果资本金净利润率不低于同行业的净利润率参考值，表明用项目资本金净利润率表示的盈利能力满足要求，即项目可行。

三、新设法人项目的偿债能力分析

新设法人项目的偿债能力是指项目偿还债务的能力，反映项目偿债能力的指标主要有利息备付率、偿债备付率、资产负债率、流动比率和速动比率。

(一)利息备付率

利息备付率是指项目在借款偿还期内，可用于支付利息的税息前利润与应付利息的比值。它从付息资金来源的充裕性角度反映项目偿付债务利息的保障程度，其计算公式为：

$$ICR = \frac{EBIT}{PI}$$

(5-47)

式中：ICR——利息备付率；

     EBIT——息税前利润；

     PI——应付利息。

利息备付率应分年计算。利息备付率高，表明利息偿付的保障程度高。

利息备付率应当大于2，并结合债权人的要求确定。如果小于2或规定的其他值，则表示付息能力保障程度不足。

(二)偿债备付率

偿债备付率是指项目在借款偿还期内，可用于还本付息资金金额与应还本付息金额的比值，它表示可用于还本付息的资金偿还借款本息的保障程度，其计算公式为：

$$DSCR = \frac{EBITDA - T_{AX}}{PD}$$

(5-48)

式中：DSCR——偿债备付率；

     $EBITDA - T_{AX}$——可用于还本付息的资金额；

     EBITDA——息税前利润加折旧和摊销；

     T_{AX}——企业所得税；

     PD——应还本付息金额，包括还本金额和计入总成本费用的全部利息。融资租赁费用可视同借款偿还。运营期内的短期借款本息也应纳入计算。

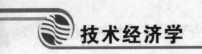

偿债备付率应按年计算。偿债备付率越高，表明可用于还本付息的资金保障程度越高。

偿债备付率应当大于 1.3，并结合债权人的要求确定。如果小于 1.3 或规定的其他值，则表明偿债能力保障程度不足。

(三)资产负债率

资产负债率是指项目各期末的负债总额与资产总额的比率，其计算公式为：

$$LOAR = \frac{TL}{TA} \times 100\% \tag{5-49}$$

式中：TL——期末负债总额；

TA——期末资产总额。

资产负债率越低，说明项目通过借债筹集的资产越少，项目的偿债风险和债权人的放贷风险越低，但同时也说明项目的融资能力可能较差。适度的资产负债率，表明企业经营安全、稳健，具有较强的筹资能力，也表明项目和债权人的风险较小。一般认为，资产负债率的适宜水平在 40%～60%，但在不同行业、不同地区、不同类型的企业、不同竞争环境下会有而且应该有差别，有的行业还可能超出这个范围。

项目财务分析中，在长期债务还清后，可不再计算资产负债率。

(四)流动比率

流动比率是指流动资产与流动负债之比，反映法人偿还流动负债的能力。其计算公式为：

$$流动比率 = \frac{流动资产}{流动负债} \tag{5-50}$$

流动比率越高，说明偿还短期债务的能力越强。但该比率并非越高越好，资金过多地滞留在流动资产科目，可能是应收账款和存货过多所致。合理的比率在 1.0～2.0。

(五)速动比率

速动比率是指速动资产与流动负债之比，反映法人在短时间内偿还流动负债的能力。其计算公式为：

$$速动比率 = \frac{速动资产}{流动负债} \times 100\% \tag{5-51}$$

其中：

$$速动资产 = 流动资产 - 存货$$

一般认为，合理的速动比率在 0.6～2.0，但不同的行业会有不同的要求。低于 0.6，被认为是短期偿还流动负债的能力偏低。

四、新设法人项目的财务生存能力分析

在项目运营期间，确保从各项经济活动中得到足够的净现金流量是项目能够持续生存的必要条件。因此，需要从以下两个方面进行分析。

(一)经营净现金流量分析

拥有足够的经营净现金流量是项目财务可持续的基本条件，特别是在运营初期。一个项目具有较大的经营净现金流量，说明项目方案比较合理，实现自身资金平衡的可能性较大。反之，一个项目不能产生足够的经营净现金流量，或经营净现金流量为负，说明项目维持正常运营会遇到财务上的困难，项目方案缺乏合理性，实现自身资金平衡的可能性较小，有可能要靠短期融资来维持运营；或者是非经营项目本身无能力实现自身资金平衡，要靠政府补贴。

(二)累计盈余资金分析

各年累计盈余资金不出现负值是项目财务生存的必要条件。如果出现负值，说明项目的财务生存能力不足，应及时进行短期融资。同时，还要分析短期融资的年份长短和数额大小，进一步判断项目的财务生存能力，因为较大的或较频繁的短期融资，有可能导致以后的累计盈余资金无法实现正值，致使项目难以持续运营。为维持项目正常运营，还应分析短期借款的可靠性。

五、某污水处理项目财务评价案例

(一)项目概述

某污水处理项目是一新建项目，位于某城西侧建材厂旁，其功能是处理包括城河北区、城西区、旧城区的生活污水及工业废水。

该项目的财务评价是在完成污水量和水质预测、建设规模及污水处理程度、厂址选择、污水处理工艺方案设计、总平面布置及公用工程设计、环境影响评价、劳动安全卫生与消防、节能节水、工厂组织和定员、项目实施进度安排诸方面进行研究论证和多方案比较后，确定了最佳方案的基础上进行的。

(二)基础数据

1. 生产规模

日处理污水规模为 1 万立方米/天。

2. 项目实施进度与计算期

项目建设期为 2 年。项目的污水处理厂建成后，因受污水量等多种因素的影响，有一段时间不能满负荷运行，财务评价确定该项目实际处理能力与设计日处理能力的比例为运营期第一年 80%，第二年达到 100%。根据行业和本项目实际情况，项目的生产服务期定为 18 年，整个计算期为 20 年。

3. 总投资估算及资金筹措

1) 总投资估算

(1) 建设投资估算。建设投资分为工程费用(包括建筑工程费、设备及工器具购置费、安装工程费)、工程建设其他费用和预备费，其中：工程费用采用分项详细估算法进行估算，估算总额为 1613.3 万元；工程建设其他费用按国家和地方政府的有关标准进行估算，估算总额为 410.8 万元；预备费用按工程费用、工程建设其他费用之和的 10%计算，估算总额为 202.4 万元；

建设投资总额=1613.3+410.8+202.4=2226.5(万元)

详见建设投资估算表(见表 5-21)。

表 5-21　建设投资估算表(概算法)

人民币单位：万元

序号	工程或费用名称	建筑工程费	设备购置费	安装工程费	其他费用	合计	其中：外币	比例(%)
1	工程费用	912.00	551.6	149.7		1613.3		72.5
1.1	主体工程	249	301.1	77.67		627.77		
1.1.1	水处理	237	281.1	73.67		591.77		
1.1.2	污泥处理	12	20	4		36		
1.2	辅助工程	35	20	4		59		
1.2.1	变配电室	15	20	4		39		
1.2.2	仓库	5				5		
1.2.3	车库	5				5		
1.2.4	机修间	10				10		
1.3	公用工程	90	200.5	62		352.5		
1.3.1	总图运输	50				50		
1.3.2	土方平衡	30				30		
1.3.3	绿化	10				10		
1.3.4	电气设备、仪表		188	62		250		
1.3.5	工器具、办公用品		12.5			12.5		
1.4	服务性工程	58	30	6		94		
1.4.1	综合楼	56	30	6		92		
1.4.2	传达室	2				2		
1.5	厂外工程	480				480		
1.5.1	截流干管	480				480		
2	工程建设其他费用	0	0	0	410.8	410.8		18.5
2.1	征地费用与征地管理费				225	225.0		
2.2	建设单位管理费				16.1	16.1		
2.3	监理费质量监督费				40.3	40.3		
2.4	办公器具购置费				3.5	3.5		
2.5	工程设计费				56.5	56.5		
2.6	预算编制费				5.6	5.6		

续表

序号	工程或费用名称	建筑工程费	设备购置费	安装工程费	其他费用	合计	其中：外币	比例(%)
2.7	工程勘察费				22.6	22.6		
2.8	竣工图编制费				4.5	4.5		
2.9	工程招投标费				4.0	4.0		
2.10	标书编制费				1.6	1.6		
2.11	联合试运转费				5.5	5.5		
2.12	开办费				12.9	12.9		
2.13	生产准备费				12.6	12.6		
3	预备费				202.4	202.4		9.1
3.1	基本预备费				202.4	202.4		
3.2	涨价预备费							
4	建设投资合计 (1+2+3)	912.0	551.6	149.7	613.3	2226.5		
	比例(%)	41.0	24.8	6.7	27.5			100

(2) 建设期利息估算。本项目向银行借款用于建设投资，年利息率(复利)为 5.76%，建设期利息共计 27.4 万元，具体估算如表 5-22 所示。

表 5-22　建设期利息估算表

人民币单位：万元

序号	项目	合计	建设期 1	建设期 2
1	借款			
1.1	建设期利息	27.4	7.0	20.4
1.1.1	期初借款余额			250.0
1.1.2	当期借款		243	208.6
1.1.3	当期应计利息	27.4	7.0	20.4
1.1.4	期末借款余额		250.0	479.0
1.2	其他融资费用			
1.3	小计(1.1+1.2)	27.4	7.0	20.4
2	债券			
2.1	建设期利息			
2.1.1	期初债券余额			
2.1.2	当期债券金额			
2.1.3	当期应计利息			
2.1.4	期末债券余额			

续表

序 号	项 目	合 计	建 设 期 1	建 设 期 2
2.2	其他融资费用			
2.3	小计(2.1+2.2)			
3	合计(1.3+2.3)	27.4	7.0	20.4
3.1	建设期利息合计(1.1+2.1)	27.4	7.0	20.4
3.2	其他融资费用合计(1.2+2.2)	0	0	0

(3) 流动资金估算。流动资金用分项详细估算法进行估算，估算总额为 26.1 万元，详见流动资金估算表(见表 5-23)。

所以，项目总投资=建设投资+建设期利息+流动资金投资=2226.5+27.4+26.1=2280.1(万元)。

2) 投资使用计划与资金筹措

建设期 2 年内分年度用款计划为第一年 60%，第二年 40%。流动资金分别在第三年、第四年年初按生产负荷投入。

本项目的资金来源：由地方财政提供资本金 782.7 万元，西部开发建设基金 1000 万元，银行贷款 497.3 万元。

各年的用款额及资金来源详见表 5-24。

4. 成本费用估算

正常年度的各项成本费用估算如下所述。

1) 药剂费估算

高分子絮凝剂年用量 666 千克，单价为 50000 元/吨，年费用 3.33 万元；液氯年用量 7.3 吨，单价 2600 元/吨，年费用 1.9 万元。正常生产年份，药剂费合计 5.23 万元。

2) 动力费估算

年耗电量 95.26 万千瓦时，单价为 0.5 元/千瓦时，正常生产年份的动力费为 47.63 万元。

3) 工资及福利费估算

全厂定员 35 人，人均工资及福利费按 12000 元/(人·年)计。

4) 修理费估算

修理费按固定资产原值的 1.5%计算，每年的修理费为 30.05 万元。

5) 固定资产折旧费计算

取残值率 4%，折旧年限 18 年，则年折旧率为 5.3%，各年的折旧费详见固定资产折旧估算表(见表 5-25)。

6) 无形资产和其他资产摊销计算

无形资产和其他资产的摊销均采用平均年限法，按 18 年平均分摊，各年摊销额详见无形资产和其他资产摊销估算表(见表 5-26)。

7) 其他费用估算

其他费用按药剂费、动力费、工资福利费、维修费、折旧费和摊销费总和的 10%计算。

表5-23　流动资金估算表

人民币单位：万元

序号	项目	最低周转天数	周转次数	运营期																	
				3	4	5	6	7	8	9	10	11	12	13	14	15	16	17	18	19	20
1	流动资产			32.5	35.0	35.0	35.0	35.0	35.0	35.0	35.0	35.0	35.0	35.0	35.0	35.0	35.0	35.0	35.0	35.0	35.0
1.1	应收账款	60	6	23.0	24.9	24.9	24.9	24.9	24.9	24.9	24.9	24.9	24.9	24.9	24.9	24.9	24.9	24.9	24.9	24.9	24.9
1.2	存货	120	3	1.4	1.7	1.7	1.7	1.7	1.7	1.7	1.7	1.7	1.7	1.7	1.7	1.7	1.7	1.7	1.7	1.7	1.7
1.2.1	原材料1			1.4	1.7	1.7	1.7	1.7	1.7	1.7	1.7	1.7	1.7	1.7	1.7	1.7	1.7	1.7	1.7	1.7	1.7
……	辅助材料			1.4	1.7	1.7	1.7	1.7	1.7	1.7	1.7	1.7	1.7	1.7	1.7	1.7	1.7	1.7	1.7	1.7	1.7
1.2.2	燃料																				
1.2.3	在产品																				
1.2.4	产成品																				
1.2.5	其他材料																				
1.3	现金	45	8	8.2	8.3	8.3	8.3	8.3	8.3	8.3	8.3	8.3	8.3	8.3	8.3	8.3	8.3	8.3	8.3	8.3	8.3
1.4	预付账款																				
2	流动负债			7.0	8.8	8.8	8.8	8.8	8.8	8.8	8.8	8.8	8.8	8.8	8.8	8.8	8.8	8.8	8.8	8.8	8.8
2.1	应付账款	60	6	7.0	8.8	8.8	8.8	8.8	8.8	8.8	8.8	8.8	8.8	8.8	8.8	8.8	8.8	8.8	8.8	8.8	8.8
2.2	预收账款																				
3	流动资金(1-2)			25.5	26.1	26.1	26.1	26.1	26.1	26.1	26.1	26.1	26.1	26.1	26.1	26.1	26.1	26.1	26.1	26.1	26.1
4	流动资金当期增加额			25.5	0.7																

表 5-24　项目总投资使用计划与资金筹措表

人民币单位：万元

序　号	项　　目	合　计	1	2	3	4
1	总投资	2280.1	1342.9	911.0	25.5	0.7
1.1	建设投资	2226.5	1335.9	890.6		
1.2	建设期利息	27.4	7.0	20.4		
1.3	流动资金	26.1			25.5	0.7
2	资金筹措	2280.1	1342.9	911.0	25.5	0.7
2.1	资本金	782.7	592.9	182.0	7.8	0.0
2.1.1	用于建设投资	774.9	592.9	182.0		
2.1.2	用于流动资金	7.8			7.8	
2.1.3	用于建设期利息	0.0				
2.2	债务资金	497.3	250.0	229.0	17.6	0.7
2.2.1	用于建设投资	451.6	243.0	208.6		
	银行借款	451.6	243.0	208.6		
2.2.2	用于建设期利息	27.4	7.0	20.4		
	银行借款	27.4	7.0	20.4		
2.2.3	用于流动资金	18.3			17.6	0.7
	银行借款	18.3			17.6	0.7
2.3	西部开发建设基金	1000.0	500.0	500.0		

8)　借款利息计算

运营期的利息支出为长期贷款在运营期发生的利息与流动资金贷款利息之和，贷款利率为 5.76%。其中建设期银行借款利息的计算见借款还本付息计划表(见表 5-27)。

根据以上数据编制总成本费用估算表(见表 5-28)。

5. 营业收入、营业税金及附加估算

根据有关规定，污水处理项目可以通过向用户收取污水处理费来获得收入。但由于污水处理项目为公共事业项目，不能以盈利为目的，所以应在综合考虑以下两点的前提下确定污水处理费收费标准：一是用户特别是居民的承受能力，二是项目能偿还借款并实现微利(获得基准收益率)。经测算，委托自来水公司收取的污水处理费宜为 0.91 元/吨。因此，在不考虑外界因素的影响而增大或减少处理能力的情况下，项目正常年份的污水处理收费收入为 332.2 万元。

按照我国现行有关税收政策的规定，污水处理费不缴纳增值税和营业税，则城市维护建设税和教育费附加也相应为 0，因此，本项目的营业税金及附加为 0。

根据以上数据可编制"营业收入、营业税金及附加估算表"，鉴于此表只有营业收入这一项数据，故此略。

表 5-25　固定资产折旧估算表

单位：万元

序号	项目	合计	折旧年限	折旧率	运营期																	
					3	4	5	6	7	8	9	10	11	12	13	14	15	16	17	18	19	20
1	固定资产	2003.4	18																			
1.1	折旧费			5.3%	106.2	106.2	106.2	106.2	106.2	106.2	106.2	106.2	106.2	106.2	106.2	106.2	106.2	106.2	106.2	106.2	106.2	106.2
1.2	净值				1897.2	1791.1	1684.9	1578.7	1472.5	1366.3	1260.2	1154.0	1047.8	941.6	835.4	729.2	623.1	516.9	410.7	304.5	198.3	92.2

表 5-26　无形资产和其他资产摊销估算表

单位：万元

序号	项目	合计	摊销年限	运营期																	
				3	4	5	6	7	8	9	10	11	12	13	14	15	16	17	18	19	20
1	无形资产	225.0	18																		
1.1	摊销			12.5	12.5	12.5	12.5	12.5	12.5	12.5	12.5	12.5	12.5	12.5	12.5	12.5	12.5	12.5	12.5	12.5	12.5
1.2	净值			212.5	200.0	187.5	175.0	162.5	150.0	137.5	125.0	112.5	100.0	87.5	75.0	62.5	50.0	37.5	25.0	12.5	0.0
2	其他资产	25.5	18																		
2.1	摊销			1.4	1.4	1.4	1.4	1.4	1.4	1.4	1.4	1.4	1.4	1.4	1.4	1.4	1.4	1.4	1.4	1.4	1.4
2.2	净值			24.1	22.7	21.3	19.8	18.4	17.0	15.6	14.2	12.8	11.3	9.9	8.5	7.1	5.7	4.3	2.8	1.4	0.0
3	合计																				
3.1	原值	250.5																			
3.2	当期摊销			13.9	13.9	13.9	13.9	13.9	13.9	13.9	13.9	13.9	13.9	13.9	13.9	13.9	13.9	13.9	13.9	13.9	13.9
3.3	净值			236.6	222.7	208.8	194.8	180.9	167.0	153.1	139.2	125.3	111.3	97.4	83.5	69.6	55.7	41.8	27.8	13.9	0.0

表5-27　借款还本付息计划表

单位：万元

项　目	合　计	计　算　期					
		1	2	3	4	5	6
期初借款余额		0	250.0	479.0	379.7	227.4	78.1
当期还本付息				126.9	174.2	162.4	82.6
其中：还本	479.0			99.33	152.3	149.3	78.1
付息	67.1			27.6	21.9	13.1	4.5
期末借款余额		250.0	479.0	379.7	227.4	78.1	0.0
利息备付率(%)				27.4	273.2	442.6	1128.3
偿债备付率(%)				100.0	100.7	102.0	196.0

6. 利润及其分配

本项目的利润及其分配估算见利润与利润分配表(见表 5-29)。正常年份的利润总额为61.6 万元，其分配顺序如表所示。其中所得税按当时的 33%计取，法定盈余公积金按可供分配利润的 10%计提，不考虑计提任意盈余公积金。因投资主体是政府，而且项目只是微利，所以也不进行股利分配，并尽力先偿还借款本金。

7. 财务评价参数

污水处理工程是具有公益性质的城市基础工程项目。参照类似城市污水处理设施项目的财务评价参数，融资前税前基准收益率取 4%，资本金税后财务基准收益率取 4%，标准投资回收期取 18 年。

(三)财务评价指标分析

1. 财务盈利能力分析

1)　财务内部收益率(FIRR)

根据项目投资现金流量表(见表 5-30)和项目资本金现金流量表(见表 5-31)，求得各财务内部收益率指标值如下。

项目投资财务内部收益率(所得税前)为 4.06%，大于 4%，所以项目可行。

项目投资财务内部收益率(所得税后)为 2.85%。

资本金财务内部收益率为 10.61%，大于 4%，所以项目可行。

2)　财务净现值(FNPV)

根据项目投资现金流量表求得项目投资财务净现值指标值如下。

项目投资财务净现值(所得税前)(i_c=4%)为 10.9 万元。

项目投资财务净现值(所得税后)(i_c=4%)为-214.97 万元。

从所得税前的财务净现值指标来看，该项目可行。

表5-28　总成本费用估算表（生产要素法）

单位：万元

序号	项目	合计	运营期																	
	年份		3	4	5	6	7	8	9	10	11	12	13	14	15	16	17	18	19	20
	生产负荷(%)		80	100	100	100	100	100	100	100	100	100	100	100	100	100	100	100	100	100
1	外购原材料费（药剂费）	93.1	4.2	5.2	5.2	5.2	5.2	5.2	5.2	5.2	5.2	5.2	5.2	5.2	5.2	5.2	5.2	5.2	5.2	5.2
2	外购燃料费	0.0	0.0	0.0	0.0	0.0	0.0	0.0	0.0	0.0	0.0	0.0	0.0	0.0	0.0	0.0	0.0	0.0	0.0	0.0
3	外购动力费	847.8	38.1	47.6	47.6	47.6	47.6	47.6	47.6	47.6	47.6	47.6	47.6	47.6	47.6	47.6	47.6	47.6	47.6	47.6
4	工资及福利费	756.0	42	42	42	42	42	42	42	42	42	42	42	42	42	42	42	42	42	42
5	修理费	540.9	30.1	30.1	30.1	30.1	30.1	30.1	30.1	30.1	30.1	30.1	30.1	30.1	30.1	30.1	30.1	30.1	30.1	30.1
6	其他费用	440.0	23.4	24.5	24.5	24.5	24.5	24.5	24.5	24.5	24.5	24.5	24.5	24.5	24.5	24.5	24.5	24.5	24.5	24.5
7	经营成本(1+2+3+5+6)	2677.8	137.8	149.4	149.4	149.4	149.4	149.4	149.4	149.4	149.4	149.4	149.4	149.4	149.4	149.4	149.4	149.4	149.4	149.4
8	折旧费	1911.3	106.2	106.2	106.2	106.2	106.2	106.2	106.2	106.2	106.2	106.2	106.2	106.2	106.2	106.2	106.2	106.2	106.2	106.2
9	摊销费	250.5	13.9	13.9	13.9	13.9	13.9	13.9	13.9	13.9	13.9	13.9	13.9	13.9	13.9	13.9	13.9	13.9	13.9	13.9
10	利息支出	86.0	28.6	22.9	14.2	5.6	1.1	1.1	1.1	1.1	1.1	1.1	1.1	1.1	1.1	1.1	1.1	1.1	1.1	1.1
11	总成本费用(7+8+9+10)	4925.5	286.5	292.4	283.7	275.1	270.6	270.6	270.6	270.6	270.6	270.6	270.6	270.6	270.6	270.6	270.6	270.6	270.6	270.6
	其中：固定成本	3984.7	244.2	239.6	230.8	222.2	217.7	217.7	217.7	217.7	217.7	217.7	217.7	217.7	217.7	217.7	217.7	217.7	217.7	217.7
	变动成本	940.9	42.3	52.9	52.9	52.9	52.9	52.9	52.9	52.9	52.9	52.9	52.9	52.9	52.9	52.9	52.9	52.9	52.9	52.9

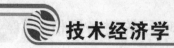

技术经济学

表 5-29　利润与利润分配表

单位：万元

序号	项　目	合计	3	4	5	6	7	8	9	10	11	12	13	14	15	16	17	18	19	20
												计　算　期								
1	营业收入	5912.3	265.7	332.2	332.2	332.2	332.2	332.2	332.2	332.2	332.2	332.2	332.2	332.2	332.2	332.2	332.2	332.2	332.2	332.2
2	总成本费用	4925.5	286.5	292.4	283.7	275.1	270.6	270.6	270.6	270.6	270.6	270.6	270.6	270.6	270.6	270.6	270.6	270.6	270.6	270.6
3	营业税金及附加	0.0	0	0	0	0	0	0	0	0	0	0	0	0	0	0	0	0	0	0
4	补贴收入	0.0	0	0	0	0	0	0	0	0	0	0	0	0	0	0	0	0	0	0
5	利润总额(1-2-3+4)	986.7	-20.8	39.7	48.5	57.1	61.6	61.6	61.6	61.6	61.6	61.6	61.6	61.6	61.6	61.6	61.6	61.6	61.6	61.6
6	弥补以前年度亏损	20.8	0.0	20.8	0.0	0.0	0.0	0.0	0.0	0.0	0.0	0.0	0.0	0.0	0.0	0.0	0.0	0.0	0.0	0.0
7	应纳税所得额(5-6)	986.7	0.0	18.9	48.5	57.1	61.6	61.6	61.6	61.6	61.6	61.6	61.6	61.6	61.6	61.6	61.6	61.6	61.6	61.6
8	所得税	325.6	0.0	6.3	16.0	18.8	20.3	20.3	20.3	20.3	20.3	20.3	20.3	20.3	20.3	20.3	20.3	20.3	20.3	20.3
9	净利润(5-8)	661.1	-20.8	33.5	32.5	38.2	41.3	41.3	41.3	41.3	41.3	41.3	41.3	41.3	41.3	41.3	41.3	41.3	41.3	41.3
10	期初未分配利润	0.0																		
11	可供分配的利润(9+10)	661.1	-20.8	33.5	32.5	38.2	41.3	41.3	41.3	41.3	41.3	41.3	41.3	41.3	41.3	41.3	41.3	41.3	41.3	41.3
12	提取法定盈余公积金(10%)	66.1	0.0	1.3	3.2	3.8	4.1	4.1	4.1	4.1	4.1	4.1	4.1	4.1	4.1	4.1	4.1	4.1	4.1	4.1
13	可供投资者分配的利润(11-12)	595.0	-20.8	32.2	29.2	34.4	37.1	37.1	37.1	37.1	37.1	37.1	37.1	37.1	37.1	37.1	37.1	37.1	37.1	37.1
14	应付优先股股利	0.0																		
15	提取任意盈余公积金	0.0																		
16	应付普通股股利(13-14-15)	595.0	-20.8	32.2	29.2	34.4	37.1	37.1	37.1	37.1	37.1	37.1	37.1	37.1	37.1	37.1	37.1	37.1	37.1	37.1
17	各投资方利润分配	0.0																		
	其中：××方	0.0																		
	××方	0.0																		
18	未分配利润(13-14-15-17)	595.0	-20.8	32.2	29.2	34.4	37.1	37.1	37.1	37.1	37.1	37.1	37.1	37.1	37.1	37.1	37.1	37.1	37.1	37.1
19	息税前利润(利润总额+利息支出)	1072.7	7.8	62.6	62.6	62.6	62.6	62.6	62.6	62.6	62.6	62.6	62.6	62.6	62.6	62.6	62.6	62.6	62.6	62.6
20	息税折旧摊销前利润(息税前利润+折旧+摊销)	3234.5	127.9	182.7	182.7	182.7	182.7	182.7	182.7	182.7	182.7	182.7	182.7	182.7	182.7	182.7	182.7	182.7	182.7	182.7

表 5-30　项目投资现金流量表

单位：万元

序号	项目	合计	1	2	3	4	5	6	7	8	9	10	11	12	13	14	15	16	17	18	19	20
												计算期										
1	现金流入	6030.60	0	0	265.7	332.15	332.15	332.15	332.15	332.15	332.15	332.2	332.2	332.2	332.2	332.2	332.2	332.2	332.2	332.2	332.2	450.5
1.1	营业收入	5912.3			265.7	332.15	332.15	332.15	332.15	332.15	332.15	332.2	332.2	332.2	332.2	332.2	332.2	332.2	332.2	332.2	332.2	332.2
1.2	补贴收入	0.0																				
1.3	回收固定资产余值	92.2																				92.16
1.4	回收流动资金	26.1																				26.15
2	现金流出	4932.7	1335.9	890.6	165.6	150.0	149.4	149.4	149.4	149.4	149.4	149.4	149.4	149.4	149.4	149.4	149.4	149.4	149.4	149.4	149.4	149.4
2.1	建设投资	2226.5	1335.9	890.6																		
2.2	流动资金	28.4			27.9	0.6																
2.3	经营成本	2677.8			137.8	149.4	149.4	149.4	149.4	149.4	149.4	149.4	149.4	149.4	149.4	149.4	149.4	149.4	149.4	149.4	149.4	149.4
2.4	营业税金及附加	0.0			0	0	0	0	0	0	0	0	0	0	0	0	0	0	0	0	0	0
2.5	维持运营投资	0.0																				
3	所得税前净现金流量(1-2)	1097.9	-1335.9	-890.6	100.1	182.2	182.7	182.7	182.7	182.7	182.7	182.7	182.7	182.7	182.7	182.7	182.7	182.7	182.7	182.7	182.7	301.0
4	累计所得税前净现金流量		-1335.9	-2226.5	-2126.5	-1944.3	-1761.5	-1578.8	-1396.1	-1213.3	-1030.6	-847.8	-665.1	-482.4	-299.6	-116.9	65.9	248.6	431.3	614.1	796.8	1097.9
5	调整所得税				2.6	20.7	20.7	20.7	20.7	20.7	20.7	20.7	20.7	20.7	20.7	20.7	20.7	20.7	20.7	20.7	20.7	20.7
6	所得税后净现金流量(3-5)	743.86	-1335.9	-890.6	97.5	161.5	162.1	162.1	162.1	162.1	162.1	162.1	162.1	162.1	162.1	162.1	162.1	162.1	162.1	162.1	162.1	280.4
7	累计所得税后净现金流量		-1335.9	-2226.5	-2129.0	-1967.5	-1805.5	-1643.4	-1481.3	-1319.3	-1157.2	-995.1	-833.1	-671.0	-508.9	-346.9	-184.8	-22.7	139.4	301.4	463.5	743.9

计算指标：

项目投资财务内部收益率(%)(所得税前)：　4.06%

项目投资财务内部收益率(%)(所得税后)：　2.85%

项目投资财务净现值(所得税前)(i_c=4%)：　10.90

项目投资财务净现值(所得税后)(i_c=4%)：　-214.97

项目投资回收期(年)(所得税前)：　14.6

项目投资回收期(年)(所得税后)：　16.1

表 5-31 项目资本金现金流量表

单位: 万元

序号	项目	合计	1	2	3	4	5	6	7	8	9	10	11	12	13	14	15	16	17	18	19	20
												计 算 期										
1	现金流入	6030.6	0	0	265.7	332.2	332.2	332.2	332.2	332.2	332.2	332.2	332.2	332.2	332.2	332.2	332.2	332.2	332.2	332.2	332.2	450.46
1.1	营业收入	5912.3			265.7	332.2	332.2	332.2	332.2	332.2	332.2	332.2	332.2	332.2	332.2	332.2	332.2	332.2	332.2	332.2	332.2	332.2
1.2	补贴收入	0.0																				
1.3	回收固定资产余值	92.2																				92.2
1.4	回收流动资金	26.1																				26.1
2	现金流出	4351.2	592.92	182	273.6	330.9	328.9	251.9	170.8	170.8	170.8	170.8	170.8	170.8	170.8	170.8	170.8	170.8	170.8	170.8	170.8	170.79
2.1	项目资本金	782.7	592.92	182	7.8	0	0															
2.2	借款本金偿还	479.0			99.3	152.3	149.3	78.1	0.0	0.0												
2.3	借款利息支付	86.0			28.6	22.9	14.2	5.6	1.1	1.1	1.1	1.1	1.1	1.1	1.1	1.1	1.1	1.1	1.1	1.1	1.1	1.1
2.4	经营成本	2677.8			137.8	149.4	149.4	149.4	149.4	149.4	149.4	149.4	149.4	149.4	149.4	149.4	149.4	149.4	149.4	149.4	149.4	149.4
2.5	营业税金及附加	0.0			0	0	0	0	0	0	0	0	0	0	0	0	0	0	0	0	0	0
2.6	所得税	325.6			0.00	6.252	16	18.84	20.32	20.32	20.32	20.32	20.32	20.32	20.32	20.32	20.32	20.32	20.32	20.32	20.32	20.32
2.7	维持运营投资	0.0																				
3	净现金流量(1-2)	1679.4	-592.9	-182.0	-7.8	1.3	3.2	80.3	161.4	161.4	161.4	161.4	161.4	161.4	161.4	161.4	161.4	161.4	161.4	161.4	161.4	279.7

计算指标:

资本金财务内部收益率(%): 10.61

3) 投资回收期(T)

根据项目投资现金流量表求得项目投资回收期指标值如下：

$$投资回收期(所得税前) = 15 - 1 + \frac{|-116.9|}{182.9} \approx 14.6(年)$$

$$投资回收期(所得税后) = 17 - 1 + \frac{|-22.7|}{162.1} \approx 16.1(年)$$

所得税前和所得税后的投资回收期均小于标准投资回收期 18 年，所以该项目可行。

4) 总投资收益率

根据利润与利润分配表、项目总投资使用计划与资金筹措表数据，求得总投资收益率为：

$$总投资收益率 = \frac{年平均息税前利润}{建设投资+流动资金} \times 100\% = \frac{1072.7/18}{2226.5 + 26.1} \times 100\% \approx 2.64\%$$

5) 资本金净利润率

$$资本金净利润率 = \frac{年平均净利润}{项目资本金} \times 100\% = \frac{661.1/18}{782.7} \times 100\% \approx 4.69\%$$

上述两个指标暂无行业参考值，故未能就此做出评价。

2. 财务生存能力分析

根据前面的有关表格数据，编制出财务计划现金流量表(见表 5-32)。

从财务计划现金流量表可以看出，项目的经营净现金流量最小的为 127.9 万元/年，表明项目拥有足够的经营净现金流量，说明项目在财务上是可持续的。

从该表还可看出，项目每年的累计盈余资金均为正值，不需要从外部获得资金来维持项目的生存，说明项目在财务上是可自我生存的。

3. 偿债能力分析

1) 利息备付率

由借款还本付息计划表中数据可知，在借款偿还期内，项目第一年的利息备付率为 27.4%，小于 100%，说明该年支付利息的能力弱于标准值，不过支付是没问题的。而其余各年的利息备付率值均大于本行业的标准值 200%，表明该项目有较强的利息支付能力。

2) 偿债备付率

由借款还本付息计划表中数据可知，在借款偿还期内，项目的偿债备付率均大于 100%，但小于本行业的标准值 130%，表明项目的还本付息能力不够强，但从支付的数字来看，足额偿付是没问题的。

3) 资产负债率

由资产负债表(见表 5-33)可知，该项目运营期第一年的资产负债率最高，为 18.7%，远低于一般要求的 40%～60%，所以从该指标值来看，项目的偿债风险很小。

4) 流动比率

由资产负债表可看出，该项目每年的流动比率均远大于最高标准值 200%。因此，项目偿还流动负债的能力很强。

5) 速动比率

由资产负债表可看出，该项目每年的速动比率也均远大于最高标准值 120%。因此，项目在短期内偿还流动负债的能力很强。

表 5-32　财务计划现金流量表

单位：万元

序号	项 目	合计	1	2	3	4	5	6	7	8	9	10	11	12	13	14	15	16	17	18	19	20
1	经营活动净现金流量(1.1-1.2)	2908.9	0	0	127.9	176.5	166.7	163.9	162.4	162.4	162.4	162.4	162.4	162.4	162.4	162.4	162.4	162.4	162.4	162.4	162.4	162.4
1.1	现金流入	5912.3	0	0	265.7	332.2	332.2	332.2	332.2	332.2	332.2	332.2	332.2	332.2	332.2	332.2	332.2	332.2	332.2	332.2	332.2	332.2
1.1.1	营业收入	5912.3			265.7	332.2	332.2	332.2	332.2	332.2	332.2	332.2	332.2	332.2	332.2	332.2	332.2	332.2	332.2	332.2	332.2	332.2
1.1.2	增值税销项税额																					
1.1.3	补贴收入																					
1.1.4	其他流入																					
1.2	现金流出	3003.4	0	0	137.8	155.7	165.4	168.2	169.7	169.7	169.7	169.7	169.7	169.7	169.7	169.7	169.7	169.7	169.7	169.7	169.7	169.7
1.2.1	经营成本	2677.8			137.8	149.4	149.4	149.4	149.4	149.4	149.4	149.4	149.4	149.4	149.4	149.4	149.4	149.4	149.4	149.4	149.4	149.4
1.2.2	增值税进项税额																					
1.2.3	营业税金及附加																					
1.2.4	增值税																					
1.2.5	所得税	325.6			0.0	6.3	16.0	18.8	20.3	20.3	20.3	20.3	20.3	20.3	20.3	20.3	20.3	20.3	20.3	20.3	20.3	20.3
1.2.6	其他流出																					
2	投资活动净现金流量(2.1-2.2)	-2252.7	-1335.9	-890.6	-25.5	-0.7																
2.1	现金流入																					
2.2	现金流出	2252.7	1335.9	890.6	25.5	0.7																
2.2.1	建设投资	2226.5	1335.9	890.6	0.0																	
2.2.2	维持运营投资																					
2.2.3	流动资金	26.1			25.5	0.7																
2.2.4	其他流出																					

计 算 期

续表

序号	项 目	合计	计算期																			
			1	2	3	4	5	6	7	8	9	10	11	12	13	14	15	16	17	18	19	20
3	筹资活动净现金流量(3.1-3.2)	1687.6	1335.9	890.6	-102.4	-174.6	-163.5	-83.6	-1.1	-1.1	-1.1	-1.1	-1.1	-1.1	-1.1	-1.1	-1.1	-1.1	-1.1	-1.1	-1.1	-1.1
3.1	现金流入	2280.1	1342.9	911.0	25.5	0.7																	
3.1.1	项目资本金投入	782.7	592.9	182.0	7.8	0.0																	
3.1.2	建设投资借款	479.0	250	229.0	0.0																		
3.1.3	流动资金借款	18.3			17.6	0.7																	
3.1.4	债券																						
3.1.5	短期借款	1000.0	500	500																			
3.1.6	其他流入																						
3.2	现金流出	592.4	7.0	20.4	127.9	175.2	163.5	83.6	1.1	1.1	1.1	1.1	1.1	1.1	1.1	1.1	1.1	1.1	1.1	1.1	1.1	1.1
3.2.1	各种利息支出	113.4	7.0	20.4	28.6	22.9	14.2	5.6	1.1	1.1	1.1	1.1	1.1	1.1	1.1	1.1	1.1	1.1	1.1	1.1	1.1	1.1
3.2.2	偿还债务本金	479.0			99.3	152.3	149.3	78.1	0.0	0.0	0.0	0.0											
3.2.3	应付利润(股利分配)								0.0	0.0	0.0	0.0	0.0	0.0	0.0	0.0	0.0	0.0	0.0	0.0	0.0	0.0
3.2.4	其他流出																						
4	净现金流量(1+2+3)	2343.9	0.0	0.0	0.0	1.3	3.2	80.3	161.4	161.4	161.4	161.4	161.4	161.4	161.4	161.4	161.4	161.4	161.4	161.4	161.4	161.4
5	累计盈余资金		0.0	0.0	0.0	1.3	4.5	84.8	246.1	407.5	568.9	730.2	891.6	1053.0	1214.3	1375.7	1537.0	1698.4	1859.8	2021.1	2182.5	2343.9

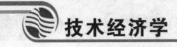

单位：万元

表5-33　资产负债表

序号	项目	计算期 1	2	3	4	5	6	7	8	9	10	11	12	13	14	15	16	17	18	19	20
1	资产	1342.9	2253.9	2166.4	2050.0	1933.1	1893.3	1934.5	1975.8	2017.1	2058.3	2099.6	2140.9	2182.1	2223.4	2264.6	2305.9	2347.2	2388.4	2429.7	2471.0
1.1	流动资产总额	0.0	0.0	32.5	36.2	39.5	119.7	281.1	442.5	603.8	765.2	926.6	1087.9	1249.3	1410.6	1572.0	1733.4	1894.7	2056.1	2217.4	2378.8
1.1.1	货币资金			8.2	9.6	12.8	93.1	254.5	415.8	577.2	738.5	899.9	1061.3	1222.6	1384.0	1545.4	1706.7	1868.1	2029.4	2190.8	2352.2
1.1.2	应收账款			23.0	24.9	24.9	24.9	24.9	24.9	24.9	24.9	24.9	24.9	24.9	24.9	24.9	24.9	24.9	24.9	24.9	24.9
1.1.3	预付账款																				
1.1.4	存货			1.4	1.7	1.7	1.7	1.7	1.7	1.7	1.7	1.7	1.7	1.7	1.7	1.7	1.7	1.7	1.7	1.7	1.7
1.1.5	其他																				
1.2	在建工程	1342.9	2254																		
1.3	固定资产净值			1897.2	1791.2	1684.9	1578.7	1472.5	1366.3	1260.2	1154.0	1047.8	941.6	835.4	729.2	623.1	516.9	410.7	304.5	198.3	92.2
1.4	无形及其他资产净值			236.6	222.7	208.8	194.8	180.9	167.0	153.1	139.2	125.3	111.3	97.4	83.5	69.6	55.7	41.8	27.8	13.9	0.0
2	负债及所有者权益(2.4+2.5)	1342.9	2253.9	2166.4	2050.0	1933.1	1893.3	1934.5	1975.8	2017.1	2058.3	2099.6	2140.9	2182.1	2223.4	2264.6	2305.9	2347.2	2388.4	2429.7	2471.0
2.1	流动负债总额	0	0	7.0	8.8	8.8	8.8	8.8	8.8	8.8	8.8	8.8	8.8	8.8	8.8	8.8	8.8	8.8	8.8	8.8	8.8
2.1.1	短期借款																				
2.1.2	应付账款			7.0	8.8	8.8	8.8	8.8	8.8	8.8	8.8	8.8	8.8	8.8	8.8	8.8	8.8	8.8	8.8	8.8	8.8
2.1.3	预收账款																					
2.1.4	其他																					
2.2	建设投资借款	250.0	479.0	379.7	227.4	78.1	0.0														
2.3	流动资金借款			17.6	18.3	18.3	18.3	18.3	18.3	18.3	18.3	18.3	18.3	18.3	18.3	18.3	18.3	18.3	18.3	18.3	18.3
2.4	负债小计(2.1+2.2+2.3)	250	479	404.41	254.53	105.19	27.11	27.11	27.11	27.11	27.1128	27.1	27.113	27.1128	27.1128	27.1128	27.1128	27.1128	27.1	27.1128	27.1128
2.5	所有者权益(2.1+2.2+2.3)	1092.9	1774.9	1762.0	1795.4	1827.9	1866.2	1907.4	1948.7	1990.0	2031.2	2072.5	2113.7	2155.0	2196.3	2237.5	2278.8	2320.1	2361.3	2402.6	2443.9
2.5.1	资本金	592.9	774.9	782.7	782.7	782.7	782.7	782.7	782.7	782.7	782.7	782.7	782.7	782.7	782.7	782.7	782.7	782.7	782.7	782.7	782.7
2.5.2	资本公积金	500	1000	1000	1000	1000	1000	1000	1000	1000	1000	1000	1000	1000	1000	1000	1000	1000	1000	1000	1000
2.5.3	累计盈余公积金			0.0	1.3	4.5	8.3	12.5	16.6	20.7	24.8	29.0	33.1	37.2	41.4	45.5	49.6	53.7	57.9	62.0	66.1
2.5.4	累计未分配利润			-20.8	11.4	40.7	75.1	112.2	149.4	186.5	223.6	260.8	297.9	335.0	372.2	409.3	446.5	483.6	520.7	557.9	595.0
	计算指标：																				
	资产负债率(%)			18.7	12.4	5.4	1.4	1.4	1.4	1.3	1.3	1.3	1.3	1.3	1.2	1.2	1.2	1.2	1.2	1.1	1.1
	流动比率(%)			461.7	411.2	448.1	1359.2	3190.9	5022.5	6854.1	8685.8	10517.4	12349.1	14180.7	16012.4	17844.0	19675.7	21507.3	23339.0	25170.6	27002.6
	速动比率(%)			441.9	391.4	428.3	1339.4	3171.1	5002.7	6834.4	8666.0	10497.7	12329.3	14160.9	15992.6	17824.2	19655.9	21487.5	23319.2	25150.8	26982.8

(四)不确定性分析

1. 盈亏平衡分析

本项目以生产能力利用率表示的盈亏平衡点(BEP)的计算公式为：

$$BEP_{生产能力利用率} = \frac{总固定成本}{总营业收入-总变动成本-总营业税金及附加} \times 100\%$$

$$= \frac{3984.7}{5912.3-940.9-0} \times 100\% \approx 80.2\%$$

计算结果表明，该项目的污水处理量要达到设计能力的80.2%才能保本，因而从污水处理量来看，本项目的经营风险较大。

2. 敏感性分析

根据经验，污水处理项目中的建设投资、经营成本和污水处理费是影响该类项目投资经济效益的敏感性因素。因此，这里分别就三个主要因素对所得税前项目投资财务内部收益率进行单因素敏感性分析。因素变化率取±10%，计算结果如表5-34和图5-7所示。

表5-34　敏感性分析表(内部收益率)

因　素＼变化率	-10%	0%	+10%
建设投资	5.51%	4.06%	2.78%
经营成本	4.93%	4.06%	3.15%
污水处理费	1.98%	4.06%	5.94%

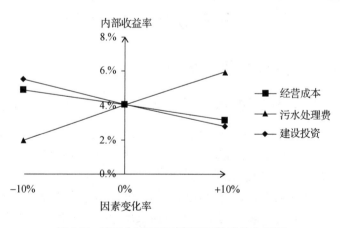

图5-7　某污水处理厂工程项目敏感性分析图

根据表5-34中的数据绘制敏感度系数和临界点分析表(见表5-35)。

由图5-7可以看出，各因素的变化都不同程度地影响本项目的所得税前财务内部收益率。而由表5-35可以明显地看出，污水处理费是最敏感的因素，其变化对内部收益率的影响最大，其次是建设投资，最后是经营成本。因此，要保证项目取得预期的财务效益，污水处理费是首要控制因素。同时，还必须严格控制建设投资和经营成本。

表 5-35　敏感度系数和临界点分析表

序　号	不确定性因素	变化率	内部收益率(%)	敏感度系数	临界点(%)	临界值
	基本方案		4.06			
1	建设投资	−10%	5.51	−3.6	0.44	2236.3
		+10%	2.78	−3.1		
2	经营成本	−10%	4.93	−2.1	0.66	150.4
		+10%	3.15	−2.2		
3	污水处理费	−10%	1.98	5.1	−0.28	0.907
		+10%	5.94	4.6		

(五)财务评价结论

从上述财务评价指标来看,若本项目的污水处理费为 0.91 元/吨时,所得税前项目财务内部收益率为 4.06%,略高于行业基准收益率 4%;所得税前项目投资财务净现值为 10.9 万元,因而本项目具有一定的获利能力。而经营活动净现金流量和累计盈余资金均未出现负数,而且当偿还完银行借款以后,这两个指标的值还比较大,说明该项目的财务生存能力比较强。从各个偿债指标看,这些指标值基本处于理想状态,说明该项目的偿债能力也是很强的。总之,该项目从财务上看是可行的。

另外,从不确定性分析结果来看,影响本项目盈利能力的首要因素是污水处理费,而该费用又是向居民(和各单位)收取的,属于敏感性的民生问题。因此,为确保该项目的生存和民众的切身利益,建议当地政府支持 0.91 元/吨或略高的污水处理费收费标准。

第四节　既有法人项目财务评价

一、既有法人项目的财务评价报表

(一)既有法人项目的评价方法

一般来说,既有法人项目是在企业现有基础上进行的,涉及范围可能是企业整体改造,也可能是部分改建,或者扩建、建新项目。如果拟建项目建成后能够独立经营,形成相对独立的核算单位,则项目所涉及的范围就是财务评价的对象,其评价方法与新设法人项目相同。如果项目投产后的生产运营与企业原有的生产运营无法分开,也不能单独计算项目发生的效益和费用,比如许多项目的目的和效益表现在扩大产量、增加品种、提高质量、降低消耗、合理利用资源、提高技术装备水平、改善劳动条件或减轻劳动强度、保护环境综合利用等一个或多个方面;其费用(代价)不仅包括新增投资、新增成本费用,还包括由项目建设可能带来的停产或减产损失,以及原固定资产拆除费等。因此,这类项目与新设法人项目之间存在很大的差别,因而其财务评价方法也不宜相同,应采用"有无对比法"。

1. 什么是有无对比法

有无对比法是指把"有项目"时与"无项目"时的现金流量(效益和费用)进行对比,以

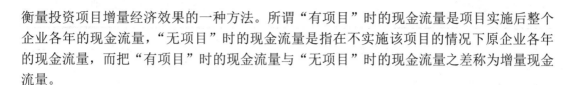

衡量投资项目增量经济效果的一种方法。所谓"有项目"时的现金流量是项目实施后整个企业各年的现金流量,"无项目"时的现金流量是指在不实施该项目的情况下原企业各年的现金流量,而把"有项目"时的现金流量与"无项目"时的现金流量之差称为增量现金流量。

2. 有无对比法的步骤

有无对比法可分为下述四个步骤。

第一步,分别求"有项目"时与"无项目"时的现金流量;

第二步,求项目的增量现金流量;

第三步,根据增量现金流量求增量经济效果指标;

第四步,根据计算结果进行评价。

(二)既有法人项目的财务评价报表

既有法人项目的财务评价需要根据"有项目"与"无项目"的现金流量数据,编制项目投资增量现金流量表(见表 5-36)和项目资本金增量现金流量表(见表 5-37)。并根据"有项目"的现金流入和现金流出数据,编制与新设法人项目的其余财务评价报表同格式的财务评价报表(表格此略)。

表 5-36 项目投资增量现金流量表

单位:万元

序 号	项 目	合 计	计 算 期					
			1	2	3	4	…	n
1	有项目现金流入							
1.1	营业收入							
1.2	补贴收入							
1.3	回收固定资产余值							
1.4	回收流动资金							
2	有项目现金流出							
2.1	建设投资							
2.2	流动资金							
2.3	经营成本							
2.4	营业税金及附加							
2.5	维持运营投资							
3	有项目所得税前净现金流量(1-2)							
4	无项目所得税前净现金流量							
5	增量所得税前净现金流量(3-4)							
6	累计增量所得税前净现金流量							
7	有项目调整所得税							
8	有项目所得税后净现金流量(3-7)							

序 号	项 目	合 计	计 算 期					
			1	2	3	4	…	n
9	无项目所得税后净现金流量							
10	增量所得税后净现金流量(8-9)							
11	累计增量所得税后净现金流量							

计算指标:

项目投资财务内部收益率(%)(所得税前):

项目投资财务内部收益率(%)(所得税后):

项目投资财务净现值(所得税前)(i_c=%):

项目投资财务净现值(所得税后)(i_c=%):

项目投资回收期(年)(所得税前):

项目投资回收期(年)(所得税后):

表 5-37 项目资本金增量现金流量表

单位:万元

序 号	项 目	合 计	计 算 期					
			1	2	3	4	…	n
1	有项目现金流入							
1.1	营业收入							
1.2	补贴收入							
1.3	回收固定资产余值							
1.4	回收流动资金							
2	有项目现金流出							
2.1	项目资本金							
2.2	借款本金偿还							
2.3	借款利息支付							
2.4	经营成本							
2.5	营业税金及附加							
2.6	所得税							
2.7	维持运营投资							
3	有项目净现金流量(1-2)							
4	无项目净现金流量							
5	增量净现金流量(3-4)							

计算指标:

资本金财务内部收益率(%):

二、既有法人项目的盈利能力分析

既有法人项目的盈利能力分析也是该类项目财务评价的最重要内容，也需进行全面评价，其评价指标与新设法人项目的评价指标相同，判别准则也相同(此略)。所不同的是，既有法人项目的盈利能力指标要根据增量现金流量来计算。

(一)财务内部收益率

这类指标包括三个指标，即项目投资财务内部收益率(所得税前、所得税后)、项目资本金内部收益率和投资各方内部收益率，它们分别根据"项目投资增量现金流量表""项目资本金增量现金流量表"和"投资各方现金流量表"求得。其计算表达式为：

$$\sum_{t=0}^{n}[(CI-CO)_{有}-(CI-CO)_{无}]_t(1+\Delta FIRR)^{-t}=0 \tag{5-52}$$

式中：$\Delta FIRR$ ——增量投资财务内部收益率；

$\quad(CI-CO)_{有}$ ——有项目净现金流量；

$\quad(CI-CO)_{无}$ ——无项目净现金流量；

$\quad n$ ——项目计算期；

其他符号含义同前。

(二)财务净现值

该类指标只计算项目全部投资的财务净现值，即项目投资财务净现值，需分别计算所得税前、所得税后的值，它根据"项目投资增量现金流量表"而求得。其计算表达式为：

$$\Delta FNPV=\sum_{t=0}^{n}[(CI-CO)_{有}-(CI-CO)_{无}]_t(1+i_c)^{-t} \tag{5-53}$$

式中：$\Delta FNPV$ ——增量财务净现值；

$\quad i_c$ ——财务基准收益率；

其余符号含义同前。

例 5-1 某企业若不进行改扩建，其未来 8 年的现金流量预测值如表 5-38 所示。若进行改扩建，需投资 200 万元，当年见效，未来 8 年的现金流量如表 5-39 所示。设基准收益率为 10%，分析是否应该进行改扩建。

表 5-38 不改扩建的现金流量数据

单位：万元

年份 项目	1	2	3	4	5	6	7	8
营业收入	650	650	650	650	650	650	650	650
回收固定资产余值								30
回收流动资金								200
现金流出	500	500	500	500	500	500	500	500

表 5-39　改扩建后的现金流量数据

单位：万元

年份 项　目	1	2	3	4	5	6	7	8
营业收入	800	800	800	800	800	800	800	800
回收固定资产余值								45
回收流动资金								250
现金流出	-10	610	610	610	610	610	610	610

解： 根据给定数据，编制简化的项目增量财务现金流量表，如表 5-40 所示。

表 5-40　项目增量财务现金流量表(简化)

单位：万元

序号	年份 项　目	合计	计　算　期							
			1	2	3	4	5	6	7	8
1	有项目现金流入	6695	800	800	800	800	800	800	800	1095
2	有项目现金流出	5080	810	610	610	610	610	610	610	610
3	有项目净现金流量	1615	-10	190	190	190	190	190	190	485
4	无项目净现金流量	1430	150	150	150	150	150	150	150	380
5	增量净现金流量	185	-160	40	40	40	40	40	40	105
6	累计增量净现金流量		-160	-120	-80	-40	0	40	80	185

根据表 5-40 数据，可求得：项目增量投资财务内部收益率为 20.5%，大于基准收益率 10%；项目增量投资财务净现值为 61.9 万元，大于 0。因此，改扩建投资项目可行，该企业应该进行改扩建。

(三)投资回收期

这里的投资回收期是指静态投资回收期，也需分别计算所得税前、所得税后的投资回收期，它根据"项目投资增量现金流量表"而求得。其计算式为：

$$P_t = T - 1 + \frac{\left| \sum_{t=0}^{T-1} [(CI-CO)_{有} - (CI-CO)_{无}]_t \right|}{(CI-CO)_T} \tag{5-54}$$

式中：P_t——投资回收期；

T——累计增量净现金流量首次出现正值或 0 的年份数；

$(CI-CO)_T$——第 T 年的增量净现金流量。

其余符号含义同前。

(四)总投资收益率

总投资收益率是"有项目"时项目达到设计能力后正常年份的年息税前利润或运营期

内年平均息税前利润与"无项目"时的相应息税前利润之差与项目总投资的比值。其计算式为：

$$ROI = \frac{\Delta EBIT}{TI} \times 100\% \tag{5-55}$$

式中：ROI——总投资收益率；

    EBIT——项目达到设计能力后正常年份的增量年息税前利润或增量年平均息税前利润；

    TI——项目总投资额。

(五)资本金净利润率

资本金净利润率是"有项目"时项目达到设计能力后正常年份的年净利润或运营期内年平均净利润与"无项目"时的相应净利润之差与项目资本金的比值。其计算式为：

$$ROE = \frac{\Delta NP}{EC} \times 100\% \tag{5-56}$$

式中：ROE——资本金净利润率；

    ΔNP——年增量净利润或年平均增量净利润；

    EC——项目资本金。

三、既有法人项目的偿债能力分析

既有法人项目的偿债能力指标与新设法人项目一样，同样包括利息备付率、偿债备付率、资产负债率、流动比率和速动比率，通过这些指标可以分析拟建项目自身偿还债务的能力。

(一)利息备付率

利息备付率是指项目在借款偿还期内，可用于支付利息的增量税息前利润与应付利息的比值。它从付息资金来源的充裕性角度反映项目偿付债务利息的保障程度，其计算公式为：

$$ICR = \frac{\Delta EBIT}{PI} \times 100\% \tag{5-57}$$

式中：ICR——利息备付率；

    $\Delta EBIT$——增量税息前利润；

    PI——应付利息；

    其余符号含义同前。

利息备付率应分年计算。利息备付率越高，表明利息偿付的保障程度越高。

既有法人项目的利息备付率应当大于2，并结合债权人的要求确定。如果小于2或规定的其他值，则表示付息能力保障程度不足。

(二)偿债备付率

偿债备付率是指项目在借款偿还期内，可用于还本付息资金金额与应还本付息金额的比值，它表示可用于还本付息的资金偿还借款本息的保障程度，其计算公式为：

$$DSCR = \frac{\Delta EBITDA - \Delta T_{AX}}{PD} \tag{5-58}$$

式中：DSCR——偿债备付率；

　　$\Delta EBITDA$——增量息税前利润加折旧和摊销；

　　ΔT_{AX}——增量企业所得税；

　　PD——应还本付息金额，包括还本金额和计入总成本费用的全部利息。融资租赁费用可视同借款偿还。运营期内的短期借款本息也应纳入计算。

偿债备付率应按年计算。偿债备付率越高，表明可用于还本付息的资金保障程度越高。

既有法人项目的偿债备付率应当大于 1.3，并结合债权人的要求确定。如果小于 1.3 或规定的其他值，则表明偿债能力保障程度不足。

(三)资产负债率

资产负债率是指项目各期末的增量负债总额与增量资产总额的比率，其计算公式为：

$$LOAR = \frac{\Delta TL}{\Delta TA} \times 100\% \tag{5-59}$$

式中：ΔTL——期末增量负债总额；

　　ΔTA——期末增量资产总额。

既有法人项目的资产负债率适宜水平一般也在 40%～60%，但对该指标进行分析时，应结合国家宏观经济状况、行业发展趋势、企业所处竞争环境等具体条件判定。

(四)流动比率

流动比率是指流动资产与流动负债之比，反映法人偿还流动负债的能力。其计算公式为：

$$流动比率 = \frac{增量流动资产}{增量流动负债} \tag{5-60}$$

流动比率越高，说明偿还短期债务的能力越强。但该比率并非越高越好，资金过多滞留在流动资产，可能是应收账款和存货过多所致。合理的比率应该在 1.0～2.0。

(五)速动比率

速动比率是指速动资产与流动负债之比，反映法人在短时间内偿还流动负债的能力。其计算公式为：

$$速动比率 = \frac{增量速动资产}{增量流动负债} \tag{5-61}$$

对于既有法人项目，计算出的项目偿债能力指标表示项目用自身的各项收益抵偿债务的最大能力，但最大偿债能力与项目所发生债务的实际偿还能力不同，因为项目的债务是由既有法人借入并负责偿还的。因此，对银行等金融机构来说，除了需要了解项目的最大偿债能力外，更应考察既有法人的整体资产负债结构和整体偿债能力，以此决定是否发放贷款。

四、既有法人项目的财务生存能力分析

既有法人项目与新设法人项目一样，可从两个方面进行财务生存能力分析：一个是经营净现金流量分析，一个是累计盈余资金分析。既有法人项目的经营净现金流量和各年累计盈余资金至少不小于0，项目才具有财务生存能力，否则，项目的财务生存能力不足。

当既有法人项目的财务生存能力不足即资金不足时，需进一步做如下分析。

首先，分析"有项目"时的既有法人财务生存能力。

由于既有法人项目是与"无项目"时的资产作为一个整体而存在和运行的，"有项目"时的企业(即既有法人)财务生存能力代表了既有法人项目的财务生存能力。因此，可以用"有项目"时的既有法人财务生存能力分析替代既有法人项目的财务生存能力分析。如果"有项目"时既有法人的经营净现金流量和各年累计盈余资金均大于或等于0，说明项目还可以依靠既有法人的财力生存下去。否则，如果经营净现金流量和各年累计盈余资金中只要有一项小于0，则表明该项目仅依靠既有法人的财力生存不下去。

然后，分析外部短期融资的可能性。

当经过既有法人项目的财务生存能力分析和"有项目"时的既有法人财务生存能力分析，仍出现财务生存能力不足，则要分析能否从外部获得短期所需要的资金，即分析各种可能的资金来源及获得的可能性。

本 章 小 结

(1) 财务评价是项目经济评价的重要组成部分。财务评价是从企业(或项目)的角度考察项目在财务上的获利能力、债务的清偿能力及财务生存能力，据以判断项目的财务可行性的一项研究工作。财务评价包括盈利能力分析、偿债能力分析和财务生存能力分析。

(2) 盈利能力分析主要是用财务内部收益率、财务净现值、投资回收期、总投资收益率和资本金净利润率等指标来考察项目的盈利能力。财务内部收益率又可分为项目投资财务内部收益率、资本金财务内部收益率和投资各方内部收益率。它们均为动态评价指标。

(3) 偿债能力就是评价项目偿还借款的能力，其指标主要有利息备付率、偿债备付率、资产负债率、流动比率和速动比率。比较常用的是利息备付率和偿债备付率两个指标。偿债能力指标是项目债权人关注的重要指标。

(4) 财务生存能力分析是通过经营净现金流量分析和累计盈余资金分析，以评价项目是否有足够的净现金流量维持正常运营。

(5) 既有法人项目的财务评价与新设法人项目的财务评价有所不同，前者要采用"有无对比法"，即通过"有项目"时与"无项目"时的现金流量(效益和费用)对比分析，衡量投资项目的增量经济效果。所用的评价指标和判别准则与新设法人项目的财务评价指标和判别准则相同。

习 题 五

1. 什么是财务评价？它主要进行哪些方面的评价？进行这些方面评价的意义各是什么？

2. 财务评价的现金流入和现金流出各由哪几部分构成？

3. 什么是建设投资？它由哪些部分构成？

4. 什么是流动资金？如何确定本年的流动资金需要量和本年的流动资金投资额？

5. 什么是经营成本？什么是总成本费用？两者有何关系？

6. 什么是折旧费和摊销费？如何确定各年的折旧费、摊销费和维简费？

7. 财务评价中应考虑的营业税金及附加包括哪些？

8. 有一项固定资产，其原值为 500 万元，预计使用年限为 10 年，净残值为 20 万元，试分别用直线折旧法、年数总和法及双倍余额递减法计算各年的折旧费。

9. 某项目共向银行贷款 3 亿元，在 3 年建设期内每年年初投入 1 亿元，年利率为 5%，试求各年的利息额及建设期的借款利息总额。

10. 某项目的现金流量如表 5-41 所示，设基准收益率为 4%，标准投资回收期为 14 年。

(1) 填写表中"合计"列、"净现金流量"和"累计净现金流量"行中缺省的数据。

(2) 求项目财务内部收益率、项目财务净现值和静态投资回收期，并评价项目的可行性。

表 5-41 某项目投资现金流量表

单位：万元

序号	年 份 项 目	合计	建 设 期		运 营 期					
			1	2	3	4	5~7	8~12	13~19	20
	生产负荷(%)				80	100	100	100	100	100
1	现金流入		0	0	286	358	358	358	358	465
1.1	营业收入				286	358	358	358	358	358
1.2	回收固定资产余值									71
1.3	回收流动资金									36
2	现金流出		1126	751	183	164	162	159	157	157
2.1	建设投资 (不含建设期利息)		1126	751						
2.2	流动资金				33	2				
2.3	经营成本				150	162	162	159	157	157
2.4	营业税金及附加				0	0	0	0	0	0
2.5	维持运营投资									
3	所得税前净现金流量(1-2)									
4	累计所得税前净现金流量									

11. 某项目的基础数据如下。

(1) 项目建设期 2 年，运营期 8 年。

（2）建设投资额为 3400 万元(不含建设期利息)，其中：固定资产投资 3000 万元，无形资产和其他资产合计 400 万元。流动资金投入 500 万元。总投资使用计划与资金筹措如表 5-42 所示。建设投资借款利率为 10%，借款当年计半年利息(建设期利息计入固定资产原值)，从投产年开始在 8 年中每年均匀偿还本金并支付当年利息。流动资金借款利率为 8%，在项目寿命期末还本。

（3）固定资产残值率取 5%，无形资产和其他资产在运营期内均匀分摊。

（4）第 3 年的经营成本为 2400 万元，第 4～10 年的经营成本均为 3000 万元。

（5）第 3 年的产销量为 80 件，第 4～10 年的产销量均为 100 件，产品价格为 40 万元/件(不含税)，增值税税率为 17%，进项税为 0，所得税税率为 25%。

（6）项目的基准收益率为 10%，标准投资回收期为 5 年。

表 5-42　某项目总投资使用计划与资金筹措表

单位：万元

序　号	年　份 项　目	合　计	1	2	3	4
1	总投资	?	1200	?	400	100
1.1	建设投资	3400	1200	2200		
1.2	建设期利息	?	?	?		
1.3	流动资金	900			400	100
2	资金筹措	?	1200	?	400	100
2.1	资本金	1800	1200	200	150	
2.1.1	用于建设投资		1200	200		
2.1.2	用于流动资金				150	
2.1.3	用于建设期利息					
2.2	债务资金	?		?	250	100
2.2.1	用于建设投资			2000		
	银行借款			2000		
2.2.2	用于建设期利息			?		
	银行借款			?		
2.2.3	用于流动资金	350			250	100
	银行借款	350			250	100

要求：

（1）编制财务评价报表。完成上述项目总投资使用计划与资金筹措表，自行编制固定资产折旧估算表、无形资产和其他资产摊销估算表、总成本费用估算表、借款还本付息计划表、营业收入和税金及附加估算表、利润和利润分配表、项目投资现金流量表、项目资本金现金流量表、财务计划现金流量表。

（2）进行盈利能力分析。要求计算下列指标：项目投资财务内部收益率、项目投资财务净现值、资本金财务内部收益率、项目投资回收期、总投资收益率、资本金净利润率，并进行可行性判断。

(3) 进行偿债能力分析。要求计算下列指标：利息备付率、偿债备付率和资产负债率，并评价项目的偿债能力。

(4) 进行项目的生存能力分析。

(5) 进行敏感性分析。分别就建设投资、经营成本和销售量变动±5%、±10%时，对项目投资财务净现值(及项目投资财务内部收益率，选做)做敏感性分析。

12. 某保险公司的TP财富成长2号两全保险(分红型)理财产品资料如下所述。

(1) 缴费：保险期(开始缴费时算起)为20年，每年年初缴保险费1万元，连续缴纳10次。

(2) 可领取的资金有：①生存保险金：从第一年开始，只要被保险人生存，每年可领取生存保险金1000元，直到期满；②满期生存保险金：20年后到期时被保险人仍生存，可一次性领取10万元；③一般身故保险金：在本合同保险期间，如果被保险人因疾病或一般意外伤害事故而身故，可领取一般身故保险金，金额等于已缴纳保险费的总和；④公共交通或私家车意外身故保险金：在本合同保险期间，被保险人因公共交通意外事故或私家车意外事故而死亡，可领取意外身故保险金，金额等于已缴纳保险费总和的3倍；⑤红利分配：在本合同保险期间内且保险合同有效，将根据上一会计年度分红保险业务的实际经营状况决定红利分配方案。如果确定有红利分配，公司将进行红利分配。

试从投保人(假设同时也是受益人)的角度分析该理财产品的投资价值。

第六章 投资项目的国民经济评价

本章教学目标

通过本章的教学，使学生了解什么是国民经济评价、国民经济评价的作用及其与财务评价的区别，能正确识别国民经济评价的效益和费用，掌握影子价格的确定方法和在财务评价报表的基础上编制国民经济评价报表的方法，并能根据国民经济评价报表进行国民经济评价指标的计算。

第一节 国民经济评价概述

一、国民经济评价的概念

国民经济评价是在合理配置社会资源的前提下，从国家经济整体利益的角度出发，计算项目对国民经济的贡献，评价项目在宏观经济上的合理性。

国家发改委在《关于建设项目经济评价工作的若干规定》中指出，对于关系公共利益、国家安全和市场不能有效配置资源经济和社会发展的项目，除应进行财务评价外，还应进行国民经济评价。对于特别重大的建设项目尚应辅以区域经济与宏观经济影响分析方法进行国民经济评价。

对于财务价格扭曲，不能真实反映项目产出的经济价值；财务成本不能包含项目对资源的全部消耗、财务效益不能包含项目产出的全部经济效果的项目，需要进行国民经济评价。下列类型项目应进行国民经济评价：①具有垄断特征的项目；②产出具有公共产品特征的项目；③外部效果显著的项目；④有关稀缺资源开发、利用项目；⑤涉及国家经济安全的项目；⑥受过度行政干预的项目。

二、国民经济评价的作用

(一)国民经济评价是真实反映项目对整个国民经济净贡献的需要

首先，我国与许多国家特别是大多数发展中国家一样，不少商品的价格不能反映价值，也不能反映供求关系。在这种商品价格严重"失真"的条件下按现行价格计算项目的投入和产出，不能确切地反映项目建设给国民经济带来的效益与费用支出。因此，必须运用能反映资源真实价值的影子价格，借以计算建设项目的费用、效益，以得出该项目的建设是否对国民经济总目标有利的结论。

其次，由于财务评价是站在企业的角度对项目所做的评价，而企业利益并不总是与国家利益相一致，因此，一个项目对于企业和国家的费用和效益的范围并不完全一致，如税金对于企业是费用支出，而对于国家则不是费用支出。因此，只有通过国民经济评价才能反映项目对整个国民经济的真实贡献。

最后，任何项目的费用和效益不仅体现在它的直接投入物和产出物中，还体现在国民经济相邻部门及整个社会中，这就是项目的间接费用和间接效益，通常称为"外部效果"。例如工业项目产生的废水、废气和废渣导致的环境污染及对生态平衡的破坏。在建设一个钢铁厂的同时，又修建了一套厂外运输系统，它除为钢铁厂服务外，还使当地的工农业生产和人民生活得益。项目财务评价中并没有包括这类外部效果，而这类外部效果又确实是项目给国民经济整体带来的损失或利益，这是不容忽视的。因此，只有通过项目国民经济评价才能全面地权衡项目的"内部效果"和"外部效果"，即项目对国民经济整体的净贡献。

(二)国民经济评价是宏观上合理配置资源的需要

由于国家的资源(资金、外汇、土地、劳动力以及其他自然资源等)都是有限的，因此，对资源的使用必须在各种相互竞争的用途中做出选择。而这种选择必须借助国民经济评价，从国家整体的角度来考虑，即把国民经济看作是一个大系统，把项目看作是这个大系统中的一个子系统，通过项目的国民经济评价，分析项目从国民经济大系统中所汲取的投入和向国民经济大系统提供的产出对国民经济大系统的影响，从而选择对这个大系统目标有利的项目或方案。

(三)国民经济评价是投资决策科学化的需要

进行国民经济评价，除了如前文所述的可以真实地反映项目对整个国民经济的净贡献、有利于促进国家资源的合理分配外，还有两个重要的作用：第一，有利于控制投资规模。最明显的是国家可以通过调整社会折现率这个重要的参数来调控投资总规模。当投资规模膨胀时，可以适当提高社会折现率，控制一些项目的通过。第二，有利于控制不必要的重复投资。正确运用国民经济评价方法，在项目决策中可以有效地察觉盲目的重复建设项目，再通过及时地否定这些处于构想中的项目，就可以有效地控制不必要的重复投资，实现企业利益、地区利益与全社会和国家整体利益的有机结合和平衡。这些作用都是财务评价所不具备的，因此，要使投资决策科学化，必须在财务评价的基础上，再进行国民经济评价。

《关于建设项目经济评价工作的若干规定》中明确规定，在项目经济评价中，要求财务评价结论与国民经济评价结论都可行的项目才予以通过。即对于财务评价结论与国民经济评价结论都可行的建设项目，可予以通过；反之应予否定。对于国民经济评价结论不可行的项目，一般应予否定；对于关系公共利益、国家安全和市场不能有效配置资源的经济和社会发展的项目，如果国民经济评价结论可行，但财务评价结论不可行，应重新考虑方案，必要时可提出给予优惠、减免政策等方面的建议，使项目具有财务生存能力。由此可见，国民经济评价在项目经济评价中的重要地位。

三、国民经济评价与财务评价的关系

国民经济评价与财务评价是相互联系的，它们之间既有区别又有共同之处。

(一)国民经济评价与财务评价的共同点

国民经济评价与财务评价有如下共同之处。

1. 评价的目的相同

不论是国民经济评价还是财务评价，都要寻求以最小的投入获取最大的产出。

2. 评价的基础相同

国民经济评价和财务评价都是在完成产品需求预测、厂址选择、工艺技术选择、设备选型、投资估算和资金筹措等的基础上进行的。

3. 评价的方法相似

两者都采用现金流量分析方法，通过编制财务报表计算净现值、内部收益率等指标。

(二)国民经济评价与财务评价的区别

1. 评价的角度不同

财务评价是从企业的角度考察项目的货币收支和盈利能力及贷款偿还能力，以确定项目的财务可行性。国民经济评价则是从国家的角度考察项目需要国家付出的代价和对国家的贡献，也就是所产生的国民经济效益，以确定项目的宏观可行性。

2. 费用与效益的划分不同

财务评价是根据项目直接发生的财务收支，计算项目的费用与效益，如税金、利息等均记为费用，财政补贴则记为效益。国民经济评价则是从全社会的角度考察项目的费用与效益，即考察项目所消耗的全社会有用资源和对社会提供的有用产品。因此，它不仅考察项目的直接费用和直接效益，而且还考察项目的间接费用与间接效益。特别地，像税金、国内贷款利息和财政补贴等，由于不发生资源的实际耗用和有用产品的增加，属于国民经济内部的"转移支付"，故不列为项目的费用和效益。

3. 采用的价格不同

在财务评价中，要求评价结果反映投资项目实际发生的情况，因而财务评价采用国内市场价格(市场上已经产生的价格或未来市场上可能产生的价格)计算项目的费用与效益。国民经济评价则是从资源合理配置的角度对项目进行评价，因而它采用较能反映资源真实价值的影子价格计算项目的费用与效益。

4. 采用的评价参数不同

在进行项目的外币折算时，财务评价采用的是特定时期的官方汇率，而国民经济评价则采用国家统一测定的相对稳定的影子汇率；在计算净现值等指标或利用内部收益率进行评价时，财务评价采用行业财务基准收益率，而国民经济评价则采用国家统一测定的社会折现率。

5. 评价的内容不同

财务评价的内容主要包括盈利能力分析、偿债能力分析和财务生存能力分析，而国民经济评价只进行盈利能力分析。

第二节　国民经济评价的费用和效益

一、经济费用和经济效益的含义

进行项目的国民经济评价，必须先分析项目的费用和效益。国民经济评价中的费用和效益通常分别称为经济费用和经济效益。

(一)经济费用的含义

国民经济评价中的经济费用是指国民经济为项目所付出的代价，一般是指经济代价，即能在财务报表中予以反映的代价。不能货币化的代价将另行单独进行定性分析。

(二)经济效益的含义

国民经济评价中的经济效益是指项目对国民经济所做的贡献，包括经济贡献和可以货币化的非经济贡献。也就是说，这里的经济效益既包括能在财务报表中予以反映的贡献，也包括不能在财务报表中反映但可以货币化的贡献。不能货币化的贡献将另行单独进行定性分析。

二、经济费用和经济效益的识别原则

(一)增量分析原则

项目的国民经济评价应建立在增量费用和增量效益识别和计算基础之上，通过项目的实施效果与无项目情况下可能获得的效果进行对比分析，作为计算机会成本或增量效益的依据。增量分析原则也称为"有无对比"原则。

(二)关联效果原则

国民经济评价是从国民经济的整体利益出发所进行的投入产出分析，其分析的系统边界是整个国民经济。在一国的国民经济系统内开展国民经济评价，从原则上讲，不仅要对项目的直接费用和直接效益(两者统称为内部效果)进行分析，而且要对项目以外的所有社会成员及群体的关联费用和关联效益(分别称为间接费用和间接效益，两者统称为关联效果、外部效果)进行全面分析。

(三)资源变动原则

国民经济评价中，项目是否产生费用和效益，应以"该项目是否在国民经济系统内引起资源的减少或增加"为识别原则，即如果项目引起资源减少，则减少的资源(即国民经济为项目付出的代价)视为项目的费用；如果项目引起资源增加，则增加的资源(即项目对国民经济所做的贡献)视为项目的效益。

(四)剔除转移支付的原则

转移支付代表购买力的转移行为，接受转移支付的一方所获得的效益与付出方所产生

的费用相等，转移支付行为本身并没有导致财富的增加或减少。在国民经济评价中，税收、补贴、借款和利息，应将它们从效益和费用中剔除，即不得将它们计入效益和费用中。

(五)以本国居民作为分析对象的原则

对于跨越国界、对本国之外的所有社会成员及群体产生影响的项目，应重点分析其对本国居民新增的效益和费用。项目对本国以外的社会成员所产生的效益和费用，应进行单独陈述。

三、经济费用与经济效益的识别

(一)直接费用与直接效益的识别

1. 直接费用的识别

项目的直接费用是指由项目使用投入物所形成，并在项目范围内计算的费用。这些投入物用影子价格计算的经济价值即为项目的直接费用。

项目直接费用可分为两种情况加以识别。

(1) 如果拟建项目的投入物来自国内供应量的增加，即以增加国内生产来满足拟建项目的需求，其费用就是增加国内生产所消耗的资源价值。

(2) 如果国内总供应量不变，可分三种情况加以识别。①项目投入物来自国外，即增加进口来满足项目需求，其费用就是所花费的外汇；②项目的投入物本来可以出口，为了满足项目需求，减少了出口量，其费用就是减少的外汇收入；③项目的投入物本来用于其他项目，由于改用于拟建项目将减少对其他项目的供应因此而减少的效益，也就是其他项目对该投入物的支付意愿。

2. 直接效益的识别

项目的直接效益是由项目产出物产生，并在项目范围内计算的效益。项目直接效益的识别，也可分为两种情况进行识别。

(1) 如果项目的产出物用以增加国内市场的供应量，其直接效益就是所满足的国内需求，也就等于消费者支付意愿。

(2) 如果产出物的国内市场供应量不变，又可分三种情况进行识别。①项目产出物增加了出口量，其直接效益为所获得的外汇；②项目产出物减少了总进口量，即替代了进口货物，其直接效益为节约的外汇；③项目产出物顶替了原有项目的生产，致使其减产或停产的，其直接效益为原有项目减产或停产而向社会释放出来的资源，其价值也就等于这些资源的支付意愿。

(二)间接费用与间接效益的识别

1. 间接费用的识别

项目的间接费用是指由项目引起，而项目本身并不实际支出的那部分费用，也称为外部费用。如为新建项目服务的配套和附属工程等相关项目所需的投资支出和其他费用，还包括商业、教育、文化、卫生、住宅和公共建筑等生活福利设施，以及邮政、水、电、气、道路、港口码头等公用基础设施的建设和其他费用。

而有些项目可能会对环境造成破坏，那么政府为防止环境破坏而花费的投资和运行费用，或者为恢复环境质量所花的费用，都属于项目的间接费用。

2. 间接效益的识别

项目的间接效益是指由项目引起，而项目本身并未得到的那部分以货币计量的效益，也称为外部效益。它包括项目给所有相关部门、企业、项目和社会群体带来的经济收益或经济损失(负效益)，主要从以下几个方面进行识别。

1) 产业关联效益

项目的投资和运营会使其"上、下游"企业获益。

项目的"上游"企业是指为该项目提供原材料或半成品的企业，项目的实施可能会刺激这些"上游"企业得到发展，增加新的生产能力或使原有的生产能力得到更充分的利用。这种效益通常也称为向后联的效益。

项目的"下游"企业是指以项目产出物作为原材料或半成品的企业，项目的生产可能使"下游"企业闲置的生产能力得到发挥，或使其在生产时节约成本，从而使"下游"企业的经济效益得到提高。这种效益通常也称为向前联的效益。

2) 环境效益

一般项目会对环境造成一定的影响，这些影响分为正面影响和负面影响。

其中有些项目会对自然环境和生态环境产生污染和破坏(负面影响)，主要包括排放污水造成水污染、排放有毒气体和粉尘造成大气污染、发生各种声音产生噪声污染、放射性污染、临时性的或永久性的交通阻塞和航道阻塞、自然环境的改变对生态造成破坏等。我们把项目对环境造成破坏而导致的经济损失计作项目的负效益。

而有些项目则可能含有环境治理工程，会对环境产生好的影响(正面影响)，那么因环境改善而使相关行业和企业增加的收益则计为项目的环境效益。当然，环境的正面影响是多方面的，有些可能不能定量计算，只能做定性描述。

3) 技术扩散效益

一个技术先进项目的实施，由于技术人员的流动、技术的扩散和推广而使社会增加收益，这种收益称为技术扩散效益。但这类间接效益通常难以定量计算，如果不能定量计算，则只做定性描述。

4) 其他效益

其他效益包括项目带动周围有关产业的兴起和发展所产生的效益、可货币化的社会效益等。前者如项目附近工业和服务业等产业新增的效益，后者如道路建设项目带来的提高交通安全性、节约通行时间等方面的效益(这些效益虽然直接表现为社会效益，但人们已经或正试图将它们予以货币化处理)。

四、转移支付的处理方法

转移支付是指在一定区域范围内，组织与组织之间、组织与个体之间发生的无偿性货币转移。转移支付代表购买力的转移行为，接受转移支付的一方所获得的效益与付出方所产生的费用相等，转移支付行为本身没有导致社会资源的增减变化，因而转移支付不应被视为效益或费用。

在建设项目中，项目与国内各社会实体之间的货币转移主要有税金、补贴、国内借款利息等，在进行项目的国民经济评价时，不列为项目的费用和效益。具体的处理方法如下所述。

(一)税金的处理方法

项目在获得某种投入物或销售产品或提供劳务时，都应该缴纳税金。税金在项目财务评价中是一种费用支出(现金流出)。但是对于国民经济评价来说，税金不是国家的经济代价，而恰恰是项目对国民经济的贡献，纳税仅仅表示项目对国民经济的贡献有一部分转移到政府手中，由政府再分配。因而，项目的税金属于国民经济内部的转移支付，应从经济费用中剔除。

这里需要特别说明下述三点。

第一，当采用不含(增值)税价格计算收入和费用时，项目效益和费用中均不含增值税，应将增值税计入经济效益中。

第二，一些税收可能会影响市场价格水平，导致包括税收的财务价格可能并不能反映真实的经济成本和效益，这时，这些税收往往就是校正项目"外部效果"的一种重要手段，这种转移支付不可剔除。

第三，项目投入物和产出物中的流转税应具体问题具体处理(参见本章第三节)。

(二)补贴的处理方法

政府对项目的补贴并不是项目所做的贡献，因为它并没有使社会资源数量增加，当然也没有使社会资源减少，仅仅表示一部分资金从国库转移到了项目。因此，补贴属于国民经济的转移支付，在国民经济评价中，应从经济效益中剔除。

与税收相似，一些补贴可能会影响市场价格水平，导致包括补贴的财务价格可能并不能反映真实的经济成本和效益，这时，这些补贴往往就是校正项目"外部效果"的一种重要手段，这种转移支付不可剔除。

(三)国内借款利息的处理方法

在财务评价中，国内借款利息是项目资本金现金流量表中的一项费用。对于国民经济评价来说，它表示项目对国民经济的贡献有一部分转移到了国内贷款机构。项目对国民经济所做贡献的大小，与项目所支付的国内借款利息多少无关。因此，在国民经济评价中，借款利息不是费用，应从经济费用中剔除。

(四)国外借款利息的处理方法

与国内借款利息不同，国外借款利息的支付使国内资源流向了国外，减少了国内资源。所以，在国民经济评价中，它应被视为经济费用而不能剔除。

第三节　国民经济评价的影子价格

国民经济评价是要确定投资项目对国民经济的贡献，故要准确地计量项目的费用和效益，要求价格必须正确地反映其实际价值。但是，在我国现实经济生活中，由于经济机制、经济政策、社会和经济环境以及历史等原因，市场价格与实际价值严重脱节甚至背离。近几年，虽然我们在不断调整改革，但现行价格仍不能正确反映其经济价值。此外，政府对某些行业还有大量补贴，其价格也不能如实反映价值，不能直接用来计算项目的效益和费用。国民经济评价需要一种能够准确地反映项目对国民经济的贡献和国民经济为项目所付出的代价的合理价格，这就是影子价格。

影子价格的概念是 20 世纪 30 年代末至 20 世纪 40 年代初由荷兰数理经济学、计量经济学创造人之一詹恩·丁伯根和苏联数学家、经济学家、诺贝尔经济学奖金获得者康托罗维奇分别提出来的。

所谓影子价格是指当社会经济处于某种最优状态时，能够反映社会劳动的消耗、资源稀缺程度和最终产品需求情况的价格。也就是说：影子价格是依据一定原则确定的、比财务价格更为合理的价格。这里所说的"合理"，从定价原则来看，应该能更好地反映产品的价值，反映市场供求状况，反映资源稀缺程度；从价格产出的效果来看，应该能使资源配置向优化的方向发展。

影子价格是个内涵丰富和不断深化的概念。在数学上，影子价格是目标函数对某一约束条件的一阶偏导数，表现为线性规划中的对偶解，非线性规划中的拉格朗日乘数，以及最优控制问题中的哈密尔顿乘数。而在不同的经济问题中，则由于目标不一致而显现出多变的"面孔"：在以最少费用为目标时，它表现为增加单位产品所耗费的边际成本；在以最大收益为目标时，它表现为增加单位资源投入所获得的边际收益；若以消费者最大效用为目标，则是增加单位物品供应所增加的边际效用，或者消费者为了获取效用所愿意支付的价格。

国民经济评价中的影子价格可分为市场定价货物的影子价格、非市场定价货物的影子价格、特殊投入物的影子价格和政府调控价格货物的影子价格四大类型，下面分别介绍这些影子价格的计算方法。

一、市场定价货物的影子价格

(一)外贸货物的影子价格

外贸货物也称为可外贸货物，是指其生产、使用将直接或间接地影响国家进口或出口的货物。原则上，石油、金属矿物、金属材料、木材及可出口的商品煤，一般都划为外贸货物。

外贸货物影子价格的确定，是按照各项产出物和投入物对国民经济的影响，以口岸价格为基础，根据港口、项目所在地，投入物的国内产地，产出物的主要市场所在地和交通运输条件的差异，对流通领域的费用支出进行调整而分别确定的。

1. 出口产出物的影子价格

出口产出物的出厂价影子价格的计算公式为：

$$出口产出物的影子价格(出厂价)=离岸价(FOB)\times影子汇率(SER)-出口费用 \qquad (6\text{-}1)$$

式中：离岸价(FOB)——出口货物抵达我国出口口岸交货的价格，以外汇计价；

影子汇率(SER)——能正确反映国家外汇经济价值的汇率，等于外汇牌价乘以影子汇率换算系数(目前取 1.08)；

出口费用——货物出口环节在我国国内所发生的所有相关费用，包括运输、储存、装卸、运输保险等各种费用支出及物流环节的各种损失、损耗等。

例 6-1　项目的某种产品出口离岸价为 140 美元/吨，出口费用为 80 元人民币/吨，国家外汇牌价为 1 美元=6.5 元人民币，求这种产品的出厂价影子价格。

解：这种产品的出厂价影子价格为：

影子价格(出厂价)=140×6.5×1.08-80=902.8(元/吨)

2. 进口投入物的影子价格

进口投入物的到厂价影子价格的计算公式为：

$$进口投入物的影子价格(到厂价)=到岸价(CIF)\times影子汇率(SER)+进口费用 \qquad (6\text{-}2)$$

式中：到岸价(CIF)——进口货物抵达我国进口口岸交货的价格，以外汇计价；

进口费用——货物进口环节在我国国内所发生的所有相关费用，包括运输费用、储存、装卸、运输保险等各种费用支出及物流环节的各种损失、损耗等。

例 6-2　项目使用的一种投入物直接进口，到岸价 470 美元/吨，进口费用为 90 元/吨。国家外汇牌价为 1 美元=6.5 元人民币，影子汇率换算系数 1.08，这种投入物的到厂价影子价格为：

影子价格(到厂价)=470×6.5×1.08+90=3389.4(元/吨)

(二)非外贸货物的影子价格

非外贸货物是指其生产、使用将不影响国家进口或出口的货物，可分为天然非外贸货物和非天然非外贸货物。

天然非外贸货物是指其使用或消费天然地限于国内的货物，包括国内施工、国内商业、国内运输和其他国内服务，如建筑物、大部分电力、国内电信等。非天然非外贸货物是指在经济上不合理或因政策原因而不能进行外贸的货物，如国内成本高而其他国家成本低的货物、国内运费过高的货物等；受国内外政策的限制而不能进出口的货物。此外，在实践中，还可根据该种货物的对外贸易量占国内总产量的比例来确定，可暂定低于 10%者为非外贸货物(直接进出口者除外)，否则为外贸货物。

非外贸货物的影子价格应根据下列要求计算。

(1)　如果项目处于竞争性市场环境中，应采用市场价格作为计算项目产出物或投入物的影子价格的依据：

$$非外贸产出物的影子价格(出厂价)=市场价格-国内运杂费 \qquad (6\text{-}3)$$
$$非外贸投入物的影子价格(到厂价)=市场价格+国内运杂费 \qquad (6\text{-}4)$$

(2)　如果项目的投入或产出的规模很大，项目的实施将足以影响其市场价格，导致"有项目"与"无项目"两种情况下的市场价格不一致，应取两者的平均值作为测算影子价格的依据：

$$非外贸产出物的影子价格(出厂价)=市场价格平均值-国内运杂费 \qquad (6-5)$$
$$非外贸投入物的影子价格(到厂价)=市场价格平均值+国内运杂费 \qquad (6-6)$$

二、非市场定价货物的影子价格

当项目的产出物不具有市场价格，或市场价格难以真实地反映经济价值时，需要采用以下方法对项目产出物的影子价格进行重新测算。

(一)显示偏好法

显示偏好法是指按照消费者支付意愿原则，通过其他相关市场价格信号，寻找揭示拟建项目外部影响的隐含价值，从而对项目的外部效果做出间接的估算。比如项目的外部效果导致关联对象产出水平或成本费用的变动，对这些变动进行客观量化分析，并作为对项目产出物或投入物的影子价格。

(二)陈述偏好法

陈述偏好法是指按照消费者支付意愿原则，通过对被评估者的直接调查，直接评价调查对象的支付意愿或接受补偿意愿，从而推断出项目造成的有关外部影响的影子价格。比如某项目所产生的生态环境效果，通过调查了解相关社会群体对正面影响所愿意支付的费用，或对负面影响所愿意接受的补偿，从而确定生态环境效果的影子价格。

运用陈述偏好法，应注意调查评估中可能出现的下述各种偏差。

(1) 调查对象相信他们的回答能影响决策，从而使他们实际支付的私人成本低于正常条件下的预期值时，调查结果可能产生的策略性偏差。

(2) 调查者对各种备选方案介绍得不完全或使人误解时，调查结果可能产生的资料性偏差。

(3) 问卷假设的收款或付款方式不当，调查结果可能产生的手段性偏差。

(4) 调查对象长期免费享受环境和生态资源所形成的"免费搭车"心理，导致调查对象将这种享受看作是天赋权利而反对此付款，从而导致调查结果的假想性偏差。

三、特殊投入物的影子价格

项目的特殊投入物是指项目使用的劳动力、土地和自然资源等特别投入物，项目使用的特殊投入物所造成的社会费用应分别采用不同的具体方法确定。

(一)劳动力的影子价格

1. 影子工资

在项目的国民经济评价中，对于项目使用的劳动力，是以其影子价格计算其代价的。劳动力的影子价格又称为影子工资，是指建设项目使用劳动力，国家和社会为此付出的真实代价，它由下述两部分组成。

1) 劳动力机会成本

劳动力机会成本是指拟建项目所占用的劳动力由于在本项目使用而不能再用于其他项目或享受闲暇时间而被迫放弃的价值。应根据项目所在地的人力资源市场及劳动力就业状况，按下列原则进行分析确定。

(1) 过去受雇于别处，由于本项目的实施而转移过来的人员，其影子工资应是其放弃过去就业机会的工资(含工资性福利)及支付的税金之和。

(2) 对于自愿失业的人员，影子工资应等于本项目的使用所支付的税后净工资额，以反映边际工人投入劳动力市场所必须支付的金额。

(3) 非自愿失业劳动力的影子工资应反映他们为了工作而放弃休闲时间愿意接受的最低工资金额，其数值应低于本项目的使用所支付的税后净工资并大于支付的最低生活保障收入。当缺少信息，可以按非自愿失业人员接受的最低生活保障收入和税后净工资的平均值近似测算。

2) 新增资源消耗

新增资源消耗是指劳动力在本项目新就业或由原来的就业岗位转移到项目中来而发生的经济资源消耗，而这种消耗与劳动者生活水平的提高无关。它包括交通运输费用、城市管理费用、培训费用等。

影子工资的理论公式为：

$$影子工资=劳动力机会成本+新增资源消耗 \tag{6-7}$$

在国民经济评价中，影子工资作为费用计入经营费用。

2. 影子工资换算系数

影子工资可通过财务评价时所采用的工资及福利费之和乘以影子工资换算系数求得。影子工资换算系数是项目的国民经济评价参数，是指影子工资与财务评价中付给劳动力的工资加提取的福利基金之和的比值，用以从财务工资推算影子工资，由国家统一制定并发布。因此，实践中的影子工资计算公式为：

$$影子工资=财务工资×影子工资换算系数 \tag{6-8}$$

影子工资换算系数应按下列规定确定。

(1) 技术劳动力的影子工资换算系数取1，即影子工资可按财务实际支付工资计算。

(2) 对于非技术劳动力，根据我国非技术劳动力的就业状况，其影子工资换算系数一般取0.2～0.8；具体可根据当地的非技术劳动力供求状况确定，非技术劳动力较为富余的地区可取较低值，不太富余的地区可取较高值，中间状况可取0.5。

(二)土地的影子价格

土地是一种特殊投入物，一个项目使用了某一块土地，其他项目就不能再使用，这块土地也不能用来种庄稼等。土地在我国是一种稀缺资源，项目使用了土地，对国家来说就造成了费用。

国民经济评价中的土地费用就是土地的影子价格，是指建设项目使用土地资源而使社会付出的代价，它由两部分组成：一是土地的机会成本，二是新增资源消耗。土地影子价格的计算式为：

$$土地影子价格=土地机会成本+新增资源消耗 \tag{6-9}$$

1. 土地机会成本

土地的机会成本即土地用于拟建项目而使社会为此放弃的效益，因项目所在地区、地块、土地的用途、土地的耕作方式、农作物种类的不同而存在着很大的差异。对于某一特定地块的土地，其机会成本应根据土地原有用途的不同分别加以确定。

(1) 对于农业、工业和商业等生产性用地，其机会成本为所放弃的"最好可行替代用途"的净效益，计算公式为：

$$OC = \sum_{t=1}^{n} NB_0 (1+g)^{t+\tau} (1+i_s)^{-t}$$

$$= \begin{cases} NB_0 (1+g)^{\tau+1} \dfrac{\left[1 - (1+g)^n (1+i_s)^{-n}\right]}{i_s - g} & i_s \neq g \\ n NB_0 (1+g)^\tau & i_s = g \end{cases} \tag{6-10}$$

式中：OC——土地机会成本；

n——项目占用土地的期限，一般为项目计算期；

t——年序数；

τ——基年(土地的净效益测算年，早于开工年)距项目开工年年数；

NB_0——基年的土地"最好可行替代用途"的单位面积年净效益；

g——土地最好可替代用途的年平均净效益增长率；

i_s——社会折现率。

农村的荒地或不毛之地的土地机会成本为0。

例6-3 某项目为一港口工程，地处江苏省，1990年开始征地建设，征用土地1000亩，项目寿命为30年，求土地的机会成本。

分析：据调查，该建设用地按照土地分类原属耕地，现行用途为种植水稻，经分析该地还可以用于种植小麦和蔬菜。假定这三种农作物一年内都可以复种2.5次。在三种农作物种植中，种植蔬菜的净效益最大，为482.3元/(亩·次)(1990年年初的统计数据)。因此，种植蔬菜是该块土地的最好的可替代用途，按这一用途计算的每亩土地的净效益为：

$$NB_0 = 482.3 \times 2.5 = 1205.75[元/(亩·年)]$$

经分析，在项目计算期内，该地块种植蔬菜将按平均每年递增2%的速度增加净效益，即 $g=2\%$。

由于 NB_0 为1990年年初的统计数据(即基年为1990年)，项目开工年为1990年，所以 $\tau =0$。

当时的社会折现率 i_s 为12%，项目计算期 $n=30$ 年。

根据以上分析，每亩土地机会成本可计算为：

$$OC = 1205.75 \times (1+2\%) \times \frac{\left[1 - (1+2\%)^{30}(1+12\%)^{-30}\right]}{12\% - 2\%}$$

$$= 11555(元/亩)$$

土地机会成本费用总额=11555×1000=11555000(元)=1155.5(万元)

(2) 对于居住、休闲等非生产性用地，应按照支付意愿的原则，可取该片土地的市场交易价格作为土地机会成本。

2. 新增资源消耗

建设项目占用土地所发生的新增资源消耗，应按照在"有项目"情况下土地的征用造成原有地上附属物财产的损失及其他资源耗费来计算，包括土地补偿费、青苗补偿费、地上建筑物拆迁补偿费、劳动力安置补偿费等。

值得注意的是，建设项目所发生的土地平整费，以及交通、水电气、通信设施开发费等，在进行建设项目评价时，一般是在建设工程费用中计算，因而不计入新增资源耗费。而耕地占用税、耕地开垦费、土地开发费等税费，属于转移支付，不计入土地影子价格。之前征收的征地管理费自 2015 年 1 月 1 日起取消。

(三)自然资源的影子价格

自然资源是指自然形成的，在一定的经济、技术条件下可以被开发利用以提高人们的生活福利水平和生存能力，并同时具有某种"稀缺性"的实物性资源的总称，包括土地资源、森林资源、矿产资源和水资源等。

项目使用的矿产资源、水资源、森林资源都是对国家资源的占用和消耗。不可再生的矿产资源的影子价格按资源的机会成本计算，水和森林等可再生资源的影子价格按资源再生费用计算。

四、政府调控价格货物的影子价格

在市场经济条件下，有些货物或服务的价格不能完全由市场决定，而需要由政府进行调控。比如为保障城市中低收入家庭的住房，政府必须出面对经济适用房制定指导价和最高限价。

由于政府调控价不能完全反映货物或服务的真实价值，因此，应根据如下原则来确定这些货物或服务的影子价格：投入物按机会成本分解定价，产出物按对经济增长的边际贡献率或消费者支付意愿定价。

政府主要调控的水、电、铁路运输等货物或服务的影子价格确定办法如下所述。

(一)水的影子价格

作为项目投入物的水，其影子价格按后备水源的边际成本分解定价，或者按恢复水资源存量的成本计算。作为项目产出物的水，其影子价格按消费者支付意愿或者按消费者承受能力加政府补贴计算。

(二)电的影子价格

作为项目投入物的电，其影子价格一般按完全成本分解定价，电力过剩时按可变成本分解定价。作为项目产出物的电，其影子价格按电力对当地经济边际贡献率定价。

(三)铁路运输的影子价格

作为项目投入物的铁路运输，其影子价格一般按完全成本分解定价，对运能富余的地区，按可变成本分解定价。作为项目产出物的铁路运输，其影子价格按铁路运输对国民经济的边际贡献率定价。

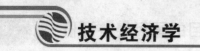

第四节 国民经济评价报表

编制国民经济评价报表是国民经济评价的重要基础工作。本节介绍国民经济评价报表的种类和报表的编制方法。

一、国民经济评价报表的种类

国民经济评价报表包括下述七类。

(一)项目投资经济费用效益流量表

若项目的全部投资均为国内投资，则编制项目投资经济费用效益流量表，用以计算项目全部投资的经济内部收益率和经济净现值，以考察全部投资对国民经济的贡献，其格式如表 6-1 所示。

表 6-1　项目投资经济费用效益流量表

人民币单位：万元

序号	年份 项目	合计	计算期							
			1	2	3	4	5	6	…	n
1	效益流量									
1.1	项目直接效益									
1.2	资产余值回收									
1.3	项目间接效益									
2	费用流量									
2.1	建设投资									
2.2	维持运营投资									
2.3	流动资金									
2.4	经营费用									
2.5	项目间接费用									
3	净效益流量(1-2)									

计算指标：经济内部收益率(%)：

　　　　　经济净现值(i_s=%)：　　　万元

(二)项目国内投资经济费用效益流量表

若项目的部分投资来自国外(借款或直接投资)，则编制国内投资经济费用效益流量表，用以计算国内投资的经济内部收益率和经济净现值，其格式如表 6-2 所示。

表6-2　项目国内投资经济费用效益流量表

人民币单位：万元

序号	项目＼年份	合计	计算期							
			1	2	3	4	5	6	…	n
1	效益流量									
1.1	项目直接效益									
1.2	资产余值回收									
1.3	项目间接效益									
2	费用流量									
2.1	建设投资中国内资金									
2.2	维持运营投资中国内资金									
2.3	流动资金中国内资金									
2.4	经营费用									
2.5	流到国外的资金									
2.5.1	国外借款本金偿还									
2.5.2	国外借款利息支付或分红									
2.6	项目间接费用									
3	净效益流量(1-2)									

计算指标：经济内部收益率(%)：

经济净现值($i_s=$　%)：　　　　万元

(三)国民经济评价投资费用估算调整表

项目的国民经济评价投资费用估算调整表(见表 6-3)是用来估算项目的直接投资费用的表，间接投资费用不包含在此表内。

表6-3　国民经济评价投资费用估算调整表

人民币单位：万元

序号	项目	财务评价			国民经济评价			国民经济评价比财务评价增减(±)
		外币	人民币	合计	外币	人民币	合计	
1	建设投资							
1.1	建筑工程费							
1.2	设备购置费							
1.3	安装工程费							
1.4	其他费用							
1.4.1	其中：土地费用							
1.4.2	专利及专有技术费							
1.5	基本预备费							

续表

| 序号 | 项 目 | 财务评价 | | | 国民经济评价 | | | 国民经济评价比 |
		外币	人民币	合计	外币	人民币	合计	财务评价增减(±)
1.6	涨价预备费							
2	建设期利息							
3	流动资金							
4	合计(1+2+3)							

注：若投资费用是通过直接估算得到的，本表应略去财务评价的相关栏目。

(四)国民经济评价经营费用估算调整表

项目的国民经济评价经营费用估算调整表(见表 6-4)是用来估算项目直接耗费的经营费用的表，间接经营费用不包含在此表内。

表 6-4　国民经济评价经营费用估算调整表

人民币单位：万元

| 序号 | 项 目 | 单位 | 年耗量 | 财务评价 | | 国民经济评价 | |
				单价(元)	年成本	单价(元)	年费用
1	外购原材料						
1.1	原材料 A						
1.2	原材料 B						
1.3	原材料 C						
2	外购燃料及动力						
2.1	煤						
2.2	水						
2.3	电						
2.4	汽						
2.5	重油						
2.6	…						
3	工资及福利费						
4	修理费						
5	其他费用						
6	合　计						

注：若经营费用是通过直接估算得到的，本表应略去财务评价的相关栏目。

(五)项目直接效益估算调整表

项目直接效益估算调整表(见表 6-5)是用来估算项目产生的、并在项目内计算效益的表，间接效益不包含在此表内。

表 6-5　项目直接效益估算调整表

人民币单位：万元

产出物名称		投产第一期负荷(%)				投产第二期负荷(%)				…	正常生产年份(100%)			
		A产品	B产品	…	小计	A产品	B产品	…	小计		A产品	B产品	…	小计
年产出量	计算单位													
	国内													
	国际													
	合计													
财务评价	国内市场 单价(元)													
	现金流入													
	国际市场 单价(元)													
	现金流入													
国民经济评价	国内市场 单价(元)													
	直接效益													
	国际市场 单价(美元)													
	直接效益													
合计														

注：若直接效益是通过直接估算得到的，本表应略去财务分析的相关栏目。

(六)项目间接费用估算表

若项目发生间接费用，则应编制项目间接费用估算表(见表 6-6)。

表 6-6　项目间接费用估算表

人民币单位：万元

序　号	项　目	合　计	计　算　期					
			1	2	3	4	…	n

(七)项目间接效益估算表

若项目产生间接效益，则应编制项目间接效益估算表(见表 6-7)。

表6-7 项目间接效益估算表

人民币单位：万元

序 号	项 目	合 计	计 算 期					
			1	2	3	4	⋯	n

二、国民经济评价报表的编制

国民经济评价报表的编制既可以在财务评价的基础上进行，也可以根据项目的经济费用和效益数值直接进行编制，下面分别介绍这两种编制方法。

(一)在财务评价基础上编制国民经济评价报表

在财务评价基础上编制国民经济评价报表，主要是进行财务现金流量的调整，调整的内容和方法如下所述。

1. 调整建设投资

(1) 剔除建设投资中属于国民经济内部的转移支付，包括增值税和进口关税等各种税金。

(2) 用影子价格调整构成建设投资的各种费用。①建筑工程费的调整要用影子工资、货物的影子价格调整工资和福利费、消耗的各种材料(主要是"三材")费、电费等，或通过建筑工程影子价格换算系数直接调整建筑费用。②对于设备购置费，用影子汇率、进口费用对引进设备价值进行调整，而国内设备价值则用影子价格、国内运杂费进行调整。③安装工程费按材料和劳动力的影子价格进行调整。④在工程建设其他费用中，用土地的影子价格调整占用土地的实际费用，国外技术转让费应用影子汇率进行调整。⑤剔除涨价预备费。

2. 剔除建设期的国内借款利息

将财务现金流量表中的国内借款利息作为转移支付剔除。

3. 调整流动资金

(1) 财务现金流量中的应收账款、应付账款及现金并没有实际耗用国民经济资源，在国民经济评价中应将其从流动资金中剔除。

(2) 如果财务评价中的流动资金是采用分项详细估算法进行估算的，则应用影子价格重新分项进行调整估算。

(3) 如果财务评价中的流动资金是采用扩大指标法估算的，国民经济评价仍应按扩大指标法，以调整后的营业收入、经营费用等乘以相应的流动资金指标系数进行估算，但这时必须剔除转移支付。

根据建设投资和流动资金调整结果，编制国民经济评价投资费用估算调整表(见表 6-3)。

4. 调整经营费用

用影子价格调整各项经营费用，其中对主要原材料、燃料及动力费用用影子价格进行调整；对劳动工资及福利费，用影子工资进行调整；维修费可按调整后的固定资产原值(扣除建设期的国内借款利息)和维修费率重新计算；其他费用不予调整。

编制国民经济评价经营费用估算调整表(见表 6-4)。

5. 调整营业收入

根据项目产出物的影子价格重新计算产出物的营业收入。对那些为国民经济提供产出物的项目，应首先根据产出物的性质确定是否属于外贸货物，再根据定价原则确定产出物的影子价格。按照项目的产出物种类、数量及其逐年的增减情况和产出物的影子价格计算项目的直接效益。对那些为国民经济提供服务的项目，应根据提供服务的数量和用户的收益计算项目的直接效益。

编制项目直接效益估算调整表(见表 6-5)。

6. 调整固定资产余值和流动资金回收额

固定资产余值和流动资金回收额的调整，应在调整固定资产原值和流动资金后，按照调整后的数额进行直接计算。

7. 调整外汇价值

国民经济评价各项营业收入和费用支出中的外汇部分，应用影子汇率进行调整，计算外汇价值。从国外引入的资金和向国外支付的投资收益、贷款本息，也应用影子汇率进行调整。

8. 估算间接费用和间接效益

首先要识别项目的间接效益和间接费用。然后用投入物和产出物的影子价格分别估算项目的间接费用和间接效益，对能定量的应进行定量计算，对难以定量的应做定性描述。

编制项目间接费用估算表(见表 6-6)和项目间接效益估算表(见表 6-7)。

最后，根据以上调整表和估算表，编制项目投资经济费用效益流量表(见表 6-1)或国内投资经济费用效益流量表(见表 6-2)。

(二)直接编制国民经济评价报表

像编制财务评价报表一样，也可以利用项目的财务数据，运用影子价格、影子汇率和社会折现率直接估算项目的费用流量和效益流量，从而编制出各种国民经济评价报表。直接编制国民经济评价报表可按下述步骤进行。

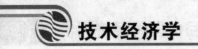

1．估算建设投资

用货物的影子价格、土地的影子价格、影子工资、影子汇率和社会折现率等参数直接进行项目的建设投资估算，具体的估算方法可参考调整建设投资的方法。

2．估算流动资金

具体的估算方法也可参考调整流动资金的方法。

根据以上估算结果，编制国民经济评价投资费用估算表，其格式参考国民经济评价投资费用估算调整表(见表 6-3)下方的说明。

3．估算经营费用

根据生产经营的实物消耗，用影子价格、影子汇率等参数计算项目的经营费用，具体方法可参考调整经营费用的方法。编制国民经济评价经营费用估算表，其格式可参考国民经济评价经营费用估算调整表(见表 6-4)下方的说明。

4．估算直接效益

直接效益的估算方法参考调整营业收入的方法。

编制项目直接效益估算表，其格式参考直接效益估算调整表(见表 6-5)下方的说明。

5．估算间接费用和间接效益

估算方法如前文所述。

编制项目间接费用估算表(见表 6-6)和项目间接效益估算表(见表 6-7)。

最后，根据以上报表数据，编制项目投资经济费用效益流量表(见表 6-1)或国内投资经济费用效益流量表(见表 6-2)。

第五节 国民经济评价指标

项目的国民经济评价只需从国民经济的角度进行盈利能力的评价，定量评价指标主要有经济内部收益率、经济净现值和经济效益费用比。

一、经济内部收益率

经济内部收益率是指项目在计算期内各年经济净效益流量的现值累计之和等于 0 时的折现率，是反映建设项目对国民经济净贡献的相对指标。它通过如下的隐函数表达式来确定：

$$\sum_{t=0}^{n} (B-C)_t (1+\text{EIRR})^{-t} = 0 \qquad (6\text{-}11)$$

式中： B ——效益流量；

C ——费用流量；

$(B-C)_t$ ——第 t 年的净效益流量；

n ——计算期；

EIRR ——经济内部收益率。

当经济内部收益率大于或等于社会折现率时，表明项目对国民经济的净贡献超过或达到了要求的水平，此时应认为项目是可以考虑接受的。

二、经济净现值

经济净现值是指用社会折现率将项目计算期内各年的净效益流量折算到建设期初的现值之和，是反映项目对国民经济净贡献的绝对指标。其计算表达式为：

$$\text{ENPV} = \sum_{t=0}^{n}(B-C)_t(1+i_s)^{-t} \tag{6-12}$$

式中：ENPV——经济净现值；

$\quad i_s$——社会折现率；

其余符号的含义同前。

若经济净现值大于或等于 0，表明国家为拟投资项目付出代价后，可以得到符合社会折现率要求的社会盈余，或者还可以得到超额的社会盈余，并且以现值表示这种盈余的量值。因此，经济净现值大于或等于 0 时，表示项目的盈利性达到了基本要求，这时就认为项目是可以接受的。

三、经济效益费用比

经济效益费用比是指项目在整个计算期内的效益流量现值与费用流量现值之比，其计算表达式为：

$$R_{B/C} = \frac{\displaystyle\sum_{t=0}^{n}B_t(1+i_s)^{-t}}{\displaystyle\sum_{t=0}^{n}C_t(1+i_s)^{-t}} \tag{6-13}$$

式中：$R_{B/C}$——经济效益费用比。

若经济效益费用比大于 1，表明项目资源配置的经济效率达到了可以被接受的水平。

第六节 国民经济评价案例

此案例所要评价的项目是第五章财务评价案例中的某污水处理厂工程项目(以下简称为某污水处理项目)。

一、效益费用估算调整

(一)调整投资费用

1. 调整建设投资

(1) 剔除属于转移支付的税金。在项目 225 万元的征地费用与征地管理费中，征地管理费(费率为 4%)为 8.7 万元，从工程建设其他费用中予以剔除。

(2) 调整工资和福利费。用影子工资换算系数 0.8 对建筑工程费中非技术工种劳动力的工资和福利费进行调整，调减建筑工程费 36.5 万元。安装工程中的劳动力工种属技术工种，其工资和福利费无须调整。

(3) 设备购置费和材料费因市场趋于完全竞争市场而不予调整。

(4) 征地费用反映了市场价格，不予调整。

(5) 基本预备费因工程费用和工程建设其他费用的调整而连带调减 4.9 万元。

(6) 在财务评价中的涨价预备费为 0，无须剔除。

2. 调整流动资金

(1) 正常运营年份剔除的应收账款、应付账款和现金分别为 24.9 万元、8.8 万元和 8.3 万元。

(2) 项目的各种材料费用不予调整。

3. 调整建设期利息

因项目贷款均为国内银行贷款，所以应将建设期的借款利息全部予以剔除，调减 27.4 万元。

根据以上对项目投资费用的调整和估算所得的数据，编制下列投资费用估算调整表(见表 6-8)。

表 6-8　某污水处理项目国民经济评价投资费用估算调整表

人民币单位：万元

序号	项　目	财务评价			国民经济评价			国民经济评价比财务评价增减
		外币	人民币	合计	外币	人民币	合计	
1	建设投资		2226.5	2226.5		2172.8	2172.8	−53.7
1.1	建筑工程费		912.0	912.0		875.5	875.5	−36.5
1.2	设备购置费		551.6	551.6		551.6	551.6	0.0
1.3	安装工程费		149.7	149.7		149.7	149.7	0.0
1.4	其他费用		410.8	410.8		398.5	398.5	−12.4
1.4.1	其中：土地费用		225.0	225.0		216.3	216.3	−8.7
1.4.2	专利及专有技术费		0	0		0	0	0
1.5	基本预备费		202.4	202.4		197.5	197.5	−4.9
1.6	涨价预备费		0	0		0	0	0
2	建设期利息		27.4	27.4		0	0.0	−27.4
3	流动资金		26.1	26.1		1.7	1.7	−24.4
4	合计(1+2+3)		2280.1	2280.1		2174.5	2174.5	−105.5

(二)调整经营费用

(1) 调整维修费。

按调整后的固定资产原值重新计算维修费率，调减 1.1 万元。

(2) 调整工资及福利费。

一线工人年均 10000 元工资，按影子工资换算系数 0.8 进行调整，调减 3.6 万元。

(3) 原材料、燃料及动力费均采用财务价格计算，不予调整。

(4) 其他费用因上述费用的调整而连带调整。

根据调整结果编制经营费用估算调整表(见表 6-9)。

表 6-9　某污水处理项目国民经济评价经营费用估算调整表

人民币单位：万元

序　号	项　　　目	单位	年耗量	财务评价		国民经济评价	
				单价(元)	年成本	单价(元)	年费用
1	外购辅助材料				5.2		5.2
1.1	高分子絮凝剂	吨	0.666	50000	3.3	50000.0	3.3
1.2	液氯	吨	7.3	2600	1.9	2600.0	1.9
2	外购燃料及动力				47.6		47.6
2.1	电	度	952600	0.5	47.6	0.5	47.6
3	工资及福利费				42.0		38.4
4	修理费				30.1		29.0
5	其他费用				24.5		12.0
6	合　　计				149.4		132.2

(三)估算直接效益

本项目的营业收入实际上是污水处理收费，项目财务评价中的收费价格是在确保公共事业项目最低盈利水平的基础上基于居民的支付意愿确定的，因而在国民经济评价中仍采用财务价格估算直接效益。用人民币计价，因而也无须用影子汇率进行换算。

编制项目的直接效益估算表(见表 6-10)。

表 6-10　某污水处理项目直接效益估算表

人民币单位：万元

产出物名称			投产第一期负荷(80%)			正常生产年份(100%)		
			污水处理	……	小计	污水处理	……	小计
年产出量	计算单位		万立方米					
	国内		292		292	365		365
	国际							
	合计		292		292	365		365
财务评价	国内市场	单价(元)	0.91		0.91	0.91		0.91
		现金流入	265.7		265.7	365		365
	国际市场	单价(元)						
		现金流入						

续表

产出物名称			投产第一期负荷(80%)			正常生产年份(100%)		
			污水处理	……	小计	污水处理	……	小计
国民经济评价	国内市场	单价(元)	0.91		0.91	0.91		0.91
		直接效益	265.7		265.7	365		365
	国际市场	单价(美元)						
		直接效益						
合计			265.7		265.7	365		365

(四)调整资产余值

在调整固定资产原值和流动资金的基础上,对固定资产余值和流动资金回收额直接计算即可得到其调整后的值。

本项目是环保项目,其环保效益显著,但间接经济效益难以识别和计算,在此不予定量分析和评价。

根据以上估算和调整所得的数据,编制项目投资经济费用效益流量表(见表 6-11)。

二、国民经济评价指标计算

(一)经济内部收益率

根据表 6-11 中的净效益流量数据,可求得某污水处理项目的经济内部收益率为:
$$EIRR=5.4\%$$

(二)经济净现值

根据表 6-11 中的净效益流量数据,分别取社会折现率 8%和 4%,可求得某污水处理项目的经济净现值为:

$ENPV(i_s = 8\%) = -367.6$ 万元

$ENPV(i_s = 4\%) = 279.5$ 万元

三、国民经济评价结论

由以上计算可知,经济内部收益率为 5.4%。若从纯经济的角度来考察,用社会折现率 8%来评判,则项目不可行。但本项目属于环保项目,且经济内部收益率高于行业基准收益率,应认为项目是可行的。

同样,若取社会折现率 8%,项目的经济净现值小于 0,项目不可行。若取行业基准收益率 4%作为社会折现率,项目的经济净现值大于 0,则该项目可行,宜以此结论作为本项目决策的依据。

表6-11　某污水处理项目投资经济费用效益流量表

人民币单位：万元

序号	项目	合计	计算期																			
			1	2	3	4	5	6	7	8	9	10	11	12	13	14	15	16	17	18	19	20
1	效益流量	6002.8	0	0	265.7	332.2	332.2	332.2	332.2	332.2	332.2	332.2	332.2	332.2	332.2	332.2	332.2	332.2	332.2	332.2	332.2	422.7
1.1	项目直接效益	5912.3			265.7	332.2	332.2	332.2	332.2	332.2	332.2	332.2	332.2	332.2	332.2	332.2	332.2	332.2	332.2	332.2	332.2	332.2
1.2	资产余值回收	90.6																				90.6
1.3	项目间接效益																					
2	费用流量	4534.2	1303.7	869.1	122.0	132.6	131.1	132.2	131.1	132.2	131.1	132.2	131.1	132.2	131.1	132.2	131.1	132.2	131.1	132.2	131.1	132.2
2.1	建设投资	2172.8	1303.7	869.1																		
2.2	维持运营投资																					
2.3	流动资金	1.7			1.4	0.3																
2.4	经营费用	2359.7			120.6	132.2	131.1	132.2	131.1	132.2	131.1	132.2	131.1	132.2	131.1	132.2	131.1	132.2	131.1	132.2	131.1	132.2
2.5	项目间接费用																					
3	净效益流量(1-2)	1468.7	-1303.7	-869.1	143.7	199.6	201.1	199.9	201.1	199.9	201.1	199.9	201.1	199.9	201.1	199.9	201.1	199.9	201.1	199.9	201.1	290.5

计算指标：经济内部收益率：5.4%

经济净现值($i_s=8\%$)：-367.6万元

本 章 小 结

(1) 国民经济评价是项目经济评价的另一个重要内容。所谓国民经济评价是指按照资源合理配置的原则，从国家经济整体利益的角度考察项目的费用与效益，用货物影子价格、影子工资、影子汇率和社会折现率等经济参数，分析和计算项目对国民经济的净贡献，评价项目在宏观经济上的合理性和可行性。国民经济评价与财务评价的区别在于评价的角度不同、费用与效益的划分不同、采用的价格不同、采用的评价参数不同和评价的内容不同。

(2) 国民经济评价的效益和费用不仅包括直接费用与直接效益，而且包括间接费用与间接效益。项目的直接效益是由项目产出物产生并在项目范围内计算的经济效益；直接费用主要指国家为满足项目投入的需要而付出的代价。项目的间接效益是指项目对社会做出的贡献而项目本身并未得到的那部分效益，也称为外部效益；项目的间接费用是指国民经济为项目付出的代价，而项目本身并不实际支出的那部分费用，也称为外部费用。

(3) 国民经济评价的效益和费用计算要采用影子价格，这样才能正确地反映其实际价值。所谓影子价格是指当社会经济处于某种最优状态时，能够反映社会劳动的消耗、资源稀缺程度和最终产品需求情况的价格。也就是说，影子价格是依据一定原则确定的、比财务价格更为合理的价格。国民经济评价中的影子价格包括市场定价货物的影子价格(包括外贸货物的影子价格和非外贸货物的影子价格)、非市场定价货物的影子价格、特殊投入物的影子价格和政府调控价格货物的影子价格四大类型。影子价格一般要通过计算才能得到。

(4) 进行国民经济评价首先要编制国民经济评价的相关报表。这些报表可以直接利用有关数据进行编制，也可以在财务评价的基础上进行编制。

(5) 国民经济评价主要用于国民经济盈利能力分析，评价指标包括经济内部收益率、经济净现值和经济效益费用比值。

习 题 六

1. 什么是国民经济评价？为什么要进行国民经济评价？
2. 国民经济评价与财务评价有何关系？
3. 国民经济评价的效益和费用有哪些？如何进行识别？
4. 什么是国民经济评价的转移支付？它包括哪些内容？
5. 什么是影子价格？国民经济评价中为什么要采用影子价格？如何确定影子价格？
6. 国民经济评价的报表有哪些？如何编制这些报表？
7. 国民经济评价的指标有哪些？如何进行计算？

第七章 投资项目的可行性研究

本章教学目标

通过本章的教学，使学生掌握可行性研究的概念，了解可行性研究的产生与发展、可行性研究的作用、可行性研究的阶段及其工作内容，全面掌握可行性研究的内容，了解可行性研究报告的编制步骤、编制要求和结构，并通过阅读已有的可行性研究报告范例，对可行性研究报告有一个深刻的感性认识。

第一节 可行性研究概述

一、可行性研究

(一)可行性研究的概念

可行性研究(feasibility study)就是对拟投资项目从技术、经济和社会等各有关方面进行调查研究和综合论证，以判别项目是否可行并从多个可行方案中选择一个最优方案的一种评价工作与科学分析方法。作为一项评价工作，可行性研究是项目建设过程中的一个重要步骤，是在投资决策前对拟投资项目的必要性、可能性、合理性和有效性所做的综合评价。

可行性研究在苏联和东欧一些国家被称为技术经济论证，日本称之为投资前研究，印度、巴基斯坦、科威特等国家称之为投资研究，但它们的目的与所起的作用是基本相同的。

(二)可行性研究方法的产生与发展

自古以来，人类都在自觉或不自觉地对所采取的行动进行着深度不同的可行性研究，但作为一种科学方法自觉地为人类所运用却还是 20 世纪的事。20 世纪 30 年代，美国在开发田纳西(河)流域项目时开始采用这种方法，并对田纳西(河)流域的开发和综合利用起了很大的作用。第二次世界大战以后，西方工业发达国家普遍采用这种方法，并不断地加以充实和完善。在 50 年代，特别是进入 60 年代后，随着科学技术、经济和管理的不断发展，可行性研究得到迅速发展，形成了一整套比较完善的理论、工作程序和评价方法。

1978 年，联合国工业发展组织编写出版了《工业可行性研究编制手册》一书，系统地说明了工业项目可行性研究的内容和方法。对于拟建项目的经济分析、经济评价，联合国工业发展组织还先后出版了《工业项目评价手册》(1980 年，与阿拉伯国家工业发展中心共同编制)、《工程项目评价准则》和《项目估价实用指南》等指导性文献。这些都为各国特别是发展中国家开展可行性研究和项目评价提供了较完备的参考材料，同时也为在国际上推广可行性研究工作创造了条件。

(三)可行性研究方法的应用实践

可行性研究方法随着国际经济组织对发展中国家进行贷款或项目援助而迅速推广应

用，目前世界各国无论是先进的工业化国家还是发展中国家，不管投资规模大小，是新建还是扩建的项目，都要先进行可行性研究，然后才做出决策。可行性研究应用范围也因此不断扩大，除用于建设项目投资决策外，还广泛应用于工业、农业生产的经营管理、科学实验、产品开发、环境保护、区域规划以及社会改造等方面。

我国在第一个五年计划时期，曾对各项重点建设工程进行过与可行性研究类似的"技术经济"论证，就当时的水平而言，这些项目基本上达到了技术先进、经济合理的要求。后来由于种种原因没有坚持下去，不少项目实施后问题很多，经济效益极差。20世纪80年代初，随着我国对外开放和经济体制改革，西方的可行性研究方法引起了我们的重视，经有关方面吸收，结合我国实际，为我所用。1981年，国家计委正式下发文件，明确规定"把可行性研究作为建设前期工作中一个重要技术经济论证阶段，纳入基本建设程序"。在《第六个五年计划的报告》中提道："所有建设项目必须严格按照基本程序办事。事前没有进行可行性研究和技术经济论证的，一律不得列入年度建设计划，更不准仓促开工。"1983年年初，国家计委正式颁发《关于建设项目进行可行性研究的试行管理办法》，规定大中型工业交通项目、重大技术改造项目、利用外资项目、技术和设备引进项目都必须进行可行性研究。1985年，国家科委、国务院技术经济研究中心编写和出版了《工业建设项目可行性研究经济评价方法——企业经济评价》一书，经国家计委审核，推荐给有关部门和单位试行。1987年又编印了《建设项目经济评价方法与参数》，该书填补了我国建设项目经济评价方面的空白，是各工程咨询公司、规划设计单位进行投资项目评价、评估的指导性文件，也是各级计划部门审批可行性研究报告和金融机构审查投资贷款的重要依据。1993年，《建设项目经济评价方法与参数》重新修订成第二版颁发。1994年，为了适应国家财税体制和投资体制改革的新形势，有关部门(例如化学工业部)又对其中内容进行了相应的调整和变动。2006年，《建设项目经济评价方法与参数》(第三版)正式出版。这些文件的颁布使可行性研究更加紧密地联系我国的经济建设实际，成为市场经济环境下投资决策的重要工具，并以法律形式确定了建设项目必须进行可行性研究。自上述有关规定颁布以来，在我国境内的投资者都按规定对投资项目进行了可行性研究。

二、可行性研究的地位与作用

(一)可行性研究的地位

无论是在国内还是在国外，一个工程建设项目的建设程序一般分为可三个阶段，即投资前时期(又称为建设前时期、规划时期)、投资时期(建设时期)、生产运营时期，每个阶段又可分为几个小阶段，如图7-1所示。

由图7-1可以看出，可行性研究的地位是明显的，它是项目建设程序中的第一个环节，也是关键环节。如果跳过这一环节，则会严重影响后期工作的开展及其有效性，项目就难以取得预期的经济效益和社会效益，甚至严重亏损。在这方面，我国曾有过许多深刻的历史教训，比如有的项目在建设期就由于建设资金不足而被迫停止施工，有的项目在建成以后由于原材料、能源的缺乏而影响了生产能力的发挥，等等，其主要原因就是没有进行可行性研究，或可行性研究工作不严谨、不细致。

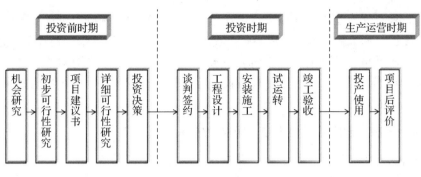

图 7-1　项目发展周期图

(二)可行性研究的作用

可行性研究的作用主要表现在下述几个方面。

1. 为项目投资决策提供重要依据

可行性研究是一项综合性的评价研究工作，对建设项目的目的、建设规模、产品方案、生产方法、原材料来源、建设地点、工期和经济效益等重大问题都要进行具体研究，并对项目是否可行做出明确的评价结论，这个结论可作为投资者决定是否进行投资的一个重要依据。这是可行性研究的最主要作用，也是可行性研究产生并得以推广和盛行的根本原因。

2. 为筹集资金提供依据

项目的资金来源不外乎两个：一是资本金，包括项目法人、自有资金和财政资金等；二是债务资金，是指向银行和非银行金融机构借入的资金，其中又以银行贷款为主。银行在接受项目贷款申请前，需要对贷款项目进行全面、细致的分析评估，只有在确认该投资项目具有偿还能力和不会承担很大风险的前提下，银行才会同意贷款。而在向财政申请拨款、向社会发行股票时，财政部门、社会团体和个人也会考察项目的盈利能力。而可行性研究不仅可以进行项目的盈利能力评价，而且还可以进行项目的偿债能力评价，从而反映出向该项目投资、拨款和贷款存在的风险性。因此，可行性研究可为项目向社会筹集资金提供依据。基于上述情况，国内外承担可行性研究任务的咨询公司或设计院等单位，为了对国家、社会投资者和金融机构等负责，同时也为了自身信誉，对可行性研究报告的编制都采取审慎的态度，力求客观真实。

3. 为向当地政府申请允许设立项目和建设施工提供依据

在可行性研究报告确认可行，并经投资部门和计划部门评审以后，建设项目在设计及施工之前，还必须经地方规划部门及环保部门审查。只有当项目在经济、技术和环保等各个方面具有可行性时，才会予以审批，允许设立项目和建设施工，而审查的依据就是可行性研究报告。

4. 为编制初步设计方案提供依据

可行性研究和项目评估经批准后，即可进行初步设计。而可行性研究对厂址、建设规模、工艺流程、设备等各方面进行了较详细的方案比较及技术经济论证，为开展设计工作

打下了基础，项目建设工程的初步设计可在可行性研究报告的基础上进行。国外有些可行性研究的深度已包括了初步设计的内容，在我国虽然可行性研究同编制设计文件分别进行，但是建设项目应严格按批准的可行性研究报告内容进行设计，不得随意改变可行性研究报告中已确定的规模、方案、标准、厂址及投资等控制性指标，所以可行性研究报告是编制初步设计方案的依据。

5. 为项目与有关部门签订协议或合同提供依据

投资项目从开始建设到正常运转，需要各行各业协作和支持，需要与工程设计单位、施工单位、机器设备和原材料等方面的供应商、消费者(或销售商)等许多不同对象进行谈判，并签订相应的协议或合同。与这些厂商和合作者谈判签约，对发展中国家来说是一项艰巨的工作，即使在发达国家，对各种专业知识和经验比较丰富的企业来讲，也不是一件容易的事，但在签订协议或合同谈判时可主要依据可行性研究报告。

6. 为制订技术开发和设备研制计划提供依据

一些投资项目需要采用新技术和新设备，这些新技术和新设备只有在经过可行性研究证明是先进适用的，才能拟订开发和研制计划。

7. 为组织机构设置、劳动定员和职工培训等工作提供依据

投资项目建成以后，需要进行组织机构设置、劳动定员和职工培训等工作。在可行性研究的内容中，包括了这些方面的内容，因此，可行性研究能为这些工作的开展提供依据。

三、可行性研究的阶段

可行性研究分为机会研究、初步可行性研究、详细可行性研究三个阶段，广义的可行性研究还包括评价和决策。

(一)机会研究阶段

机会研究又称投资机会研究，是寻求最佳投资机会的活动，它的主要任务是提出项目投资方向和设想建议，即根据市场需求和国家的产业政策，结合企业发展和经营规划，提出投资项目的设想，并对设想进行粗略分析，确定有无必要做进一步的详细研究。机会研究的结果，以项目建议书的形式提出。

机会研究可分为一般机会研究和具体项目的机会研究。

1. 一般机会研究

一般机会研究又可分为三种，即以地区为基础的研究，旨在通过研究某一地区的自然地理状况、在国民经济体系中的地位以及自身的优劣势来寻求投资机会；以部门为基础的研究，旨在分析某一部门(行业)由于技术进步、国内外市场变化而出现的新的发展和投资机会；以资源利用为基础的研究，旨在分析由于自然资源的开发和综合利用而出现的投资机会。一般机会研究通常由政府部门或专门机构进行，作为中央政府制定国民经济长远发展规划的依据。

2. 具体项目的机会研究

根据一般机会研究的结论，当某项目具有投资条件时，就可进行具体机会研究，即具体研究某一项目得以成立的可能性，将项目设想转变为投资建议。

这一阶段的工作比较粗略：投资额的估算往往用最简单的方法(如扩大指标估算法)，投资估算的精确度一般只要求达到±30%之内，研究所需费用占总投资额的 0.2%～1%，所用时间一般为 1～2 个月(大中型工程项目)。

机会研究的结果一旦引起投资者兴趣，就可转入下一阶段的研究。

(二)初步可行性研究阶段

很多项目(比如投资规模大、技术复杂的项目)仅靠机会研究还不能决定投资项目的取舍，但是是否值得做详细可行性研究又有待于研究，这时就要做初步可行性研究。

初步可行性研究又称为预可行性研究，是指在机会研究的基础上，对项目可行与否进行较为详细的分析论证。其主要任务是在机会研究的基础上，进一步确认项目建设的必要性，初步进行方案的比较与选择，确认是否进行详细可行性研究。其主要工作目标包括下述各点。

(1) 深入弄清项目的建设规模、原材料资源、工艺技术、厂址、组织机构和建设进度等情况。

(2) 就项目中的某些关键问题(如市场需求、投入物的供应与价格、中间试验、厂址选择、合理经济规模、主要设备选型等)进行专题辅助研究。

(3) 对投资、成本费用和收入进行较详细的估算，计算经济效益指标。

(4) 对众多的可行方案做初步分析比较，然后对方案进行筛选，淘汰一些希望不大的方案，缩小进一步深入研究的工作范围。

(5) 编制初步可行性研究报告，确定项目的初步可行性，判断是否需要进一步做详细的可行性研究。

该阶段研究的内容与详细可行性研究的基本内容相同，但所用资料的准确度、研究的深度和广度不如详细可行性研究。对有些中小型项目可以省去这一阶段，即可以直接进行详细可行性研究。投资估算的精确度要求控制在±20%以内，研究所需费用占总投资额的0.25%～1.5%，一般需要 4～6 个月时间。

(三)详细可行性研究阶段

详细可行性研究也称为最终可行性研究，也就是常说的可行性研究，其主要任务是对工程项目进行深入细致的技术经济分析论证，包括拟建项目的产品方案、生产规模、建设地点、生产工艺和技术设备、原材料燃料供应、环境保护、组织机构与人员配备、项目实施进度、投资额与成本估算、还本付息年限、经济效益等内容，为项目的决策提供可靠的技术、经济、商业和社会方面的评价依据。它是投资决策的关键一步。

详细可行性研究的主要工作目标包括下述各点。

(1) 提出可行性研究报告，对项目进行全面的评价。

(2) 为投资决策提供一个或几个可供选择的方案。

(3) 为下一步工程设计和施工提供基础资料和依据。

详细可行性研究应该对拟建项目做出明确的结论。结论可以是推荐一个认为最佳的方案；也可以提出几个方案，分述其利弊得失，由决策者决策。当然也可能是不可行的结论。

这个阶段的投资估算的精确度要求控制在±10%范围内；研究所需费用：中小型项目占项目总投资的 1%～3%，大型项目占项目总投资的 0.25%～1%；研究所花时间：中小型项目为 8～12 个月，大型项目为 1～3 年或更长。

(四)评价和决策阶段

这一阶段的主要任务是对详细可行性研究提供的方案，进行综合分析与评价，确定这个项目是否可行，是否是其中最好的选择方案，反映的各项情况是否属实，最后写出项目评价报告。可行性研究报告作为可行性研究工作的成果，最后被提交给项目建设单位，供领导者决策参考。

以上四个阶段是环环相扣的。前者是后者的基础，后者是前者的深入。一旦某一步认为项目不可行，则应停止下一步的工作。当然，在实践中，这些步骤不是绝对不变的。如果有关项目建设的一些关键问题已经明朗，把握性很大，就可越过前两个阶段而直接进行详细可行性研究；有时可省略初步可行性研究；也可以直接根据初步可行性研究做出决策。

第二节　可行性研究的内容

一、项目兴建理由与目标

(一)项目兴建理由

1. 项目层次的分析

论述为什么要兴建该拟建项目。项目投资人兴建项目，或是为了在向社会提供产品、服务的同时获取合法利润或投资回报，或是为了促进国家、地区经济和社会发展。应侧重从项目产品和投资效益角度论证兴建理由是否充分合理。

2. 国民经济层次的分析

对那些受宏观经济条件制约较大的项目，应进行以下内容的分析：拟建项目是否符合合理配置和有效利用资源的要求；是否符合区域规划、行业发展规划、城市规划、水利流域开发规划、交通路网规划的要求；是否符合国家技术政策和产业政策的要求；是否符合保护环境、可持续发展的要求等。

(二)项目预期目标

项目预期目标的内容主要有项目建设内容和建设规模；技术装备水平；产品性能和档次；成本、收益等经济目标；项目建成后在国内外同行业中所处的位置或者在经济和社会发展中的作用等。

二、市场预测

(一)市场现状调查

1. 市场容量现状调查

1) 供应现状

供应现状包括在国际和国内两个市场上项目产品的总生产能力(含现有企业和在建项目)、总产量及地区分布；各主要生产企业的分布情况，以及产量、品种、性能、档次等。

2) 需求现状

需求现状包括在国际和国内两个市场上项目产品的国内市场消费总量以及地区分布，不同消费群体对产品品种和服务的要求，消费结构状况，近期市场需求的满足程度等。

2. 价格现状调查

调查项目产品的国际国内市场价格，价格变化过程及变化规律，最高价格和最低价格出现的时间和原因，价格形成机制，有无垄断或倾销等情况。

3. 市场竞争力现状调查

市场竞争力现状调查主要是调查项目产品目前国内外市场竞争程度，市场主要竞争对手的生产能力及其竞争力情况等。

(二)产品供需预测

预测拟建项目产品在生产运营期内全社会和目标市场的可供量和总需求量；分析项目产品在生产运营期内的供需平衡情况和满足程度，以及可能导致供需失衡的因素和波及范围；选择确定项目产品的目标市场，预测可能占有的市场份额。

(三)价格预测

预测在项目的生产经营期内项目产品的价格。

充分竞争性产品的价格应按国际市场价格预测，同类、同档次产品的销售价格，不应高于国际市场价格。

城市基础设施和服务产品的价格，应根据政府价格政策，以及消费者支付意愿和承受能力，预测产品或服务的价格。

(四)竞争力分析

分析拟建项目与竞争对手相比在自然资源占有、工艺技术装备、规模效益、新产品开发能力、产品质量性能、价格、品牌和商誉、项目区位、人力资源等方面具有的优势和劣势，预测拟建项目在市场竞争中获胜的可能性和获胜能力。

(五)市场风险分析

分析未来市场上某些重大不确定性因素(如新产品和替代品的出现、新竞争对手的加入、市场竞争加剧、政治经济条件突变等)发生的可能性，及其可能对项目造成的损失程度。

三、资源条件评价

(一)资源开发的合理性评价

对于不可再生的资源,特别是某些稀缺的矿产资源,在研究拟建项目开发方案时,首先应根据国家矿产资源开发利用规划,分析研究这些资源近期与远期开发量的关系,资源保护、储备与可持续发展的关系。

(二)资源可利用量分析

根据拟建项目性质,研究矿产资源的可采储量或水利水能资源的蕴藏量或森林资源的蓄积量,提出合理的开发(开采)规模和开发(开采)年限。矿产开采项目,应根据国家矿产资源储量委员会批准的储量报告,在进一步勘探核查的基础上,提出项目的矿产可采储量;水利水能开发项目,应根据流域开发总体规划,分析研究拟建项目河段内的年径流量、水位落差,并提出水利水能资源合理开发利用量;森林采伐项目,应根据森林蓄积量调查资料,以及有关部门批准的采伐与迹地恢复规划,研究提出项目的原木可采伐量。

(三)资源品质情况分析

金属矿和非金属矿开采项目,应分析研究矿石品位、物理性能和化学组分、洗选难易程度;煤炭开采项目,应分析研究煤炭的热值、灰分、硫分、结焦性能等;石油天然气开采项目,应分析研究油气的化学组分、物理性能(黏度、凝固点等);水利水能开发项目,应分析研究河床稳定性、泥沙含量、有机物含量、水体形态(水位、水温、流速)等。

(四)资源赋存条件评价

矿产开采项目,应分析地质构造、岩体性质、矿体结构、矿层厚度、倾斜度、埋藏深度、灾害因素、涌水量等;石油、天然气开采项目,应分析研究油气藏压力、含油气地质构造、孔隙率、渗透率等;水利水能开发项目,应分析研究拟建项目河段内地质构造、地震活动和其他危害因素,以及水能梯级分布情况。

(五)资源开发价值评价

矿产开采项目,应分析计算每吨矿产品生产能力投资、每吨矿产品的开采成本等指标;森林采伐项目,应分析每立方米原木生产能力投资;水利水能开发项目,应分析每吨供水能力投资、每千瓦电力装机容量投资,以及防洪、灌溉、航运、养殖等综合利用的效益。

四、建设规模与产品方案

(一)建设规模方案

建设规模也称生产规模,是指项目设定的正常生产运营年份可能达到的生产能力或者使用效益。不同类型项目建设规模的表述不同,工业项目通常以年产量、年加工量、装机容量等表述;农林水利项目以年产量、种植面积、灌溉面积、防洪治涝面积、水库库容、供水能力等表述;交通运输项目以运输能力、吞吐能力等表述;城市基础设施项目和服务行业项目以年处理量、建筑面积、服务能力等表述。生产多种产品的项目一般是以主要产品的生产能力表示该项目的建设规模。

应在考虑市场容量和环境容量对项目规模的影响，资金、原材料以及主要外部协作条件等对项目规模的满足程度等因素的基础上，提出项目的合理经济规模。

(二)产品方案

产品方案是指拟建项目生产的产品品种及其组合的方案。生产多种产品的拟建项目，应研究其主要产品、辅助产品、副产品的种类及其生产能力的合理组合，以便为下一步研究技术、设备、原材料燃料供应等方案提供依据。

应在考虑市场需求、产业政策、专业化协作、资源综合利用、环境条件、原材料燃料供应、技术装备条件和生产储运条件等因素的基础上，提出项目的产品方案。

(三)建设规模与产品方案比选

经过对建设规模方案与产品方案的论证，提出两个或两个以上方案进行比选，分别说明各方案的优缺点，并提出推荐方案。比选内容主要有单位产品生产能力(或者使用效益)投资、投资效益(投入产出比、劳动生产率等)、多产品项目资源综合利用方案与效益等。

五、场址选择

(一)场址选择的研究内容

主要研究项目的场址位置、占地面积、地形地貌气象条件、地震情况、工程地质水文地质条件、征地拆迁移民安置条件、交通运输条件、水电供应条件、环境保护条件、法律支持条件、生活设施依托条件、施工条件等。

(二)场址方案比选

场址方案的比选从以下两个方面进行。

1. 工程条件比选

工程条件比选的内容，主要有占用土地种类及面积、地形地貌气候条件、地质条件、地震情况、征地拆迁移民安置条件、社会依托条件、环境条件、交通运输条件、施工条件等。

2. 经济性条件比选

经济性条件比选的内容，一是建设投资比较，主要有土地购置费、场地平整费、基础工程费、场外运输投资、场外公用工程投资、防洪工程投资、环境保护投资，以及施工临时设施费用等；二是运营费用比较，包括原材料及燃料运输费、产品运输费、动力费、排污费和其他费用。

进行比选后提出推荐的场址方案。

六、技术方案、设备方案和工程方案

(一)技术方案选择

1. 生产方法选择

生产方法选择要研究与项目产品相关的国内外各种生产方法，分析其优缺点及发展趋势，采用先进适用的生产方法；研究拟采用的生产方法是否与采用的原材料相适应；研究拟采用的生产方法的技术来源的可得性，若采用引进技术或者专利，应比较购买技术或者专利所需的费用；研究拟采用的生产方法是否符合节能和清洁生产要求，应力求能耗低、物耗低，废弃物少。

2. 工艺流程方案选择

工艺流程方案选择要研究工艺流程方案对产品质量的保证程度；研究工艺流程各工序之间的合理衔接，工艺流程应通畅、简捷；研究选择先进合理的物料消耗定额，提高收率和效率；研究选择主要工艺参数，如压力、温度、真空度、收率、速度、纯度等；研究工艺流程的柔性安排，既能保证主要工序生产的稳定性，又能根据市场需要的变化，使生产的产品在品种规格上保持一定的灵活性。

3. 技术方案的比选论证

技术方案的比选内容主要有技术的先进程度，技术的可靠程度，技术对产品质量性能的保证程度，技术对原材料的适应性，工艺流程的合理性，自动化控制水平，技术获得的难易程度，对环境的影响程度，以及购买技术或者专利费用等技术经济指标。

(二)主要设备方案选择

1. 主要设备的选择内容

根据建设规模、产品方案和技术方案，研究提出所需主要设备的规格、型号和数量；通过对国内外有关制造企业的调查和初步询价，研究提出项目所需主要设备的来源与投资方案；拟引进国外设备的项目，应提出设备供应方式，如合作设计合作制造、合作设计国内制造，以及引进单机或者成套引进等；选用超大、超重、超高设备，应提出相应的运输和安装的技术措施方案。

技术改造项目利用或者改造原有设备的，应提出利用或者改造原有设备方案。

2. 主要设备方案比选

主要比选各设备方案对建设规模的满足程度，对产品质量和生产工艺要求的保证程度，设备使用寿命，物料消耗指标，备品备件保证程度，安装试车技术服务，以及所需设备投资等。比选方法主要采用定性分析方法，辅之以定量分析方法。

(三)工程方案选择

工程方案构成项目的实体。工程方案选择是在已选定项目建设规模、技术方案和设备方案的基础上，研究论证主要建筑物、构筑物的建造方案。

1. 工程方案选择的基本要求

(1) 满足生产使用功能要求。
(2) 适应已选定的场址(线路走向)。
(3) 符合工程标准规范要求。
(4) 经济合理。

2. 工程方案研究内容

1) 一般工业项目的厂房、工业窑炉、生产装置等建筑物、构筑物的工程方案

主要研究其建筑特征(面积、层数、高度、跨度),建筑物、构筑物的结构形式,以及特殊建筑要求(防火、防爆、防腐蚀、隔音、隔热等),基础工程方案,抗震设防等。

2) 矿产开采项目的工程方案

主要研究开拓方式。根据矿体分布、形态、产状、埋藏深度、地质构造等条件,结合矿产品位、可采资源量,确定井下开采或者露天开采的工程方案。这类项目的工程方案将直接转化为生产方案。

3) 铁路项目工程方案

主要包括线路、路基、轨道、桥涵、隧道、站场以及通信信号等方案,研究内容包括下述几个方面。

根据线路各路段的地形地貌、沿线地质条件,研究提出路基填挖高度、加固防护路基,以及不良地质处理的方案。

根据水文地质和工程地质情况,研究提出全线桥梁、隧道的开挖或者建造方案。对地质条件复杂、工程结构复杂、施工难度大、工程量大的桥梁、隧道分别研究提出相应的工程方案。

根据项目设定的运输能力,研究提出线路各车站、货场的工程方案。

4) 水利水电项目工程方案

主要包括防洪、治涝、灌溉、供水、发电等工程方案。水利水电枢纽和水库工程主要研究坝址、坝型、坝体建筑结构、坝基处理以及各种建筑物、构筑物的工程方案。同时,还应研究提出库区移民安置的工程方案。

在研究技术方案、设备方案和工程方案时,能源消耗量大的项目,应提出节约能源措施,并对能耗指标进行分析。

(四)节能措施

1. 节能措施内容

(1) 应采用先进的技术和设备,提高能源利用效率,降低能源消耗。
(2) 回收利用生产过程中产生的余热、余压及可燃气体。
(3) 对炉窑、工艺装置及热力管网系统分别采取有效的保温措施。
(4) 合理利用热能,尽可能避免生产工艺中能量的不合理转换。

2. 能耗指标分析

采取节能措施后,对拟建项目的能耗指标进行分析。计算单位产品消耗各种能源的实

物量，折算成标煤消耗量，进行分析对比。

(五)节水措施

在研究技术方案、设备方案、工程方案时，水资源消耗量大的项目，应提出节水措施，并对水耗指标进行分析。

1. 节水措施内容

(1) 应采用节水型工艺和设备，提高水资源利用率，降低水资源无效消耗。

(2) 提高工业用水回收率和重复利用率。

(3) 供水系统应采取防渗、防漏措施。

(4) 提高再生水回收率。

(5) 有条件的项目应采用海水替代技术。

2. 水耗指标分析

采用节水措施后，对拟建项目的水资源消耗量进行分析。计算单位产品的耗水量，对水耗指标和水的重复利用率分析对比。水耗指标一般应达到国内外同行业先进水平，水的重复利用率应达到当地政府规定的指标。

七、原材料燃料供应

(一)主要原材料供应方案

(1) 研究确定品种、质量和数量。

① 根据项目产品方案详细研究并提出所需各种物料的品种、规格；根据项目建设规模和物料消耗定额计算各种物料的年消耗量。

② 根据产品方案和技术方案，研究确定所需原材料的质量性能(包括物理性能和化学成分)。

(2) 研究确定供应来源与方式。

① 研究采购地区和供应企业。对可以从市场采购的原材料和辅助材料，应确定采购的地区。有特殊要求的原材料，应提出拟选择的供货企业及供货方案。

② 确定供应方式。一般有市场采购，投资建立原料基地，投资供货企业扩大生产能力等方式。

(3) 研究确定运输方式。

(4) 研究选取原材料价格。

(二)燃料供应方案

(1) 研究确定所需燃料的品种、质量和数量。

(2) 研究确定燃料的运输方式和来源。

(3) 预测和比选燃料价格。

(三)主要原材料燃料供应方案比选

主要原材料燃料供应方案应进行多方案比选。比选的主要内容包括下述各点。

(1) 满足生产要求的程度，即原材料、燃料在品种、质量、性能、数量上能否满足项目建设规模、生产工艺的要求。

(2) 采购来源的可靠程度，包括原材料、燃料供应的稳定程度(包括数量、质量)和大宗原材料、燃料运输的保证程度。

(3) 价格和运输费用是否经济合理。

八、总图运输与公用辅助工程

(一)总图布置方案

1. 总图布置研究内容

研究项目的建设内容，确定各个单项工程建筑物、构筑物的平面尺寸和占地面积；进行功能区(包括生产系统、辅助生产系统和非生产系统)的合理划分；研究各功能区和各单项工程的总图布置(平面布置和竖向布置)；合理布置场内外运输、消防道路、火车专用线走向，以及码头和堆场的位置；合理确定土地利用系数、建筑系数和绿化系数。

2. 总图布置方案比选

应从技术经济指标和功能方面进行比选，择优确定推荐方案。

(二)场内外运输方案

运输方案研究主要是计算主要投入品和产出品的运输量，选择运输方式，合理布置运输线路，选择运输设备和建设运输设施。

(三)公用工程与辅助工程方案

1. 给水排水设施方案

在给水方面，主要是确定用水量和水质要求，研究水源、取水、输水、净水、场内给水方案等。

在排水方面，主要是确定排水量，研究排水方案，计算生产、生活污水和自然降水的年平均排水量和日最大排水量，分析排水污染物成分。

2. 供电通信设施方案

在供电方面，主要是研究确定电源方案、用电负荷、负荷等级、供电方式以及是否需要建设自备电厂。

在通信设施方面，主要是研究项目生产运营所需的各种通信设施，例如有线通信、无线通信、卫星通信等，提出通信设施采用租用、建造或购置的方案。

3. 供热设施方案

研究计算项目的热负荷，选择热源和供热方案。

4. 空分空压制冷设施方案

研究计算项目生产所需的氧气、氮气、压缩空气用量，以及制冷负荷，分别提出供应参数，并提出依托社会供应方案或者自建方案。

5. 维修设施方案

维修设施主要指机械设备、电气设备、仪器仪表、工业炉窑、运输设施的维护和修理。维修设施应依托社会专业化设施。一般项目只应配备小修设备，需要自建大修、中修设施的，应提出建设方案。

6. 仓储设施方案

根据生产需要和合理周转次数，计算主要原材料、燃料、中间产品和最终产品的仓储量和仓储面积。研究仓储设施方案时，应尽可能依托社会设施解决。需要自建仓储设施的，应提出建设方案。

九、环境影响评价

(一)环境条件调查

1. 自然环境调查

调查项目所在地的大气、水体、地貌、土壤等自然环境状况。

2. 生态环境调查

调查项目所在地的森林、草地、湿地、动物栖息、水土保持等生态环境状况。

3. 社会环境调查

调查项目所在地居民生活、文化教育卫生、风俗习惯等社会环境状况。

4. 特殊环境调查

调查项目周围地区名胜古迹、风景区、自然保护区等环境状况。

(二)影响环境因素分析

主要是分析项目建设过程中破坏环境，生产运营过程中污染环境，导致环境质量恶化的主要因素。

1. 污染环境因素分析

分析生产过程中产生的各种污染源，计算排放污染物数量及其对环境的污染程度。

1) 废气分析

分析气体排放点，计算污染物的产生量和排放量、有害成分和浓度，研究排放特征及其对环境危害程度。

2) 废水分析

分析工业废水(废液)和生活污水的排放点，计算污染物的产生量与排放数量、有害成分和浓度，研究排放特征、排放去向及其对环境的危害程度。

3) 固体废弃物分析

分析计算固体废弃物的产生量与排放量、有害成分及其对环境造成的污染程度。

4) 噪声分析

分析噪声源位置，计算声压等级，研究噪声特征及其对环境造成的危害程度。

5) 粉尘分析

分析粉尘排放点，计算粉尘的产生量与排放量，研究组分与特征、排放方式及其对环境造成的危害程度。

6) 其他污染物分析

分析生产过程中产生的电磁波、放射性物质等污染物发生的位置、特征，计算强度值及其对周围环境的危害程度。

2. 破坏环境因素分析

分析项目在建设施工和生产运营过程中对环境可能造成的破坏，预测其破坏程度。造成的破坏主要包括以下三个方面。

(1) 对地形、地貌等自然环境的破坏。

(2) 对森林草地植被的破坏。

(3) 对社会环境、文物古迹、风景名胜区、水源保护区的破坏。

(三)环境保护措施

在分析环境影响因素及其影响程度的基础上，按照国家有关环境保护法律、法规的要求，研究提出治理方案。应根据项目的污染源和排放污染物的性质，采取不同的治理措施。对环境治理的各局部方案和总体方案进行技术经济比较，并做出综合评价。比较、评价的主要内容有技术水平对比，治理效果对比，管理及监测方式对比，环境效益对比。治理方案经比选后，提出推荐方案。

十、劳动安全卫生与消防

(一)劳动卫生安全

1. 危险因素和危害程度分析

1) 有毒有害物品的危害分析

分析易燃、易爆、有毒气体、氧化剂和过氧化物、毒害品、腐蚀品、辐射物质以及工业粉尘类等有毒有害物品的物理化学性质，引起火灾爆炸危险的条件，对人体健康的危害程度以及造成职业性疾病的可能性。

2) 危险性作业的危害分析

分析高空、高温、高压作业，井下作业，辐射、振动、噪声等危险性作业场所可能对人身造成的危害。

2. 安全防范措施

(1) 提出安全生产和无危害的生产工艺和设备方案。

(2) 对危险部位和危险作业提出安全防护措施和方案。

(3) 对危险场所，按劳动安全规范提出合理的生产工艺方案和设置安全间距。煤炭、冶金等矿井开采项目，应提出防止瓦斯爆炸、矿井涌水、塌方冒顶等技术和安全措施方案。

(4) 对易产生职业病的场所，提出防护和卫生保健措施方案。

(二)消防设施

1. 火灾危险性分析

分析生产过程中所使用的原材料、中间产品、成品的火灾危险性，包括储存物品的火灾危险性，生产过程中易燃、易爆的部位及火灾危险性，运输过程中的火灾危险性等。

2. 消防措施和设施

根据项目在生产运营过程中存在火灾隐患的部位、火灾危险类别以及可能波及的范围，根据消防安全规范确定消防等级，并结合项目场址周围消防设施状况，提出消防监控报警系统和消防设施配置方案。

十一、组织机构设置与人力资源配置

(一)组织机构设置

根据拟建项目出资者的特点，研究确定相适应的组织机构模式；根据拟建项目的规模大小，研究确定项目的管理层次；根据建设和生产运营的特点和需要，设置相应的管理职能部门。

技术改造项目应分析企业现有组织机构、管理层次、人员构成情况，结合改造项目的需要，制定组织机构设置方案。

经过比选提出推荐方案，并应进行适应性分析。主要分析项目法人的组建方案是否符合《公司法》和国家有关规定的要求；项目执行机构是否具备指挥能力、管理能力和组织协调能力；组织机构的层次和运作方式能否满足建设和生产运营管理的要求；项目法人代表及主要经营管理人员的素质能否适应项目建设和生产运营管理的要求，能否承担项目筹资建设、生产运营、偿还债务等责任。

(二)人力资源配置

(1) 研究制定合理的工作制度与运转班次，根据行业类型和生产过程的特点，提出工作时间、工作制度和工作班次方案。

(2) 研究员工配置数量，根据精简、高效的原则和劳动定额，提出配备各职能部门、各工作岗位所需人员数量。

技术改造项目应根据改造后技术水平和自动化水平提高的情况，优化人员配置，所需人员首先由企业内部调剂解决。

(3) 研究确定各类人员应具备的劳动技能和文化素质。

(4) 研究测算职工工资和福利费用。

(5) 研究测算劳动生产率。

(6) 研究提出员工选聘方案，特别是高层次管理人员和技术人员的来源和选聘方案。

(三)员工培训

研究提出员工培训计划，包括培训岗位、人数，培训内容、目标、方法、地点和培训费用等。为保证项目建成后顺利投入生产运营，应重点培训生产线关键岗位的操作运行人员和管理人员。

十二、项目实施进度

(一)建设工期计算

计算确定建设期中土建施工、设备采购与安装、生产准备、设备调试、联合试运转、交付使用等各阶段所需的工作时间。

(二)实施进度安排

根据建设工程实施各阶段所需的时间，对时序做出大体安排，并使各阶段工作相互衔接。大型建设项目，应根据项目总工期要求，制定主体工程和主要辅助工程的建设起止时间及时序表。最后编制项目实施进度表(横线图)。

(三)技术改造项目建设与生产的衔接

对于技术改造项目，要安排好项目建设与生产的衔接。

十三、投资估算

(一)建设投资估算

分别估算建筑工程费、设备及工器具购置费、安装工程费、工程建设其他费用、基本预备费和涨价预备费。

根据项目前期研究各阶段对投资估算精度的要求、行业特点和相关规定，建设投资可选择概算法或资产形成法进行估算。

(二)流动资金估算

按行业或前期研究阶段的不同，流动资金估算可选用扩大指标估算法或分项详细估算法。一般项目的流动资金宜采用分项详细估算法。在项目建议书阶段一般可采用扩大指标估算法，某些行业在可行性研究阶段也可采用此方法。

(三)建设期利息估算

建设期利息包括银行借款和其他债务资金的利息以及其他融资费用。其他融资费用是指某些债务资金中发生的手续费、承诺费、管理费、信贷保险费等融资费用，一般情况下，应将其单独计算并计入建设期利息；在项目前期研究的初级阶段，也可做粗略估算并计入建设投资；对于不涉及国外贷款的项目，在可行性研究阶段，也可做粗略估算并计入建设投资。

十四、融资方案

(一)资本金筹措

确定资本金的来源及数额、出资人、出资方式、资本金认缴进度等。

(二)债务资金筹措

债务资金主要可采用信贷融资、债券融资两种方式筹措。对于信贷融资方案，要说明拟提供贷款的机构及其贷款条件，包括支付方式、贷款期限、贷款利率、还本付息方式及其他附加条件等；对于债券融资方案，要说明发行债券的种类、数量、利率、有效期限。

(三)融资方案分析

在初步确定项目的资金筹措方式和资金来源后，应进一步对融资方案进行资金来源可靠性、资金结构、融资成本和融资风险方面的分析，比选并推荐资金来源可靠、资金结构合理、融资成本低、融资风险小的方案。

十五、财务评价

(一)财务评价基础数据与参数选取

选取财务价格、税费、汇率、利率、项目生产规模、项目计算期、生产负荷、固定资产残值率、无形资产和其他资产摊销年限、财务基准收益率、基准投资回收期等基础数据与参数。

(二)营业收入与成本费用估算

1. 营业收入估算

应分别估算各种产品和服务的营业收入。

2. 成本费用估算

应估算运营期内每一个时间单位(一般为一年)的总成本费用、经营成本、固定成本和可变成本。

(三)财务评价报表

编制财务评价辅助报表，并针对新设法人项目和既有法人项目分别编制不同的财务评价基本报表。

(四)盈利能力分析

计算财务内部收益率、财务净现值、总投资收益率、资本金净利润率、投资回收期等各种财务盈利能力指标值，并根据评价准则进行项目的可行性评价。

(五)偿债能力分析

计算项目的利息备付率、偿债备付率，以评价项目的付息能力保障程度。计算项目的资产负债率，以评价项目当期资金来源是否足以偿付当期债务。

(六)财务生存能力分析

在财务分析辅助报表和利润与利润分配表的基础上编制财务计划现金流量表，通过考察项目计算期内的投资、融资和经营活动所产生的各项现金流入和流出，计算净现金流量和累计盈余资金，分析项目是否有足够的净现金流量维持正常运营，以实现财务的可持续性。

(七)不确定性分析

不确定性分析一般只做盈亏平衡分析和敏感性分析。如果对项目的不确定性分析要求更高，则应进行概率分析。

(八)财务评价结论

根据盈利能力指标值阐述项目的盈利能力是否达到了设定的最低要求，根据偿债能力指标值阐述项目的偿债能力强弱，根据财务生存能力分析阐述项目的财务可持续性，并根据不确定性分析的结果阐述项目的风险性和抗风险能力。最后给出项目在财务上是否可行的结论，并给出避免财务风险的具体建议。

十六、国民经济评价

(一)影子价格及评价参数选取

选取当时的国民经济评价参数值，包括社会折现率、影子汇率换算系数、影子工资换算系数，并计算项目各种投入物和产出物的影子价格。

(二)效益和费用的估算或调整

(1)　项目投资估算或调整。
(2)　经营费用估算或调整。
(3)　营业收入估算或调整。
(4)　间接效益估算。
(5)　间接费用估算。

(三)国民经济评价报表

编制国民经济评价投资费用估算调整表、国民经济评价经营费用估算调整表、项目直接效益估算调整表、项目间接费用估算表、项目间接效益估算表、项目投资经济费用效益流量表(或项目国内投资经济费用效益流量表)。

(四)国民经济评价指标

计算经济内部收益率、经济净现值和经济效益费用比三个指标的值。

(五)国民经济评价结论

根据国民经济评价指标值阐述项目的盈利性是否达到了社会折现率的基本要求，最后给出项目是否具有经济合理性和是否可行的结论。

十七、社会评价

(一)项目对社会的影响分析

分析预测项目可能产生的正面影响(通常称为社会效益)和负面影响，具体包括以下内容。
(1) 项目对所在地区居民收入的影响。
(2) 项目对所在地区居民生活水平和生活质量的影响。
(3) 项目对所在地区居民就业的影响。
(4) 项目对所在地区弱势群体利益的影响。
(5) 项目对所在地区文化、教育、卫生的影响。
(6) 项目对当地基础设施、社会服务容量和城市化进程等的影响。
(7) 项目对所在地区少数民族风俗习惯和宗教的影响。
要求编制项目社会影响分析表。

(二)项目与所在地互适性分析

(1) 分析不同利益群体对项目的态度及参与程度。
(2) 分析各级组织对项目的态度及支持程度。
(3) 分析地区文化状况对项目的适应程度。

通过项目与所在地的互适性分析，就当地社会对项目适应性和可接受程度做出评价，预测可能出现的问题，提出相应的措施建议。

(三)社会风险分析

社会风险分析就是对那些影响面大、持续时间长，并容易导致较大民族矛盾、宗教矛盾的社会因素进行预测，分析出现这些矛盾的社会环境和条件、可能性及可能导致的后果，并提出防范措施。

十八、风险分析

(一)项目风险因素识别

项目风险包括市场风险、资源风险、技术风险、工程风险、资金风险、政策风险、外部协作条件风险、社会风险和其他风险。项目风险因素识别就是要针对具体项目分析可能存在的风险种类，并识别导致这些风险的因素。

(二)风险程度分析

分析各风险因素对项目的影响程度，或分析风险发生的可能性，并确定风险的等级。风险等级一般可分为四级，即一般风险、较大风险、严重风险和灾难性风险。

根据项目的具体情况和要求，可选用简单估计法和概率分析法进行风险程度分析。

(三)防范风险对策

针对主要风险因素提出相应的风险规避和防范对策。

十九、研究结论与建议

(一)推荐方案总体描述

从市场预测、资源条件评价、建设规模与产品方案、场址选择方案、技术设备工程方案、原材料燃料供应方案、环境影响评价、项目投入总资金及资金筹措、经济效益和社会效益、方案实施的基本条件、主要风险分析结论等方面，对推荐方案进行总体描述。

(二)推荐方案优缺点描述

对推荐方案的优缺点和存在的主要问题进行充分的、实事求是的描述，并阐述主要的争论与分歧意见。

(三)主要对比方案描述

对未被推荐的一些重大比选方案进行描述，阐述方案的主要内容、优缺点和未被推荐的原因，以便决策者从多方面进行思考并做出决策。

(四)结论与建议

明确提出项目和方案是否可行的结论和意见，并对下一步工作提出建议。建议主要包括两方面内容。

(1) 对项目下一步工作的重要意见和建议。

(2) 项目实施中需要协调解决的问题和相应的意见、建议。

第三节　可行性研究报告的编制

一、可行性研究报告的编制步骤

(一)签订委托协议

可行性研究报告编制单位与委托单位，就项目可行性研究报告编制工作的范围、重点、深度要求、完成时间、费用预算和质量要求交换意见，并签订委托协议，据以开展可行性研究各阶段的工作。

(二)组建工作小组

报告编制单位根据委托项目可行性研究的工作量、内容、范围、技术难度、时间要求等组建项目可行性研究工作小组。一般工业项目和交通运输项目可分为市场组、工艺技术组、设备组、工程组、总图运输及公用工程组、环保组、技术经济组等专业组。为使各专

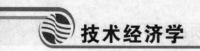

业组协调工作，保证《报告》总体质量，一般应由总工程师、总经济师负责统筹协调。

(三)制订工作计划

该项工作内容包括研究工作的范围、重点、深度、进度安排、人员配置、费用预算及《报告》编制大纲，并与委托单位交换意见。

(四)调查研究收集资料

各专业组根据《报告》编制大纲进行实地调查，收集整理有关资料，包括向市场和社会调查，向行业主管部门调查，向项目所在地区调查，向项目涉及的有关企业、单位调查，收集项目建设、生产运营等各方面所必需的信息资料和数据。

(五)方案编制与优化

在调查研究收集资料的基础上，对项目的建设规模与产品方案、场址方案、技术方案、设备方案、工程方案、原材料供应方案、总图布置与运输方案、公用工程与辅助工程方案、环境保护方案、组织机构设置方案、实施进度方案以及项目投资与资金筹措方案等进行分析，研究编制备选方案。进行方案论证比选优化后，提出推荐方案。

(六)项目评价

即对推荐方案进行环境影响评价、财务评价、国民经济评价、社会评价及风险分析，以判别项目的环境可行性、经济可行性、社会可行性和抗风险能力。当有关评价指标结论不足以支持项目方案成立时，应对原设计方案进行调整或重新设计。

(七)编写报告初稿

项目可行性研究各专业方案，经过技术经济论证和优化之后，由各专业组分工编写各自负责的内容。经项目负责人衔接协调综合汇总，编成《报告》初稿。

(八)完成正式报告

报告初稿形成后，应与委托单位交换意见，修改完善，形成正式的《可行性研究报告》，并提交给委托单位。

二、可行性研究报告的编制依据

(1) 项目建议书(初步可行性研究报告)及其批复文件。
(2) 国家和地方的经济和社会发展规划；行业部门发展规划，如江河流域开发治理规划、铁路公路路网规划、电力电网规划、森林开发规划等。
(3) 国家有关法律、法规、政策。
(4) 国家矿产储量委员会批准的矿产储量报告及矿产勘探最终报告。
(5) 有关机构发布的工程建设方面的标准、规范、定额。
(6) 中外合资、合作项目各方签订的协议书或意向书。
(7) 编制《报告》的委托合同。

(8) 其他有关依据资料。

三、可行性研究报告的结构和要求

(一)可行性研究报告的结构

可行性研究报告一般分为主体和辅助两大部分。

1. 主体部分

主体部分即投资项目可行性研究报告的基本内容部分，是对投资项目各要素及其组合的整体分析、预测与描述。一般分章、节撰写，具有规范性和相对确定性。通常，投资项目可行性研究报告大量使用文字、数表、图形和公式说明问题。其内容和结构基本与上节相同，但不同类型的投资项目有所不同。

2. 辅助部分

辅助部分即投资项目可行性研究报告主体部分的补充说明与佐证材料，其主要作用是为可行性研究报告提供证据支持，是投资项目可行性研究报告必不可少的组成部分。主要包括以下内容。

(1) 附图。①场址位置图；②工艺流程图；③总平面布置图。

(2) 附表。①投资估算表，包括项目投入总资金估算汇总表、主要单项工程投资估算表和流动资金估算表；②财务评价报表，包括销售收入和销售税金及附加估算表、总成本费用估算表、财务现金流量表、损益和利润分配表、资金来源与运用表等；③国民经济评价报表，包括项目国民经济效益费用流量表、国内投资国民经济效益费用流量表等。

(3) 附件。①项目建议书(初步可行性研究报告)的批复文件；②环保部门对项目环境影响的批复文件；③资源开发项目有关资源勘察及开发的审批文件；④主要原材料、燃料及水、电、汽供应的意向性协议；⑤项目资本金的承诺证明及银行等金融机构对项目贷款的承诺函；⑥中外合资、合作项目各方草签的协议；⑦引进技术考察报告；⑧土地主管部门对场址批复文件；⑨新技术开发的技术鉴定报告；⑩组织股份公司草签的协议。

(二)可行性研究报告的要求

1. 报告的深度要求

(1) 可行性研究报告应充分反映项目可行性研究工作的成果，内容齐全，结论明确，数据准确，论据充分，满足决策者的决策要求。

(2) 报告所选用主要设备的规格、参数应能满足预订货的要求。引进技术设备的资料应能满足合同谈判的要求。

(3) 报告中的重大技术、经济方案，应有两个以上方案的比选。

(4) 报告中确定的主要工程技术数据，应能满足项目初步设计的要求。

(5) 报告中确定的融资方案，应能满足银行等金融部门信贷决策的需要。

(6) 报告中应反映在可行性研究过程中出现的某些方案的重大分歧及未被采纳的理由，以供委托单位与投资者权衡利弊进行决策。

(7) 报告中应附有评估、决策(审批)所必需的合同、协议、意向书、政府批文。

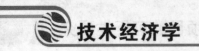

2. 报告编制单位及人员资质要求

可行性研究报告的质量取决于编制单位的资质和编写人员的素质。承担可行性研究报告编写的单位和人员，应符合下列各项要求。

(1) 报告编制单位应具有经国家有关部门审批登记的资质等级证明。

(2) 编制单位应具有承担编制可行性研究报告的能力和经验。

(3) 可行性研究人员应具有所从事专业的中级以上专业职称，并具有相关的知识技能和工作经历。

(4) 报告编制单位及人员，应坚持独立、公正、科学、可靠的原则，实事求是，对提供的可行性研究报告质量负完全责任。

本 章 小 结

(1) 可行性研究是指对拟投资项目从技术、经济和社会等各有关方面进行调查研究和综合论证，以判别项目是否可行并从多个可能方案中选择一个最优方案的一种综合评价工作与科学分析方法。可行性研究工作是项目建设程序中的重要环节，对于提高项目投资决策的科学性、筹集资金等具有重要的作用。

(2) 可行性研究一般分为机会研究、初步可行性研究和详细可行性研究三个阶段。机会研究是寻求最佳投资机会的活动，其主要任务是提出项目投资方向和设想建议；初步可行性研究是在机会研究的基础上，对项目可行与否进行较为详细的分析论证；详细可行性研究也称为最终可行性研究，其主要任务是对投资项目进行全面、深入细致的技术经济分析论证，为投资决策提供一个或几个可供选择的可行方案，并提出可行性研究报告。

(3) 可行性研究的内容非常丰富，它包括项目兴建理由与目标、市场预测、资源条件评价、建设规模与产品方案、场址选择、技术方案、设备方案和工程方案、原材料燃料供应、总图运输与公用辅助工程、环境影响评价、劳动安全卫生与消防、组织机构与人力资源配置、项目实施进度、投资估算、资金筹措、财务评价、国民经济评价、社会评价、风险分析、研究结论与建议共十九个方面。

(4) 可行性研究的最终研究成果是可行性研究报告，它可以作为投资决策、筹措资金、申请立项和建设施工、编制初步设计方案、签订协议或合同、制订技术开发和设备研制计划、设置组织机构、劳动定员和职工培训等工作的依据。

习 题 七

1. 什么是可行性研究？它的作用是什么？
2. 结合实际论述进行投资项目可行性研究的必要性。
3. 可行性研究的主要内容有哪些？这些内容可以分为哪几类？
4. 市场预测的内容和方法有哪些？
5. 为什么要进行投资项目的环境影响评价？
6. 项目的筹资渠道有哪些？各有何特点？
7. 什么是社会评价？并举例说明进行项目社会评价的重要性。
8. 投资项目的风险因素有哪些？如何进行综合评价？

第八章 技 术 创 新

本章教学目标

通过本章的教学，使学生理解和掌握技术创新的定义，了解技术创新的特征、类型、动力源和影响因素，重点掌握技术创新模式的类型及其选择方法，掌握技术创新战略的概念和内容、技术创新战略模式及其优缺点，并能根据国家和企业的具体情况进行技术创新战略模式的合理选择。

第一节 技术创新的基本概念

一、技术创新的概念

创新是一个国家发展和民族振兴的前提和保证。回顾历史我们发现，人类社会的发展史实际上就是一部创新史。但创新理论的产生却还是现代的事。

创新概念和理论的提出源于美籍奥地利裔经济学家约瑟夫•熊彼特(J.A.Schumpeter)，他在成名作《经济发展理论》(1912)一书中对古典经济学提出了挑战：古典经济学寻求在稳定环境中最大限度地利用现有经济资源，任何干扰都视为外生的，而熊彼特则认为经济在大多数情形下处于非均衡状态，不断受到"技术创新"的扰动，从而产生"经济长波"。他认为创新是现代经济学的精髓，它是"创造性的破坏"，它使已有的固定设备和资本投资陈腐过时，使资源从旧的、过时的产业转向新的更富有生产性的产业。

熊彼特把创新定义为企业家对生产函数中诸多生产要素(土地、劳动、资本和知识等)进行重新组合，建立起一种新的生产函数，把一种全新的生产要素组合引入现存的生产过程，使原有的生产技术体系发生根本性变革的过程。创新是在新的体系中引入"新的组合"，是"生产函数的变动"。这种组合或变动包括：①采用一种新的产品或者一种产品的新的特性；②采用一种新的生产方法，也就是在有关的制造部门中尚未通过经验检定的方法，这种新方法不需要建立在科学新发现的基础之上，甚至可以存在于商业上处理一种产品的新方式之中；③开辟一个新的市场，也就是有关国家的某一制造部门以前不曾进入的市场，不管这个市场以前是否存在过；④掠取或控制原材料或制成品的一种新的供应来源，不管这种来源是已经存在的，还是第一次创造出来的；⑤实现任何一种工业的新的组织，比如造成一种垄断地位，或打破一种垄断地位。

自熊彼特于20世纪初提出创新概念和理论以来,众多学者对技术创新进行了大量研究,形成了许多有特色的理论。学术界对技术创新的定义也进行了反复的讨论和争论。由于技术创新涉及经济学、管理学、行政学、社会学等多个学科，理论界对它的定义是十分多的，既有从本学科领域出发、有侧重点的阐述，又有将这一概念进行综合系统化的定义。对于技术创新的定义，直至现在，人们依然莫衷一是，提出了许多有价值的定义。

世界经济与合作发展组织的定义是，技术创新包括新产品和新工艺，以及原有产品和工艺的显著的技术变化。如果在市场上实现了创新(产品创新),或在生产工艺中应用了创新(工艺创新),那么创新就完成了。而这两种创新的实现或完成,涉及从生产领域活动到消费领域活动的方方面面,因此,创新包括了科学、技术、组织、金融和商业的一系列活动。这一定义主要是从产品创新和工艺创新方面出发的。

美国工业协会则定义为,创新是实际应用新的材料、设备和工艺,或是某种已经存在的事物以新的方式在实践中的有效使用。创新是一个承认并探索新的需要,寻找或确定新的解决方式,发展一个在经济上可行的工艺、产品和服务,并最后在市场上获得成功的完整过程。

美国经济学家埃德温·曼斯菲尔德(Edwin Mansfield)把技术创新定义为一项发明的第一次应用,他的研究对象主要侧重于产品创新;英国经济学家和管理学家克里斯托夫·弗里曼认为,在经济意义上,只有包括新产品、新工艺、新系统或者新装置在内的第一次商业性应用时,才能说完成了一项创新。在其1982年的著作中,弗里曼又进一步将创新定义为包括与新产品(或改良产品)的销售或新工艺(或改良工艺)、新设备的第一次商业性应用有关的技术、设计、制造、管理以及商业活动。

国内学者罗伟认为,创新是在经济活动中引入新产品或新工艺,从而实现生产要素的重新组合,并在市场上获得成功的过程。

武春友认为,技术创新是企业家抓住市场潜在的盈利机会,重新组合生产要素,以获得最大商业利润的过程。

孙一民将技术创新概要地定义为新的技术(包括新的产品和新的生产方法)在生产等领域里的成功应用,包括对现有技术要素进行重新组合而形成新的生产能力的活动。全面地讲,技术创新是一个全过程的概念,既包括新发明、新创造的研究和形成过程,也包括新发明的应用和实施过程,还应包括新技术的商品化、产业化的扩散过程,也就是新技术成果商业化的全过程。

综观各国学者不同的观点,可以对技术创新给出如下定义:技术创新是以市场为导向,以企业为主体,以新技术开发为手段,以提高竞争力为目标,研究开发新工艺和新产品,并通过市场实现其商品化、产业化,最终在市场上检验是否成功的过程。换句话说,技术创新是以新的技术思想产生为起点,以新的技术成果首次商业化为终点的过程。

要准确把握技术创新的定义,需要强调下述几点。

(一)技术创新的主体是企业

技术只有转换为产品和商品才能真正成为生产力,而对产品的市场占有率和利润的追逐无疑是企业进行技术创新的强大动力。因此,企业既是技术创新的归宿,又是技术创新的摇篮,用国务院发展研究中心资深研究员吴敬琏在2012创新中国高峰论坛上发言的话就是:企业才是技术创新的主体。

因此,党的十八届三中全会在《决定》中指出:"建立产学研协同创新机制,强化企业在技术创新中的主体地位,发挥大型企业创新骨干作用,激发中小企业创新活力,推进应用型技术研发机构市场化、企业化改革,建设国家创新体系。"因此,在我国加强自主创新、建设创新型国家的进程中,确立企业的技术创新主体地位并真正发挥企业在技术创新中的主体作用,是有关部门和企业的一项重要工作。对于政府来讲,主要是为企业搭建一个好的舞台，创造好的经营条件。从某种意义上来说，第一就是为创新施加某种压力，第二就是为创新提供动力，第三是为创新提供能力。

(二)技术创新可以使企业获得潜在的超额利润

没有技术创新的企业，一般只能获得行业的平均利润。而技术创新成功的企业，由于它建立了一种新的生产函数，或为社会提供了新的产品或劳务而获得垄断利润，或采用了新的生产工艺方法而提高了产品的质量、降低了生产成本，或采用了新的组织方法而提高了劳动生产率，或开辟了新的市场等，从而可以获得高于行业平均利润的超额利润。

(三)技术创新是一种以技术为基础与导向的创新活动

技术创新以技术为基础与导向，但它并不强调任何一项技术创新都以研究和开发为起点。这就是说，从科学发现的原理找到依据，构思出可行的技术模型，设计和制造出新的产品，是技术创新；不直接依靠发明和发现，而利用现有的大量技术储备，改进与组合已发明的技术，也是技术创新；将成熟的技术转移到新的领域或地区，同样也是技术创新。

(四)技术创新是一个从技术设想开始到市场应用结束的过程

一个完整的技术创新过程包括五个阶段，技术设想阶段，也就是根据科学发现形成技术开发的设想，或根据技术的市场信息形成引进设想；方案形成阶段，即将设想形成设计方案或引进方案；研究开发或技术引进阶段；产品试制和商业化生产阶段；市场开发与销售阶段。在这一过程中，技术的研究开发是非常重要的环节，没有研究开发就谈不上进行技术创新，即使通过技术引进，即使是技术上新意不大，要把它们变成本企业自己能生产的商品，也需要进行开发工作。至于一些重大的技术创新，则更需要由研究开发工作来支持。由此也可看出，技术创新不是纯技术活动，是技术与经济相结合的活动，从本质上说，技术创新是一种经济活动，是一种以技术为手段，实现经济目的的活动。因此，有些人将技术创新单纯地理解为技术发明或创造，这是不对的。

(五)技术创新的关键是研究与开发成果的商业化

技术创新最后是以市场实现而完成的，它将通过营销环节来实现技术创新的价值，并以商业价值的实现为其成功的标志。再复杂的高级技术，如果其成果不能为社会所接纳，不能在市场上实现其价值，技术创新就不能实现。相反，不管某个设想或技术多么简单，只要其成果能被人们承认和接纳，实现其商业价值，那么技术创新便是成功的。

二、技术创新的特征

(一)新颖性

技术创新的本质体现在一个"新"字，它要把一种全新的生产要素组合引入现有的生产过程。具体来说，它要开展以下一种或多种活动：向社会提供新的产品或新的服务，引入或创造新的生产工艺和方法，开辟新的市场，获得新的原材料或半成品供应来源，建立企业新的组织形式和经营管理模式。新颖性是技术创新的本质特征，也是技术创新与企业

一般技术经济活动的根本区别。

(二)先进性

技术创新活动所引入或创造的生产工艺方法、组织形式和管理方法要比目前的更为先进，更有其独到之处，否则，就不能促进企业经济的更高速增长，不能为企业创造更高的价值，也就不能称其为创新。先进性是反映技术创新成果的水平高低和价值大小的重要标志。

(三)高投入性

新技术的研制、投产与市场实现，都有赖于高投入，比如，有些创新项目的技术开发费用高达数十亿甚至上百亿美元。因此，与一般的技术经济活动相比较，技术创新具有显著的高投入性。现代技术的发展日益复杂，而且伴随着学科间的相互交叉与渗透，所需的仪器设备和其他投入也更复杂更昂贵。一般来说，创新的技术变动强度越大，投入强度越高。

(四)高收益性

高投入，往往伴随着高收益。新技术的投入，造成了创新企业相对竞争对手在产品和技术上的优势，形成在一定时期内的产品和技术垄断。这种优势或垄断的经济实现，表现为高效益，在扣除创新成本之后，形成垄断的高额利润。企业之所以不惜以巨大的投入从事创新活动，就在于这种垄断利润的存在。熊彼特认为，创新利润是对企业家创新行为的报酬。

(五)高风险性

技术创新活动的各个环节都具有探索的性质，包含着许多不确定性因素，特别是技术开发和产品商业化的难度较大，从而使技术创新呈现出高风险性。大量的实证研究表明，大约只有 10%的技术创新能获得最后的成功，在美国，这个比率也基本上不超过 20%。高风险性带来的是技术创新的高额利润或巨大损失，成功的技术创新会使企业在技术上处于领先地位，形成较强的竞争力，从而获得高额利润；相反，失败的技术创新将会使企业的技术创新投资血本无归。

三、技术创新的类型

(一)按创新的对象划分

1.产品创新

凡是以开发新产品为目标或结果的技术创新活动称为产品创新。产品创新的结果是获得新的产品或者将原有产品进行有实质性变化的改善。这里所指的产品是广义的产品，包括有形产品和无形产品(服务)。有形产品创新又可分为元器件创新、架构创新，如自行车车座技术的创新(添加灌有凝胶的材料从而增强减震效果)属于元器件创新。一个或多个元器件发生变化，并不严重影响整个系统的结构。而从功能手机到智能手机的转变是属于架构创新，这项创新导致整个系统结构或组件之间的作用方式发生了显著变化。

2. 工艺创新

凡是导致产生新工艺和工艺设备的技术创新活动称为工艺创新。工艺创新的目的是通过对生产产品的工艺过程或装备进行改进或创新，从而提高产品的质量和生产效率等。如美国福特汽车公司早期采用的流水线生产方式和现代的计算机集成制造系统；生产洗衣机的生产线设备从传统机床更换为数控机床，降低50%成本，生产效率提高3倍等，都是工艺创新的结果。工艺创新有独立的工艺创新和伴随性工艺创新。独立的工艺创新是工艺的创新结果，并不改变产品的基本功能，它的变化只是降低生产成本，提高产品性能或者两者兼有。伴随性工艺创新是由于产品变化而导致的工艺创新。

产品创新和工艺创新经常交替出现。首先，新工艺可能使新产品的生产得以实现，如新的冶金技术的开发使自行车链条的生产能够实现，然后使多齿轮传动自行车的开发能够实现。其次，新产品也可能使新工艺开发得以实现，如先进的计算机工作站的开发使企业能够实现计算机辅助制造工艺。

(二)按创新的技术变动程度划分

1. 改进性创新

改进性创新是指在技术原理没有发生重大变化的情况下，对现有产品或工艺流程进行局部的改进和提升。如由半自动洗衣机发展起来的全自动洗衣机，由火柴盒、包装箱发展起来的集装箱，由收音机发展起来的组合音响等。一般认为，改进性创新对现有产品的改变相对较小，能充分发挥已有技术的潜能，并经常能强化现有成熟型公司的优势，特别是强化已有企业的组织能力，对公司的技术能力、规模等要求较低。它不断地改进着产品的质量，降低着产品的成本，丰富着产品的规格和型号。

有些时候，改进性创新对于企业盈利状况的影响力较小，但通过改进性创新，能够提高顾客满意度，增加产品或服务的功效，由此可以产生正面的影响力，并且随着时间的流逝，能逐渐产生巨大的积累性经济效果。很多公司经营者倾向于采用改进性创新方式。服务型行业的改进性创新表现如旅馆简化顾客登记程序，银行重新装修营业大厅，养老院更换醒目的标志，以方便视力退化的老人，高铁座椅增加 USB 充电口等。再比如，腾讯QQ从第一个版本到现在，发布了数以百计的版本，在这其中当然有大的重构和功能的革新，但更多的是遍布在小版本中的改进性创新。

2. 根本性创新

根本性创新类似于弗里曼提出的基本创新，是指技术上有重大突破的技术创新，也称重大创新。它是导致产品性能主要指标发生巨大跃迁，对市场规则、竞争态势、产业版图具有决定性影响，甚至导致产业重新洗牌的一类创新。根本性创新多是应用新的科学原理，使产品的技术含量大幅度增加。它一般是企业、大学和政府的研究与开发部门经过深思熟虑的研究和深度开发的结果，往往需要花费大量的资金，历时 8～10 年或更长的时间来实现。一般来说，这是一种不连续性事件，例如以电磁理论的创立为基础的电力技术的应用；以核物理的建立为基础的原子能技术的应用，等等。

根本性创新一般具有重大的经济意义，它可能导致新的行业或产业的诞生，为产业结构的变化增添新的因素。当前那些生存了数十年的大公司，如 IBM、摩托罗拉、西门子、飞利浦、3M 和杜邦等都会有规律地用根本性创新来替代正在进行的改进性创新。

(三)按创新的速度划分

1. 累进性创新

累进性创新即克里斯托夫·弗里曼提出的渐进性创新，是指对现有技术进行渐进性、连续性改进的一种技术创新。这种创新通常在一次创新中无质的突破，每一次创新都使技术得以改进，但是，当这种改进累积到某一点后，将会构成质的飞跃。对火箭发动机、计算机和合成纤维的研究表明，渐进性创新对产品成本、可靠性和其他性能都有显著影响。虽然单个创新带来的变化都很小，但他们的累计效果常常可以超过初始创新。在许多情况下，正是累进性创新才能引发大的技术革命或创新。

2. 突变性创新

突变性创新指在比较短的研究周期内，使某项技术有质的变化，或开发出某项技术从而使某一领域出现跳跃式发展，展现的是不连续创新。

(四)按创新的规模划分

1. 企业创新

企业创新指在一个企业内部对其产品和工艺过程开展的创新活动。

2. 产业创新

产业创新指某一项技术创新或形成一个新的产业，或对某一产业进行彻底改造。产业创新在许多情况下，并不是一个企业的创新行为或结果，而是一个企业群体的创新集合。

(五)按创新的经济价值划分

1. 基础性创新

基础性创新本身不要求有重大的技术开发成果或技术上有重大的突破，这种创新可能突破很小，或技术附加价值较低，但是却能够在某一方面满足社会新的需求，或者使某一社会需求更好地得到满足。

2. 增值性创新

增值性创新的引入，虽然并不能引起某一项技术领域发生根本性变化，但却能够使原有的效益得到较大幅度的提高。

(六)按创新的最终效益划分

1. 资本节约型创新

资本节约型创新的结果是能够使某一行业或某一领域内的商品价值构成中，物化劳动转移价值的比重减少，活劳动凝结价值的比重增加。

2. 劳动节约型创新

劳动节约型创新的结果可使某一行业或领域内的商品价值构成中活劳动凝结价值的比重减少，物化劳动转移价值的比重增加。

3. 中性技术创新

中性技术创新的结果可使整个劳动生产效率提高，商品中的活劳动与物化劳动消耗大幅度减少，但商品价值构成中活劳动与物化劳动的比重并不发生很大变化。

(七)按对既有市场的影响划分

1. 维持性创新

维持性创新的目的在于保持既有的市场规则和模式，强化现有的市场格局和公司地位，它主要为哪些行业及细分市场的主导者或既得利益者所采用。致力于在消费者所重视的维度上对现有产品的改进，向现有市场提供更好的产品。

2. 颠覆性创新

颠覆性创新又称破坏性创新，颠覆性创新的目的在于打破既有的规则和模式，试图颠覆现有的势力平衡，改变竞争格局，以争取公司更有利的市场地位，甚至取代龙头老大的宝座。其表现是要么创造新市场，要么提出一种新的价值主张来重塑现有市场。因此，颠覆性创新往往被那些有着远大抱负的后来者或者意欲强行侵入该行业的外来者所采纳。

颠覆是一个相对概念。例如，因特网对很多尝试开发新应用的新兴企业而言是一种破坏性技术，但对于戴尔来说却是一种维持性技术，因为它可以利用因特网改善其当前业务运作过程。

颠覆性技术的成功取决于两个条件：第一是主流市场必须存在产品与服务功能过剩，导致顾客被过度服务，出现价值冗余；第二是本土企业必须被高端或高利润市场吸引，因此当受到来自"低端"的破坏性技术的冲击时，它们会愿意逃离低端市场。例如，当个人电脑第一次进入市场时，一款2000美元的产品只有20%利润率，它们对于热衷于向高端市场进军的小型机供应商没有吸引力。原因就是在高端市场，他们可以享受每台价值250000美元的小型机45%的利润率。当小型机巨人数字设备公司醒悟到来自微型机的严重威胁时，改变已不可行，由此导致曾经让人瞩目的小型机巨头DEC公司的破产。很多亚洲的知名品牌企业，如丰田、索尼、佳能、台湾半导体制造公司都是因为有了破坏性创新的支持才成长为大企业的。

第二节　技术创新的动力源与影响因素

一、技术创新的动力源

关于究竟是何种动力推动技术创新的问题，国内外学者都进行过研究，并提出了许多不同的观点。现将国内外的一些有代表性的观点介绍如下。

(一)国外的技术创新动力源理论

国外有代表性的技术创新动力源理论主要有三种，即科技推动论、需求拉动论、推—拉综合作用论。

1. 科技推动论

持这种观点的人认为技术创新是由科学发现与技术发明推动的，认为是科学发现和技术发明创造了社会新的需求，从而驱动着技术创新活动的不断开展。并且认为，来自市场上的需求对技术创新的推动是十分微弱的，市场是创新成果的被动接受者，研究开发产生的成果在寻求应用的过程中推动创新的完成。创新的过程是利用科学发现和技术发明的研究结论，在实验室中进行实用性试验研究，将其转化为社会最终可以利用的成果，一旦成功便进行市场开发，使这种成果完成商品化。例如阿里巴巴城市大脑、智能交通系统等都是由科学技术的发展推动的。由科技推动的技术创新过程如图 8-1 所示。

图 8-1　科技推动的技术创新过程

上述观点从一定的角度来看是正确的，如果仅仅把技术创新的动力源归结为科学发现和技术发明，无疑是片面的。因为这种结论无法解释为什么有一些科学技术成果在很短时间内就完成了技术创新，而另一些科学技术成果则在很长时间内完不成这一过程，也无法解释为什么某一个国家的技术发明不是在本国实现技术创新，而是在别国完成了商品化过程。E. 普列斯通过对世界重大科学发现和技术发明的分析发现了这样一个事实：大量投资于研究开发的国家往往拥有发明创造的优势，但是光学纤维、碳纤维强化塑料、单克隆抗体、集成电路、喷气式飞机、磁带录音机和复印机等产品创新都具有一个共同的特点，即它们都是在一个国家开发成功，却在另一个国家实现商业化。这个事实表明，技术创新动力，不能仅仅从科学技术本身去寻找，还必须从科学技术所处的经济结构中去寻找。

2. 需求拉动论

20 世纪 60 年代中期，人们通过对大量的技术创新进行实际调查，并经过统计分析发现：技术创新成果有 70%以上是由于市场的需求而导致的，而仅仅由于技术发明和科学发现所导致的技术创新只有 20%。可见，技术创新主要不是由科技推动引发的，需求拉动发挥了更重要的作用。因此，一些人将技术创新的动力归结为社会需求，社会的消费习惯、消费水平及消费结构决定着技术创新的方向。例如，人们对加速旅行速度的要求导致不断推动快速列车、高速列车、喷气式客机、超音速科技等的创新。很多技术创新，特别是积累性的或一般改进性的创新，多数是由市场需求拉动而引起的。由需求拉动的技术创新过程如图 8-2 所示。

图 8-2　需求拉动的技术创新过程

需求拉动论与科技推动论相比较，前者比后者对技术创新活动动力源的认识要深刻得多。由于它对科技推动论的否定，同样具有片面性。如果将技术创新的动力仅仅归结为市场需求的牵引，便无法解释当某一新技术发明出现后，技术创新将其商品化，提供一种市场用户对其尚无认识的全新产品，这种全新产品经市场开发后逐步变为一种新的社会需求并得以扩散。这种技术创新有一种自发的能动性，能够使社会得以进步，使社会消费水平不断提高。如上所述，实例调查中 20%的技术创新来自科学发现和技术发明这一事实也无法理解。

3. 推—拉综合作用论

这是 20 世纪 70 年代末到 80 年代初在总结前两者观点的基础上提出来的。这种观点认为，技术创新的动力是由市场需求和科学技术发明两个因素共同催生的。一项技术创新活动既有市场牵引，又有科学技术发明推动，这两个因素缺一不可，并且需要二者配合起来发挥作用，技术创新是在科学技术所提供的机会和市场需求显露出来的机会之交汇处完成的。各种研究与事实证明，加强科学技术的推动和市场的拉动在创新决策中的结合作用更有利于创新的成功。比如近年来，技术创新的发展主要以"并行开发""注重与客户、供应商的密切联系"和"横向合作创新"为特点，这便是有力的生动说明。由科技推动和需求拉动综合作用产生的技术创新过程如图 8-3 所示。

图 8-3　推—拉综合作用产生的技术创新过程

推—拉综合作用论把技术创新作为一个非常复杂的过程来认识，并且将科学技术发明和市场需求两个因素的交互作用推动技术创新的内在作用过程揭示出来。应该说这种观点比较客观地概括了技术创新的动力源问题。但是，这种观点也有缺陷：一方面，持这种观点的学者认为技术创新是一个复杂的动态过程，另一方面，他们又简单地将动力归结为两种因素，这种模式忽视了技术创新主体本身的主观能动作用。

(二)我国的技术创新动力源理论

上述列举的国外主要研究结论各有其客观合理性。但是这些结论均存在两个问题，一是这些结论有不同程度的片面性，二是把技术创新的动力源与影响技术创新的因素混杂在一起。技术创新的动力源应该以技术创新的主体为中心，分为外在动力和内在动力。

1. 外在动力

技术创新的外在动力有两个，即科学技术的推动力和社会需求的拉动力。正如前文所述，科技的推动和需求的拉动都可以导致技术创新。同时，也存在着科技的推动和需求的拉动共同作用而导致技术创新的情况，正如莫厄里和罗森堡所概括的，随着社会的不断发展、人们要求消费水平不断提高，这就存在着各种各样潜在的消费愿望，社会各种需求也都潜伏着。当科学技术发明还未出现前，这些需求难以显露或显露不明显。但是当科学发现和技术发明一旦出现，便将把满足某种需求的可能性提供出来，由此社会需求就成为把

科学发明转化为现实生产力的助推器,从而形成技术创新的推动力。

2. 内在动力

技术创新的内在动力是利润最大化的欲望。每个企业都有追求利润最大化的欲望,但实现企业利润最大化的手段和途径很多,比如增加产品产量、通过提高劳动强度来提高生产效率、降低单位产品的活劳动支出等。但是,如果从长远发展和企业永远立于不败之地的角度来看,光靠这些手段是难以达到目的的。最有效的手段是依靠技术创新,通过推出新产品,改进或采用新的工艺方法和组织方法,使企业以更高的效率、更高的质量和更低的成本向社会提供更好的产品,从而获得超额利润。不断进行技术创新就会使企业的利润有了不竭的源头。由于技术创新能给企业带来超额利润,因而也就成为企业实现利润最大化的手段。

由外在动力和内在动力共同作用产生的创新过程如图 8-4 所示。

图 8-4 外在动力和内在动力作用产生的技术创新过程

二、技术创新的影响因素

如前所述,技术创新是一项高风险的工程,其创新的方向、规模、成功与否及成就大小受许多因素的影响和制约。这些因素可分为外部因素和内部因素两大类。

(一)外部因素

1. 政府的支持力度

政府的支持对技术创新的影响极大,特别是在我国企业技术创新能力还不强的情况下,政府的支持对创新的影响表现得特别明显。而政府对技术创新的支持主要表现在政策上,与技术创新有关的政策主要包括税收优惠政策、信贷政策、产业调整政策、知识产权保护政策、创业资本市场政策等,这些政策无疑都会从正方向或反方向上起到鼓励或延缓技术创新的作用。如果政府在政策上的支持力度大,无疑能够增强企业的创新能力和加快创新的步伐。比如我国在 1995 年 5 月 6 日颁布的《中共中央、国务院关于加速科学技术进步的决定》和 2015 年 6 月 11 日国务院颁发的(国发〔2015〕32 号)《关于大力推进大众创业万众创新若干政策措施的意见》文件等,都是我国政府大力支持技术创新的有力政策。

2. 科技发明的成果状况

如前所述,科技发明对技术创新具有推动作用,因此,有无科技发明的成果以及成果的大小对技术创新将产生很大的影响。如果已有相关的科技发明成果,则技术创新就显得更为容易,创新的速度就快,实现的周期就短;相反,则技术创新的难度就大,创新的速度就慢,实现的周期就长。而科技发明成果的大小对技术创新成果大小的影响也很大,大的创新会推动经济的大幅度增长和发展，而小的创新对经济发展的作用无大影响，只会为企业带来效益。

3. 社会资源的紧缺程度

社会资源的紧缺程度不仅影响技术创新的方向，而且影响技术创新成果的大小。例如，劳动力资源的紧张会使技术创新向劳动节约型迈进；基础资源的缺乏会使技术创新转向资本节约型。社会资源紧缺程度越大，供需矛盾越突出，技术创新的速度会越快。如果通过技术创新能够创造某种新的可以替代的重要资源，可能会引起社会经济的深刻变革。此外，社会资源的紧缺程度也会影响技术创新的实现及其成果的大小，因为技术创新活动需要以一定的资源作支撑，如果所需要的社会资源缺乏，则难以实现创新，或者成果不大。这些社会资源主要包括创新资金、创新型人才、科技信息、市场信息等。

4. 市场竞争的状况

市场竞争的状况直接影响着企业技术创新的积极性。市场竞争越激烈，企业的紧迫感就越强，这时企业若要生存和发展，需要在竞争中处于有利地位，而技术创新恰恰可以改善产品功能或质量，降低消耗，为企业竞争创造有利的条件，比如海尔研发出洗土豆的洗衣机在一定程度上来说是市场竞争引发的结果；反之，如果市场竞争不激烈，企业的紧迫感就不强，创新的压力和动力就不足，技术创新的成果就少，速度就慢。在同一国家内或在国际市场上的不同行业、不同产业甚至不同产品中，往往存在着不同程度的竞争。在一个完全自由竞争的行业或产业的市场，创新的意识往往很强，但创新的力量分散，而且其创新成果不显著。而由几个主导企业占据垄断地位的行业或产业，其创新的意识较完全自由竞争的产业或行业弱，但是力量集中、创新能力强，并且能够使技术创新成果尽快普及且效益显著。

(二)内部因素

1. 高层领导的重视程度

技术创新既是一种极大地影响企业发展前途的重要活动，又是高投入的风险型活动，更是一项由多个部门、多方面人才共同参与的系统工程。因此，对于一项创新活动，首先需要企业的高层领导在思想上给予高度重视，否则，有关参与人员的积极性会受到一定的影响，有关协调活动也可能会出现一定的障碍。其次，高层领导在行动上要给予创新活动以必要的条件保障，如所需要的专业技术人员和市场营销人员，必要的资金和设备等。比如海尔领导层对技术创新的关注使该企业三十多年屹立不倒，其成功案例多次登录哈佛课堂。

2. 创新人才队伍的素质

创新活动的完成除了需要一定的物质条件外，最主要的是需要一支高水平的创新人才队伍，特别是技术队伍。这支队伍的专业技术水平越高，创新意识、创新精神越强，创新思维越活跃，创新成功的可能性越大，成果越大。反之，成功的难度越大。当然，在这支队伍中，关键的人物是学术带头人，他们的专业技术水平在创新中起着至关重要的作用。因此，在创新活动开展之前，必须组建一支高素质的创新人才队伍。

3. 企业的创新激励机制

企业搭建施展才华的平台、给予挑战性工作、营造自由包容的氛围、构建畅通的沟通渠道、给予更多的理解和宽容以及提供竞争力的薪酬，打造利益共同体对于创新人员来说是必不可少的。但是，创新是一项艰巨的工作，需要创新人员付出艰苦的劳动。由于创新的成果远大于企业的付出和创新人员的劳动所得，如果不给予创新人员高额的激励回报，则很难最大限度地激发他们的创造性和主观能动性。因此，建立科学合理的创新激励机制在创新活动中显得十分必要和相当重要。改善组织现有的薪酬机制，制定一套科学合理的考核和评估机制是对新时代人才保护的良策。企业可考虑对创新人才实行年薪制、股权激励等具有竞争力的薪酬，结合树立榜样，带薪休假等形式多样的激励机制，以激发人才的积极性。比如凡客诚品应用众多网站联盟，给予销售提成，使其与凡客结成利益共同体。

4. 企业的规模

企业的规模也是影响技术创新的一个重要因素，一般情况下，企业规模越大，其综合实力越强，技术创新能力越强，因而创新的成功率一般来说会更高，创新的规模和成果更大。同时，规模大的企业，其抗风险的能力较强，创新的失败对今后的创新活动影响相对较小，因此，其创新活动更加频繁。但是在当今社会，中小企业在技术创新上有其独特的优势和特点，中小企业成为技术创新的重要源泉之一，在现代社会和经济活动中有着广泛而深刻的影响。因此，企业规模对技术创新的影响作用正在逐步降低。

第三节　技术创新模式

一、技术创新模式的类型

技术创新模式是指在技术创新活动的实施过程中，根据国家或企业的实际技术状况而采取的推动方式。技术创新的模式，从不同的角度分析可有不同的类型。

(一)按宏观科技政策的梯度划分

按宏观科技政策的梯度划分，技术创新的模式可分为下述两种。

1. 高技术带动型技术创新模式

这种模式的基本特征是：一个国家或企业的技术体系是建立在先进技术基础之上的，技术创新是以新技术不断代替旧技术进入生产领域而实现的。高技术带动型模式可使一个国家或企业的技术水平始终处于技术发展的前沿。采用这种模式的国家或企业，在宏观科技政策上一般都鼓励风险投资，用于科学研究与开发的投资比例较高，比如美国、日本等国家每年用于研究与开发的费用占国民生产总值的比例均保持在 3%左右。高技术带动型技术创新模式主要适用于发达国家或实力雄厚的企业。

2. 全梯度型技术创新模式

这种模式的主要特点是：在一个国家或企业的技术体系中，各种水平的技术同时应用，层次较多，形成多阶式的技术体系，技术创新主要是以各层次技术的完善与升级的方式实现的。采取全梯度型技术创新模式的国家或企业在宏观政策上是全方位的，一方面要在一些领域中积极开展科学研究以赶超世界先进水平，另一方面由于资金紧缺，必须强调中低级技术的开发、改进与完善，鼓励采用适用技术。全梯度型技术创新模式主要适用于发展中国家或发展型企业。

(二)按技术创新的动力来源分

从技术创新的动力来源对技术创新的模式进行分析和研究，是技术创新理论界研究的热点。虽然提出了很多种模式，但基本的模式主要是科技推进模式、市场需求拉引模式、"科技—市场"综合作用模式和设计驱动式创新模式四种。

1. 科技推进模式

科技推进模式的特征是：科学研究与科学进步领先于技术进步，科学研究取得进展或突破性成果后，通过技术开发，形成新的技术或技术体系，应用于生产或生活，从而实现技术创新。这种模式强调了科学技术发展的内在规律性，使技术创新立足于国内基础研究和技术开发，形成自己独立的科研体系和技术体系。特别是在某些"关键"领域，国家或企业通过集中人力、物力、财力进行攻关，可以实现跳跃式技术进步。但是，在一个时期内，国家或企业的科研人员、手段和资金是有限的，而技术创新的需求是无限的，这就决定了一个国家或企业不可能在所有方面都投入很大力量进行科学研究，只能有重点地在某些领域集中攻关。

在这种模式中，科技进步的动力不是产生于需求，而带有一定的盲目性，有时科学取得了进展，研究出了新的技术原理，但在实际生产中很可能难以实用化，而生产中迫切需要的新技术又未投入力量研究，出现技术"短缺"现象，科研投资的经济效益较差。同时，即使所开发的技术具有较好的实用性，但由于科研产品——技术的推广普及是较为困难的，尤其是在企业缺乏技术动力的情况下，新技术的推广更为困难，这种模式的科技效益和经济效益均有限。

2. 市场需求拉引模式

市场需求拉引模式强调技术创新起源于社会的需要，社会需要是拉动、牵引技术创新的主要动力。在市场经济条件下，各种社会需要一般都表现为市场需求，企业家的创新行为总是将技术努力与满足市场需求紧密结合在一起。需求拉引模式具有如下所述各种特征。

(1) 技术创新的目的性强、成功率高、周期短。

(2) 科研与生产紧密结合，科研投资经济效益高。

(3) 技术创新的承担者具有主动性。

(4) 技术创新的速度快。

由于企业的生产目的短期性和经济规模的有限性，纯粹的需求拉引模式对于基础研究和没有短期商业价值的大规模、高难度、高风险的技术创新将形成障碍。

3. "科技—市场"综合作用模式

随着科学技术的迅速发展，现代技术创新与早期的技术创新已有了很大的不同，技术越来越复杂，综合程度越来越高，涉及的因素越来越多，从而很难断定是科技推动还是市场需求拉引是技术创新的决定因素。例如，华为手机的更新迭代就很难说是消费需求推动手机的创新，还是手机的技术进步激发了消费需求。其实，这两种推动力都是存在的，也很难明确区分其强弱。莫厄里和罗森堡等人经过深入研究，在 20 世纪 70 年代末提出了技术创新的综合作用模式。综合作用模式强调技术创新是科技推力和市场需求拉力综合作用的结果，是在技术的可能性和市场机会两者平衡的基础上产生的。综合作用模式在当代技术创新中占有最主要的地位，这与现代技术的发展和技术创新的特点是分不开的。早期的技术创新，主要是科技推动模式，创新者从实验室的科技成果出发去寻找市场需求，因此，这类创新往往成功率低而且周期长。但这类创新一旦成功，往往就导致一个新的产业或一大类新产品的出现，典型例子就是创新周期长达 13 年的尼龙的诞生，给化学工业带来了新的面貌。在 20 世纪中叶以前，技术发展的速度和市场需求的变化相对较为缓慢，科技推动模式下的技术创新就成了这一时期创新的主流。"二战"后，社会化大生产极大地提高了劳动生产率，生产日益繁荣，竞争日益加剧，大部分企业的经营战略从生产导向转为市场导向。也就是说，企业积极从市场和用户的需要出发去寻求发展的机会，这无疑给技术创新增加了市场寻求的吸引力。这类创新大多是产品或生产工艺的改进，因此，所需资源少，创新周期短。同时，由于市场需求明确，成功率相对较高。但这类创新对市场和经济发展的影响也不大。而综合作用模式往往是在市场潜在需求指导下，寻求现有技术的新应用和多种技术的综合应用，这种模式下的技术创新，往往可以开发出全新的产品，从而激活市场的潜在需求，形成一个新的市场。例如，信用卡和支付宝的出现就是两个例子。前者只是信息技术在金融上的新应用，却使货币的形式与使用方式发生了极大的变革，被称为"电子货币"。后者则可以说是消费者对支付便捷性的更高要求所产生的结果。从以上两例可看出，综合作用模式下的技术创新往往产生新颖的产品和较有前途的市场；或者说产品有较长的生命周期。这是企业追求的竞争优势，也是综合作用模式在当代创新中占主要地位的原因之一。

4. 设计驱动式创新模式

设计驱动式创新的概念最早由意大利学者 Roberto Verganti 于 2003 年提出。2004 年 VonHippel 等也提出了类似的概念，并将其称为 design-inspired innovation。总体来说，这一理论强调设计在企业创新中的整合作用，认为设计通过创造新的产品语言(意义)从而推动创新的产生。所谓产品意义，就是消费者购买特定产品的理由，而这一理由是由设计人员借由产品语言表现出来的[①]。

设计驱动式创新是一种前沿的创新理论，该理论强调通过对现存技术元素和社会文化元素的创造性组合来形成新的产品解决方案。

设计驱动式创新通常以项目为导向，旨在创造全新的产品族或业务流程从而引导用户的需求。特斯拉电动车不是采用传统的市场需求拉动和纯粹技术推动的方式创新，而是通过技术和设计语言这种设计驱动战略来吸引客户购买。设计驱动式创新与传统的市场驱动式创新和技术推动式创新最大的不同在于能够获得产品创新需求的主动权。特斯拉公司设计理念即为超前"希望人们用一种全新的方式去思考一辆车"。[②]

① 陈劲，陈雪颂. 设计驱动式创新——一种开放社会下的创新模式[J]. 技术经济，2010(8).

② 周恒星. 硅谷降新神：独家专访特斯拉创始人马斯克[J]. 中国企业家，2013.

设计驱动关注社会文化未来的发展趋势，它离不开技术作为设计的支撑。设计驱动式创新要求企业先勾勒出未来发展的蓝图，描绘出全新的理念，然后通过产品将这些蓝图与理念传递给消费者。通过技术革新与技术组合，企业完成了设计对于社会文化趋势的跟踪。像任天堂公司的 Wii 游戏机、苹果公司的 iPod 音乐播放器，都是设计驱动式创新模式带来的成果。它们彻底颠覆了消费者对电子游戏的传统认知，改变了人们听音乐的方式。

二、技术创新模式的选择

技术创新的模式有多种类型，那么该选择何种模式作为一个国家或企业的创新模式呢？这里，针对一个国家或企业在技术和经济发达水平不同的各个时期(落后时期、较发达时期、发达时期)来讨论技术创新模式的选择。

(一)落后时期的创新模式选择

在国家(或企业)的经济基础薄弱、技术水平低的相对落后时期，不可能采取纯粹的需求拉引或科技推动模式，只有选择以技术引进为主体的模式，才能通过技术引进这条捷径尽快建立比较稳固的工业基础和科技基础，改变国家(或企业)技术落后的面貌。比如中国在改革开放的初期采用的技术创新模式主要是技术引进模式。

(二)较发达时期的创新模式选择

在这个时期，一方面，由于有了第一时期的赶超基础，国内技术已经有了相当的水平，有的还达到了国际先进水平，形成了自己独立的科学技术体系；另一方面，国内的技术水平发展不平衡，整体水平还不高，与发达国家相比，还有一段距离，所以，在这个时期，一般要采取多模式并举的全梯度复合型技术创新模式。所谓全梯度，即技术结构是多层次的；所谓复合，即科技推进、需求拉引并举，并适度采用技术引进模式。这样才能发挥优势，弥补不足，提高国内的整体技术水平，最终进入发达国家行列。企业也是如此。比如中国在 20 世纪 90 年代，其技术创新模式明显的是以需求拉引和科技推动为主的复合型技术创新模式。

(三)发达时期的创新模式选择

到了这个时期，国内的技术水平多已达到国际先进水平，整体技术水平很高，已形成自己强大的科学技术体系，完全有能力依靠自己的技术力量来发展自己的国家(企业)，并保持本国在国际上发达国家的地位。所以，这个时期的技术创新模式的选择，就要突出发挥国内科研力量强大的优势，以最大限度地满足社会需求，可以综合采用科技推进(高科技带动)、需求拉引、"科技—市场"综合作用、设计驱动等多种模式。

以上三个时期的技术创新模式的选择，说明了技术创新模式选择的一般规律，但在具体实践中，三个时期的长短和划分可能是不同的，这要以本国(企业)的整体技术水平为依据。第一时期，如果模式选择正确，具体实际工作都做得很好，如以加速发展本国的生产能力为核心，优先发展国家基础产业和重点产业，使某些领域的技术率先进入先进行列，带动国内整体技术水平向前发展等，这样，就能很快(10～15 年)进入第二时期。到了第二时期，充分利用第一时期技术创新的基础，及时调整创新模式，技术就会得到迅速发展，进而很

快进入发达国家的行列。但是，第一时期或第二时期的工作如果产生了失误，则可能拉长这两个时期的时间，使技术创新在这两个时期内徘徊不前。

第四节　技术创新战略

一、技术创新战略的概念与内容

(一)技术创新战略的概念

由于技术创新是一项集科学研究、工艺设计和产品开发等活动于一体的系统工程，而且其成败对国家或企业的发展影响很大，制定科学的技术创新战略对于技术创新活动的顺利进行、创新目标的实现以及国家或企业的发展具有非常重要的意义。

所谓技术创新战略是指一个国家或企业对其技术创新活动所做的总体谋划，是对技术创新的根本目标等的带有全局性、长远性和方向性的谋划。

(二)技术创新战略的内容

技术创新战略的内容主要包括技术创新的对象、技术创新的目标、技术创新的策略、技术创新的措施四个方面。

1. 技术创新的对象

进行技术创新首先要明确要干什么，即要确定开发何种新产品、改进或开发何种工艺，对以上各内容的具体选择就构成本次技术创新活动的内容。

2. 技术创新的目标

技术创新的目标是指技术创新活动所要实现的目标，包括：①技术目标，指所开发的技术所要达到的水平，属于国内先进水平还是国际先进水平，以及是否获得专利等；②市场目标，具体指产品在目标市场上所要达到的市场占有率目标；③财务目标，主要包括创新活动所要获得的净现值、总投资收益率、内部收益率等指标。

3. 技术创新的策略

技术创新策略是指进行技术创新的方式或途径。技术创新策略有多种，按参与创新的主体不同可分为自主创新和合作创新，按技术来源的不同可分为自有技术创新和模仿创新，按技术的新颖程度可分为原始创新和改进创新，等等。不同的技术创新策略对创新活动及其成果的影响不同，在制定技术创新战略方案时，要根据国家或企业的现有技术基础水平、开发能力和经济实力等条件确定所要采用的技术创新策略。

4. 技术创新的措施

这是为了保证战略目标的实现而应采取的具体措施，包括创新队伍的组建、仪器设备的配置、资金的配置、相关部门的相应职责、激励与约束机制等方面的措施方案。

二、技术创新策略的类型

上文提到，技术创新策略的类型有多种，这里介绍最常见的自主创新、合作创新和模仿创新三种类型。

(一)自主创新

1. 自主创新的概念

自主创新是指完全依靠自身的技术力量进行研究开发，从而获得具有知识产权的新技术，并实现科技成果的产业化和商品化的一种技术创新策略。比如以中国工程院院士、中南大学校长黄伯云领衔的课题组，二十年如一日，坚持自主创新，终于攻克了航空制动材料的制备技术难题，一举打破了国外的技术封锁，使我国成为继英、法、美之后第四个拥有该制造技术和生产该类高技术产品的国家。国际上一些成功的大企业为在竞争中取胜所常采用的一种技术创新策略，如美国的微软公司、英特尔公司(Intel)、杜邦公司，日本的索尼公司等常采用这种策略。美国杜邦公司成立至今 200 多年来，始终将"重视研究开发和市场，开发独自的新产品"作为自己的经营哲学。

自主创新主要包括三个方面的含义：一是加强原始性创新，努力获得更多的科学发现和技术发明；二是加强集成创新，使各种相关技术有机融合，形成具有市场竞争力的产品和产业；三是在引进国外先进技术的基础上，积极促进消化吸收和再创新。

2. 自主创新的优点

(1) 企业能在一定时期内享有自主创新所获得的率先性技术的垄断权，能独占该新技术成果，从而获得超额利润。这是因为：一方面，跟进者对新技术的解密、消化、模仿需要一定的时间，而从投资到形成生产能力，再到发展成率先创新者的竞争对手也需一定的时间，在此时间内必然会形成自主创新者对新技术的自然垄断。而且有些技术的解密与反求耗时十分长，甚至几乎是不可能的。如可口可乐诞生一百多年来，无数竞争对手试图反求其配方，破译其生产工艺，结果一无所获。另一方面，率先性技术还可以通过申请专利加以保护，进一步从法律上确定自主创新者的技术垄断地位。

(2) 率先性技术的自主创新成功，可引发一系列派生创新，形成创新的集群现象和簇射现象，从而使企业可在相当长的时期内始终站在新兴产业的前沿，占据领导地位。例如，美国的英特尔公司在计算机微处理器方面可谓是自主创新的典范，该公司从 1970 年自主开发推出世界上第一块微处理器 Intel4004，到 1973 年推出 Intel8080，后来又相继推出 Intel80286、Intel80386、Intel80486 系列，至 1994 年推出风靡全球的 Pentium 微处理器，以及后来推出的酷睿系列处理器，该公司始终掌握着最先进的、其他公司无法破译的计算机微处理器的关键技术，确保了 Intel 公司在国际微处理器市场中的霸主地位。又如美国杜邦公司从自主创新尼龙后，充分利用形成的技术轨道，接连对合成纤维、合成橡胶、合成塑料三大合成材料进行自主创新，从而使自己在合成材料产业中始终保持着领先地位，并依靠所开发的新产品获得了超额利润。

值得注意的是，对某一企业而言，自主创新并不意味着要独立研究开发其中的所有技术，只要企业独立开发了其中的关键性核心技术，打通了创新中最困难的技术环节，独自掌握了核心技术原理即可，辅助性技术研究与开发既可自己进行，也可委托其他企业和组织进行，或通过技术购买解决。

3. 自主创新的缺点

(1) 技术要求高，投入大。在技术方面，新技术领域的探索具有较高的复杂性。要通过自主创新获得有效的技术突破，要求企业拥有雄厚的研究力量，甚至需要拥有一定的基础研究力量，因此，企业必须保有一支实力雄厚的科研人员队伍。同时，新技术的研究与开发需要耗费巨额资金，有的高达数十亿甚至上百亿美元，因此，要求企业有雄厚的开发资金作后盾。这些要求对一般的单个企业来说是不可能满足的，绝大部分企业只能望而却步。

(2) 风险性高。如前文所述，大约只有 10%的技术创新能获得最后的成功，因此，技术创新的风险极大。而对于自主创新来说，由于科技发展趋势和市场需求趋势的预测、科技研究与开发、产品的生产、市场的开拓等一系列工作都需要单个创新主体来承担，这样就更增大了创新的风险性，对作为创新主体的企业来说风险性更高。例如，在高清晰度彩电技术的创新上，日本采用了难度较小的模拟技术路线，美国采用的是难度较大的数字技术路线。由于日本的系统将淘汰所有现存的电视机，不为消费者所接受，最后只得放弃，而为此付出的 100 亿美元研制费也付诸东流。由于自主创新的风险要由单个创新主体独自来承担，对绝大部分企业来说是无法承受的。

(3) 创新周期长。受单个创新主体创新条件的制约，再加上技术难度的影响，一般来说，自主创新的周期比其他创新的周期相对要长。

(二)合作创新

随着科技的不断发展和全球性技术竞争的不断加剧，企业技术创新活动中面对的技术问题越来越复杂，技术的综合性和集群性越来越强。即使是技术实力雄厚的大企业，也会面临资源短缺的问题，单个企业依靠自身能力开展技术创新越来越难。因此，开展合作创新已成为新形势下企业技术创新的必然趋势。

1. 合作创新的概念

所谓合作创新是指以企业为主体，企业与企业、企业与高校、企业与研究机构之间合作开展开发新技术的一种技术创新策略。合作创新通常以合作伙伴的共同利益为基础，以利益共享或优势互补为前提，有明确的合作目标、合作期限和合作规则，合作各方在技术创新的全过程或某些环节共同投入，共同参与，共享成果，共担风险。合作创新一般集中在新兴技术和高科技产业，以合作进行研究开发(R&D)为主要形式。

合作创新在我国有较长的历史，多年来的工业战线上的"攻关""会战"就是合作创新的一种形式，我国的"两弹"技术和航天技术的联合攻关就是一个涉及成千上万个单位合作创新的成功范例。又比如 2004 年，中国移动公司和华为公司携手，建立了第一个全球通信业内规模最大、技术最领先的软交换长途汇接网，通过此举，中国移动助力民族通信制造业在移动核心网的竞争优势形成了战略逆转，开始超过国外设备制造商。近年来我国企业较多地开展了企业与高校、科研院所的合作创新，每年数以万计的科研成果转向企业，成为企业新产品、新工艺的重要来源。这对引导科技转向生产和商品化，真正发挥科技是第一生产力的作用具有重要意义。

2. 合作创新的优点

(1) 增强创新实力。一个企业往往由于科技人才与装备的缺乏、研究与开发经验的不足、资金的缺乏而难以单独进行重大创新。而与企业外的单位合作创新，可以实现社会创新资源的聚集和优势互补，从而增强技术创新的实力，扩大创新规模，提高创新的成功率。目前，我国绝大部分企业的综合实力特别是技术创新的实力不强，因此，开展合作创新无疑是一种明智的选择。

(2) 缩短创新时间。在存在竞争性创新的情况下，创新时间的长短对创新的成败具有决定性作用。合作创新可以缩短收集资料、信息的时间；可以使创新的各个环节能有一个比较好的接口环境和接口条件，从而缩短创新过程所需的时间；可以通过合作各方技术经验和教训的交流，集中各方智慧，减少创新过程中因判断失误所造成的时间损失。总之，合作创新可有效地缩短创新时间，使创新主体能及早推出产品和占领市场，从而获得垄断利润。

(3) 分摊创新成本和分散创新风险。自主创新的创新成本和风险需由单个创新主体来承担，而合作创新的创新成本和风险却由各个创新主体来分担，从而可以减少创新者自身的成本开支和风险。合作创新对分摊创新成本和分散创新风险的作用大小与合作创新的规模和内容有关，一般来说，创新项目越大，内容越复杂，创新成本越高，风险越大，合作创新分摊成本和分散风险的作用也就越显著。

3. 合作创新的缺点

(1) 创新者不能独占技术成果。合作创新一般是进行研究开发，即开发可以或可能实现实际应用的新技术。但由于技术成果是各方合作开发的结果，不能由哪一方独占，因而由此所得到的创新经济效益远比不上自主创新。

(2) 潜在的创新障碍多。合作创新是多个不同利益主体之间的一种合作活动，由于地域的不同、文化的差异、信息传递障碍、沟通障碍、利益冲突等方面的原因，而使创新活动存在许多潜在的障碍，一旦障碍出现，创新活动就会受到影响，甚至可能使合作失败。

(三)模仿创新

1. 模仿创新的概念

模仿创新是指在率先创新的示范下，通过引进或破译率先者的核心技术，在此新技术的基础上进行改进的一种技术创新策略。模仿创新并不是原样仿造，而是在掌握了技术的基础上有所发展、有所改善。如日本松下公司模仿开发家用录像机(VCR)就是一个典型例子。该产品原本是由索尼公司于 1975 年率先推向市场的。松下公司对其剖析，在核心技术模仿的基础上改进了录像容量小和放映时间短的缺点，进一步开发。新产品不但解决了原有的不足，而且体积更小，价格更便宜，从而市场占有率超过了率先创新者索尼公司。

模仿创新是技术创新中的一种重要方式，只有通过模仿创新将率先创新进行扩散，创新才能在经济生活中发生巨大影响，才能形成新兴产业，促进经济发展。从国家角度来说，大多数国家都采用过以模仿创新为主的创新策略，日本就是一个模仿创新很活跃也是很成功的国家，它靠模仿创新起家并成为世界经济大国；韩国也是通过模仿创新，迅速改变落后面貌，一跃进入新兴工业化国家行列；中国改革开放后的一段时间也是通过模仿创新迅速实现技术的进步。从企业角度来说，世界上绝大多数企业的创新活动都属于模仿创新。

模仿创新有下述两种方式。

1) 反求工程

反求工程(Reverse Engineering)这一术语起源于 20 世纪 60 年代，但对它从工程的广泛性去研究，从反求的科学性进行深化还是从 20 世纪 90 年代初开始的。反求工程类似于反向推理，属于逆向思维体系。它是以社会方法学为指导，以现代设计理论、方法、技术为基础，运用各种专业人员的工程设计经验、知识和创新思维，对已有的产品进行解剖、分析、重构和再创造。这里的再创造就是对市场上他人产品的创新。

随着计算机技术的飞速发展，反求工程也逐渐发挥了计算机的辅助作用，比如对产品的几何形状、构件形状等的设计创新，特别适合于用计算机来实现，从而使反求工程的成功率和效率更高。

2) 技术引进创新

技术引进是指通过引进国外的先进技术来实现本国或本企业的技术创新，即在技术引进、消化和吸收的基础上实现技术的创新。这是许多国家和企业普遍采用的一种模仿创新方式，也是赶超世界先进水平的重要途径，日本的实践就是最好的例证。

采用技术引进创新策略时，必须做好两项工作：①必须使引进的技术与本国或本企业的情况相适应，防止盲目引进和重复引进；②做好技术引进的技术选择、消化、吸收、推广、创新和提高工作，通过引进以提高本国或本企业的技术创新能力。

2. 模仿创新的优点

(1) 投入少。率先创新所进行的率先性技术研究开发需要投入大量的资金和组建强大的科研队伍，而模仿创新只是对现有技术进行改进，所需的资金相对要少得多，只需要较少量的技术引进费和技术改进费，对科研队伍的要求也低得多，实力不强的企业基本上都可以进行模仿创新。

(2) 风险小。①模仿创新不需要进行未知技术的探索性研究，研究开发的难度小得多，因而技术开发的风险比率先创新小得多。②模仿创新能够回避研究开发竞争的风险，研究开发的竞争是具有强烈排他性的，在一项新技术的开发竞争中，最终法律上的成功者只能有一个，只有率先申请专利保护的成功者才能合法使用其开发出的成果，其他晚一步开发成功或晚一步申请专利者，不但其成果得不到保护，而且自己也不能够合法使用。而模仿创新由于不涉足率先研究开发竞争的角逐，因而可有效地回避这方面的风险。③模仿创新的市场风险也较率先创新的要小，这是因为：一方面，在率先创新推出的诸多产品中，大部分产品都必须经历一个被用户逐步认识的过程，其性能和价格要为用户接受也需一定时间。此过程有时需要几个月，有时则长达数年、数十年，这种或长或短的"沉默期"往往会使率先创新企业陷入困境，甚至因资金无法收回而破产。模仿创新产品由于晚进入市场，特别是可以观望市场的发展和演变，选择适当的时间进入，因而可有效回避市场沉默所导致的损失。另一方面，率先创新推出的产品由于技术上的不完善、生产技术不过关等而导致的产品质量问题会影响产品销售，而模仿创新则可推出质量更好的产品，从而赢得消费者。圆珠笔引入市场的过程就是一个典型的例子。最早的圆珠笔是由 Eversharp 等公司引入市场的，由于该产品新颖，在最初一两年的销售情况很好。但由于生产技术尚未过关，产品存在漏油、划纸等毛病，且售价过高，用户很快对这一"新鲜玩意"失去了兴趣，圆珠笔的市场销售总额开始急速下降，到 1949 年圆珠笔在市场上近乎绝迹。直到后来，由于模仿创新者对产品性能和制造工艺的不断改进，价格的不断下降，圆珠笔才又重新成为畅销的产品。

3. 模仿创新的缺点

(1) 模仿创新策略的主要缺点是被动性。由于模仿创新者不做研发方面的广泛探索和超前投资，而是做先进技术的跟进者，因此，在技术方面有时只能被动适应，成为技术的跟随者。在技术积累方面难以进行长远的规划。在市场方面，被动跟随和市场定位经常性的变换也不利于营销渠道的巩固和发展。

(2) 模仿创新有时会受进入壁垒的制约而影响实施的效果。这里所说的壁垒表现在两个方面：一方面是自然壁垒，如核心技术信息被封锁，反求困难，模仿难以进行，率先企业先期建立的完备的营销网难以突破等。另一方面是法律保护壁垒，模仿创新有时会和率先者知识产权发生矛盾，技术受专利保护的率先创新企业会通过法律保护自身的利益，阻碍创新的发生。由于这方面的原因，也使模仿创新策略的实施受到一定程度的影响。

三、技术创新策略的选择

技术创新策略选择的正确与否决定着技术创新的成败。由于不同的技术创新策略具有不同的应用条件，因此，企业在进行技术创新战略选择时，一定要根据自身的条件和社会资源情况进行合理的选择。

当企业的经济实力比较弱，资金缺乏，技术实力也不强，特别是在研究与开发的经验与积累不足的情况下，宜采用模仿创新策略。比如在我国改革开放初期，我国很多企业通过技术引进，再进行模仿创新。同时，由于我国的科技人才与信息资源大量集中于高等院校与科研院所，而其科技成果在生产上的转化率很低，因此，企业在进行模仿创新时应充分利用社会的这些科技力量进行合作创新。

当企业的经济、技术和人才等资源不足时，企业也可采用合作创新策略。采用合作创新策略，不仅可以进行技术的模仿创新，更可以进行率先性技术的创新和根本性创新。合作的对象既可以是高等院校和科研院所，也可以是同行的企业。

由于模仿创新者一般只能做技术的跟随者，合作创新又不能独占技术成果，因此，从长远来看，自主创新始终应是努力的方向。有条件的企业要积极开展自主创新。

当然，并不是说一个企业只能采用一种策略，对不同的创新对象，可以采用不同的技术创新策略。

本 章 小 结

(1) 技术创新是以市场为导向，以企业为主体，以新技术开发为手段，以提高竞争力为目标，研究开发新工艺和新产品，并通过市场实现其商品化、产业化，最终在市场上检验是否成功的过程。技术创新是经济增长的根本动力。技术创新具有新颖性、先进性、高投入性、高收益性和高风险性的特征。

(2) 技术创新的类型按创新的对象划分，可分为产品创新和工艺创新；按创新的技术变动程度划分，可分为改进性创新和根本性创新；按创新的速度划分，可分为累进性创新和突变性创新；按创新的规模划分，可分为企业创新和产业创新；按创新的经济价值划分，可分为基础性创新和增值性创新；按创新的最终效益划分，可分为资本节约型创新、劳动节约型创新和中性技术创新；按对既有市场的影响划分，可分为维持性创新和颠覆性创新。

(3) 国外有代表性的技术创新动力源理论有三种，即科技推动论、需求拉动论和推—拉综合作用论。国内学者认为技术创新的动力源应该以技术创新的主体为中心，可分为外在动力和内在动力。

(4) 技术创新的模式按宏观科技政策的梯度划分，可分为高技术带动型技术创新模式和全梯度型技术创新模式。按技术创新的动力来源划分，主要有科技推进模式、市场需求拉引模式、"科技—市场"综合作用模式和设计驱动式创新模式四种形式。

(5) 技术创新战略是指一个国家或企业对其技术创新活动所做的总体谋划，主要包括技术创新的对象、技术创新的目标、技术创新的策略、技术创新的措施四个方面的内容。技术创新的策略主要有自主创新、合作创新和模仿创新三种类型。自主创新是指完全依靠自身的技术力量进行研究开发，并依靠自己的力量实现科技成果商品化的一种创新；合作创新是指以企业为主体，企业与企业、企业与高校、企业与研究所之间合作开展技术创新的一种创新；模仿创新是指在率先创新的示范下，通过引进或破译率先者的核心技术，在此新技术的基础上进行改进的一种创新；这些创新策略各有优缺点，企业一定要结合自身的条件和社会的资源状况做好技术创新策略的选择。

习 题 八

1. 什么是技术创新？技术创新有哪些特征？
2. 简述技术创新的动力源理论。
3. 技术创新的模式有哪些？各有何特征？
4. 技术创新策略有哪些主要类型？它们各有何优缺点？试举例说明。
5. 企业应如何进行技术创新策略的选择？
6. 案例分析

万向集团的技术创新

万向集团创建于1969年，是一家民营企业，以汽车零部件制造和销售为主业，是中国汽车零部件制造代表企业之一。万向集团是国务院120家试点企业集团和国家520家重点企业中唯一的汽车零部件企业，是中国向世界名牌进军最具有国际竞争力的企业之一，被誉为"中国企业常青树"。

在国内，万向集团与一汽、二汽、上汽、广汽等企业建立了稳定的合作关系，主导产品市场占有率65%以上。在美国、英国、德国等10个国家拥有近30家公司，40多家工厂，海外员工超过16000人，是通用公司、大众公司、福特公司、克莱斯勒公司等国际主流汽车厂配套合作伙伴，主导产品市场占有率12%。

万向集团从鲁冠球以4000元资金在钱塘江畔创办农机修配厂开始，以年均递增25.89%

的速度，发展成为营收超千亿元、利润过百亿元的现代化跨国企业集团，在很大程度上得益于其不断的技术创新。

(1) 以技术创新求生存求发展。

与国有企业不同，万向集团是一个乡镇企业，也正由于是乡镇企业，在生产和销售方面没有纳入国家计划，必须依靠企业自身的力量开展生产经营活动，使万向始终坚持走一条以技术创新求生存求发展的道路。创建之初的万向，按该企业创始人鲁冠球先生的说法，只是一家"小铁匠铺"，客观上用不着多少科技，主观上也没有什么科技意识。由于当时的情况是，乡镇企业不能进入计划经济，必须自找活路才能生存，有限的生产设备(国有企业淘汰旧设备)和生产手段很快就让万向感到了生存的压力。于是通过请师傅、用"土"方法制造设备，万向掌握了一些简单的实用技术。

到 1979 年，万向初具规模，产品达到十余种。当时，全国有 56 家生产万向节的企业，市场竞争激烈，国产车万向节的市场几乎呈饱和状态。但资金力量和技术力量的不足，迫使万向改变战略，集中力量搞专业化，走"小而专、专而精"的发展道路。因此，企业决定重点生产进口汽车万向节。这一阶段，万向的技术创新战略主要是模仿进口产品，进行再改良。通过艰难的测绘仿制、试制、试用、再改进等一系列工作，万向开发成功了进口汽车万向节产品，并通过行业鉴定。

1990 年年末，以杭州万向节厂为依托，组建了浙江省万向机电集团公司，企业发展进入新阶段。以产品的相关多元化为战略，企业开发了轴承、滚动体产品、传动轴、其他汽车配件、电气设备、印刷品等产品系列，并通过技术改造将这些产品纳入专业化生产的轨道。

到了 20 世纪 90 年代末，万向集团已经发展成为国内有地位、国际有影响力、跨国经营、雏形初显的现代公司。企业的竞争环境也有了深刻的变革。知识经济的兴起，全球经济一体化进程，使得万向培养自身核心技术、核心能力、核心市场的要求越来越迫切。在这种形势下，万向提出要成为真正的"拥有独立开发能力及技术与市场控制能力"的系统零部件供应商。在这一战略指引下，开发了一系列具有高技术含量、高附加值的新产品，如等速万向节、减震器等。相应地，万向技术进步的指导思想演变为"四高"和"三淘汰"："四高"即"高起点投入、高精尖设备、高层次人才、高档次产品"；"三淘汰"即"淘汰落后的设备、落后的产品和落后的人员"。

(2) 建立以技术中心为核心的技术创新组织保障体系。

为了从组织上保证各种技术创新策略的有效实施，万向的技术创新组织在逐步的探索发展中，形成了目前的以技术中心为核心的技术创新组织保障体系，同时正确地处理了技术中心的定位与集团长期发展规划之间的关系。

创建之初，万向通过请师傅、用"土"方法制造设备，掌握了一些简单的使用技术。到 1979 年，才成立了由技术厂长负责的专门技术机构，先称为技术科，后改名为技术处。从 1995 年开始陆续建立了研究所，研究所直接隶属于万向钱潮股份有限公司下属子公司。1996 年，集团成立了技术中心。公司考虑到技术中心作为集团科技发展的核心机构，其定位设置、运作方式直接关系到集团的跨世纪战略发展问题，于是从组织建构和体系完善的系统层面，把技术服务功能、技术辅助功能、技术先导功能明确列入集团技术发展战略。通过建立以技术中心为核心的技术创新体系，整合整个集团的技术创新资源，经过不断的探索和完善，万向集团的技术创新组织体系正在走向一个新的、趋于成熟的阶段。

(3) 从基础管理工作抓起，为技术创新奠定坚实的基础。

万向集团一向非常重视基础管理工作，鲁冠球曾经提出："先进的技术不能代替落后的管理，但先进的管理可以弥补落后的技术。"这种经营理念一直贯穿于万向的发展过程中。

1996 年 10 月，万向钱潮对新开发及试制程序进行改革，将过去以"周、天"制流转考核改为小时制流转考核，使新产品开发速度缩短到原来的 1/4。新制度以小时为单位，将公司的新产品开发试制各环节进行严格的时间控制，提高了新产品开发速度，增强了企业的竞争力。

为加速企业技术创新，万向一向重视采用先进的计算机技术，以提高企业技术创新的速度和质量。技术中心在 1998 年度投资 386 万元，建立起了以 SGI 工作站和微机为网络硬件平台、以 Pro/E 为支撑软件的产品开发系统，通过交互式设计能完成设计过程的绝大部分内容，使设计周期大大缩短，质量明显提高。完成了机械工业局"等速驱动轴及轿车减震器 CAD/CAM"项目，使设计和制造质量大大提高。实施了列入国家"863 计划"的"万向集团 CIMS 应用工程项目"。各研究所和分公司也基本上采用了先进的计算机辅助管理(生产、销售等)和辅助设计技术。

(4) 为产品创新与工艺创新提供协同发展的平台。

由于集团技术中心的统一规划和管理，企业技术创新行为逐步走向系统化、科学化。从万向集团技术中心的经验看，加强产品创新和工艺创新的组合，实现技术创新能力的协调提高，是技术中心发展过程中的一条重要经验。基于产品和工艺的协调创新，保证了集团技术创新效益的持续提高。加强产品和工艺创新的组合，提高企业创新绩效，既是技术中心对技术创新管理过程中的经验总结，也是创新体系系统化的结果。

(5) 积极引进外部智力，推动企业的技术创新。

万向一直非常重视与国有企业、大专院校、科研单位开展技术协作，引进外部智力与技术力量，推动企业内部的技术创新，促进企业技术进步。在利用外智的过程中，万向集团技术中心不断提高合作的档次和深度，采取三方面的措施：与国内著名大专院校及科研机构合作；与国外机构和专家合作；设立博士后工作站，让高校博士到万向做科学研究。在与国内高校的合作中，提出"只求所用，不求所在"的口号，与高校在项目合作的基础上，组建联合研究开发中心，目前已与清华、北航、同济等院校和洛阳轴承研究所等科研机构建立了联合研究中心。在与国外机构、专家的合作中，万向在美国成立了技术中心分部，把万向要解决的有关课题放在美国做，聘请美国的技术人员进行产品开发，可以利用美国的先进技术，更重要的是可以根据美国用户的需求，及时对产品进行重新设计，此外还可以尽快、更多地获取国外的最新信息。在与国外专家的合作上，技术中心主要采取聘请专家来做顾问或访问指导的形式。如美国分中心聘请了五位美国著名的汽车专家作为技术顾问，2000 年有外国专家 14 人次来万向进行短期工作，包括法国感应热处理工艺专家兰茨、德国轴承工艺专家努斯、美国 QS9000 专家霍尔德等，取得了良好的效果。在博士后工作站方面，现已有 5 位博士后进站，围绕集团在汽车零部件上的发展方向，确定了近、中、远三个层次的企业博士后研究课题。九五期间，万向集团在各个方面都取得了令人瞩目的成就。在以万向集团技术中心为核心的基础上，通过成立科技攻关项目组的形式，充分利用现有资源和外部智力，解决了一些工业企业在发展过程及生产实践中遇到的科技难题。

(6) 强调用户在技术创新中的作用。

万向在技术创新中非常重视用户的意见。科技开发人员常定期走访用户，听取他们的意见，对产品进行改进。例如减震器公司在开发夏利前后减震器产品时，让用户免费试用(万向的许多新产品都采用了这一方法，如万向节、等速万向节等)，从观察用户使用的情况和用户提出的意见中，找到了改进产品的灵感，产生了创新思路。夏利减震器是一种难度很大的新产品，国产产品退货率达 30%。这是因为夏利车底盘系统的特点和路况差、负载重的实际情况造成的。万向花费 2 年时间才开发成功这个产品，并将退货率控制在 3%以内。开发过程几经周折，最后，经过对用户使用情况的大量观察，开发人员突然发现问题不在内部结构上，而是汽车变形造成的外部空间尺寸的失效。于是，他们决定根据汽车的新旧(变形)程度来匹配减震器的性能，对底盘的偏移进行测量，自动调节安装角度。就这样攻克了这个技术难关，取得了技术创新的成功。开发过程中，用户参与起了很重要的作用，虽然并未直接提出意见，但用户的使用情况启发了开发人员的思路，让他们经过原因思考、理论分析、定量计算，最后得出关键的创新思想。

(7) 建设技术创新体系，培育自主开发能力。

在当今国际市场竞争中，中国企业如何才有地位？如何为民族工业做贡献？面对新时期的技术创新工作，鲁冠球认识到，万向有三大忧患：第一，作为乡镇企业，没有技术创新，就意味着没有出路；第二，作为上市公司，没有科技含量，股民就不会买你的股票；第三，作为行业龙头企业，没有科技储备，就没有可持续发展能力。

三大忧患，三大阻力，也是跨世纪万向要突破的三大目标。万向结合自身实际，建立起"一三五八"的技术创新体系："一"就是以一个技术中心为技术创新的核心；"三"就是形成三个有利于科技发展的机制——投入机制、激励机制、运行机制；"五"就是五个研究开发中心；"八"就是八个专业研究所。万向保证每年投入"一三五八"技术创新的费用不少于 1 亿元。通过"一三五八"的技术创新体系，实现了集团的技术创新目标与发展战略的有机结合，技术创新工作实行统一规划安排，统一制定政策，统一调动资金，统一资源配置，统一落实责任，统一考核奖惩，确保企业技术创新的持续展开，收到了良好的效果。1996 年，万向的技术中心已被国家经贸委、国家税务总局、海关总署联合认定为国家级技术中心。

为了配套完善这个创新体系，万向对科技人才队伍的壮大制定了"引得进、留得住、用得好"的标准，并制定一系列配套制度，按贡献大小对科技成果进行奖励，已收到显著成效。开发新产品的速度，从过去的以每周计算，到现在的以小时计算。万向跟踪国际同类产品的创新技术，采用海外公司与国内企业连手作战，资源信息共享。因为有了技术创新作后盾，市场越大越不怕，过去万向曾经提出不要因为价格问题而失去市场，那是因为万向始终保持高质量、低价格的优势；现在万向理直气壮地再次提出，不要因为技术问题而失去市场，因为万向要把专业技术做到世界一流。

万向在建立自身的技术创新平台的基础上，充分利用外源力量，取得了资源相互整合的功效，弥补了自身的不足。同时，积极鼓励用户参与创新，提高了技术中心以及各企业技术创新的成功率，缩短了创新的周期。

(8) 消化国际技术，赶超世界先进水平。

企业的生存发展要求万向不断拓展空间。通过同外商的接触，万向深深感到了与发达国家之间的差距，这种差距进一步激发出万向尽快提高技术水平，去占领更大份额国际市

场的紧迫感。外商近乎苛刻的要求，迫使万向熟悉各类型号产品，不断改进产品工艺，消化、吸收国际先进技术，提高了企业整体素质，增强了万向人的信心，更加快了万向进入全球化市场的进程。实践证明，要做好国际大文章，参与国际大竞争，首先必须掌握国际先进技术。1994年，经国家外经贸部批准，万向美国公司正式成立。几年来，万向在美国、英国、巴西、墨西哥等国家设立了10家子公司，营建零部件国际市场网络，以最直接、最快捷的方式，将国际市场最新的技术、质量、价格等信息源源不断地传递给集团。集团根据这些最前沿的信息，及时地、最大限度地提供能满足客户需求的产品和服务。正是得益于海外公司与国内企业的共同努力，万向又于1997年通过了汽车零部件行业国际最高标准——QS9000质量体系认证。

(9) 通过跨国并购和合资经营，快速提升技术创新的起点和水平。

比如，为开发新能源汽车电池，2010年，万向全额收购美国D&R公司，正式开始进入电动汽车行业。2011年，与美国Enerl公司合资成立浙江万向Enerl动力系统公司，形成全自动化的电芯和电池系统生产基地。Enerl是在美国纳斯达克上市的公司，专注于燃料电池和动力电池制造业务，在电池成组技术创新方面具有国际领先水平。通过与Enerl的合作，万向锂离子动力电池制造业务的技术水平大幅提升，为万向电动汽车的发展奠定了技术基础。2013年，万向美国公司击败日本电气(NEC)、美国江森自控和德国西门子公司，斥资2.566亿美元收购美国A123系统公司。A123是美国规模最大，技术在全球处于领先地位的新能源电池制造商，万向并购的资产包括A123公司除军工项目以外的所有电网储能及汽车电池的技术和知识产权。

(10) 企业家精神是促进万向技术创新的灵魂。

鲁冠球是一位明智的企业家，他很早就意识到了新产品开发和工艺改进(技术创新)的重要性。如今，面临新的国际、国内竞争形势，鲁冠球更深刻地认识到，为了进一步加大万向技术创新的步伐，其关键是促进万向高层领导企业家精神的进一步发挥。即发挥他们在技术创新中的创新与风险创业精神。因此，万向重点从发挥高层领导的企业家精神的激励机制上以及企业家的战略管理两大领域指导技术创新的发展方向。

(资料来源：http://www.zjie.com/detail.asp?e_tid=309&e_fid=25)

思考题

(1) 万向集团采用了何种技术创新模式？

(2) 万向集团实施了哪些技术创新策略？

(3) 万向集团技术创新的成功经验主要有哪些？关键是什么？

附录1　普通复利系数表.doc　　　　附录2　标准正态分布表.docx

参 考 文 献

1.赵艳丽, 李顺龙. 技术经济学[M]. 哈尔滨: 哈尔滨工业大学出版社, 1999.

2.马阳. 技术经济学讲座①: 技术经济学的发展过程与前景[J]. 科技和产业, 2002, 2(2): 57~62.

3.马阳. 技术经济学讲座②: 技术经济学的定义与学科体系[J]. 科技和产业, 2002, 2(4): 29~33.

4.吴添祖, 虞晓芬, 龚建立等. 技术经济学概论[M]. 北京: 高等教育出版社, 1998.

5.陈戈止. 技术经济学[M]. 成都: 西南财经大学出版社, 2002.

6.赵建华, 高风彦. 技术经济学[M]. 北京: 科学出版社, 2000.

7.齐建国. 技术经济学发展综述[J]. 数量经济技术经济研究, 1997(8): 65~70.

8.国家发展改革委, 建设部. 建设项目经济评价方法与参数[M]. 3版. 北京: 中国计划出版社, 2006.

9.傅家骥, 雷家骕, 程源. 技术经济学前沿问题[M]. 北京: 经济科学出版社, 2003.

10.杨青, 胡艳, 喻金田. 技术经济学[M]. 武汉: 武汉理工大学出版社, 2003.

11.徐向阳, 谷和平, 刘景韬. 技术经济学[M]. 南京: 东南大学出版社, 1998.

12.游达明. 技术经济与项目经济评价[M]. 长沙: 湖南人民出版社, 2001.

13.宫元娟, 李庆东, 何勇. 技术经济学[M]. 北京: 中国农业大学出版社, 2002.

14.李振球, 欧阳康. 技术经济学[M]. 大连: 东北财经大学出版社, 1999.

15.杨华峰, 贾增然, 张勤. 投资项目经济评价[M]. 北京: 中国经济出版社, 1997.

16.黄胜发, 任广元. 项目可行性研究[M]. 北京: 中国劳动出版社, 1995.

17.郑宁, 郑彩云, 韩星. 技术经济学[M]. 2版. 北京: 清华大学出版社, 2016.

18.毛良虎. 技术经济学[M]. 北京: 北京大学出版社, 2016.

19.周惠珍. 可行性研究与项目评价[M]. 北京: 中国科学技术出版社, 1992.

20.《投资项目可行性研究指南》编写组. 投资项目可行性研究指南[M]. 北京: 中国电力出版社, 2002.

21.石海兵. 投资项目策划与可行性研究实务[M]. 北京: 中国财政经济出版社, 2002.

22.芮明杰, 孙一民. 现代企业技术创新[M]. 太原: 山西经济出版社, 1998.

23.张永谦, 郭强等. 技术创新的理论与政策[M]. 广州: 中山大学出版社, 1999.

24.柳卸林. 技术创新经济学[M]. 北京: 中国经济出版社, 1993.

25.许庆瑞. 技术创新管理[M]. 杭州: 浙江大学出版社, 1990.

26.柳卸林. 企业技术创新管理[M]. 北京: 科学技术文献出版社, 1997.

27.李启明. 现代企业管理[M]. 北京: 高等教育出版社, 2017.

28.陈劲, 郑刚. 创新管理——赢得持续竞争优势[M]. 3版. 北京: 北京大学出版社, 2016.

29.王风科. 技术经济学[M]. 北京: 电子工业出版社, 2016.

30.付玉秀, 张洪石. 突破性创新: 概念界定与比较[J]. 数量经济技术经济研究, 2014.

31.吴晓波. 全球化制造与二次创新战略: 赢得后发优势[M]. 北京: 机械工业出版社, 2006.

32.万向集团技术创新[EB/OL]. http://www.zjie.com/detail.asp?e_tid=309&e_fid=25, 2004-7-8.

33.徐子尧, 牟德富. 技术创新驱动型并购研究——以万向集团跨国并购为例[J]. 时代金融, 2017(10).